新编21世纪高等职业教育精品教材 ◆ 金融类

金融科技概论

JINRONG KEJI GAILUN

主 编 邓雪莉

中国人民大学出版社
·北京·

图书在版编目（CIP）数据

金融科技概论／邓雪莉主编. --北京：中国人民
大学出版社，2023.1
新编 21 世纪高等职业教育精品教材. 金融类
ISBN 978-7-300-31165-4

Ⅰ.①金… Ⅱ.①邓… Ⅲ.①金融－科学技术－高等
职业教育－教材 Ⅳ.①F830

中国版本图书馆 CIP 数据核字（2022）第 203893 号

新编 21 世纪高等职业教育精品教材·金融类
金融科技概论
主　编　邓雪莉
Jinrong Keji Gailun

出版发行	中国人民大学出版社			
社　　址	北京中关村大街 31 号		**邮政编码**	100080
电　　话	010－62511242（总编室）		010－62511770（质管部）	
	010－82501766（邮购部）		010－62514148（门市部）	
	010－62515195（发行公司）		010－62515275（盗版举报）	
网　　址	http://www.crup.com.cn			
经　　销	新华书店			
印　　刷	北京宏伟双华印刷有限公司			
规　　格	185 mm×260 mm　16 开本		**版　次**	2023 年 1 月第 1 版
印　　张	13.75		**印　次**	2025 年 5 月第 2 次印刷
字　　数	335 000		**定　价**	39.00 元

前 言 ●

　　近年来，以大数据、云计算、人工智能、区块链、5G与物联网为代表的新一代信息技术与传统金融业融合创新，不断催生新兴业态，形成新的产业增长点，金融科技逐渐形成新兴产业，并将进一步深刻改变全球金融业态的未来格局。同时，我国经济由高速增长阶段转向高质量发展阶段，产业集群效应越来越明显，新的行业、新的工种、新的岗位群不断涌现，对高素质技能人才的需求越来越紧迫。为提高学生走向社会所应具备的职业技能和再学习能力，精准对接职业标准和岗位要求，在对金融业相关企业进行广泛调研的基础上，结合高等职业院校金融科技相关专业课程教学需要，经行业专家与专业教师共同研讨，我们编写了本教材。

　　本教材具有以下鲜明特色：

　　第一，本教材是根据《职业教育专业目录（2021年）》中"金融科技应用"新专业的设置要求，立足行业对复合型技能人才的需要和高职高专人才培养目标，采用校企双元合作开发方式编写而成。

　　第二，根据习近平总书记在学校思想政治理论课教师座谈会上的重要讲话精神，教材每个模块都特别设置了"思政课堂"栏目。通过相关有针对性的思政教育专题，引导学生增强"四个意识"、坚定"四个自信"、做到"两个维护"，将爱国之情、强国之志、报国之行融入发展中国特色社会主义事业、建设社会主义现代化强国、实现中华民族伟大复兴的奋斗之中，将学生培养成为遵纪守法的社会主义高素质金融从业人员，共同维护国家金融秩序。

　　第三，在体例编排上，本书遵循模块导向、任务驱动的原则。各模块均由学习目标（分为知识目标、技能目标、素养目标）、思维导图、案例导入、任务内容、思政课堂、模块小结、模块测评、综合实训八个部分组成。在各任务内容中，穿插了课堂讨论、案例分析、知识拓展等栏目，以丰富教学的组织，调动学生的学习积极性，培养学生自主学习的能力。

　　第四，为进一步深化产教融合、校企合作，培养高素质技能型人才提供教材支撑。本教材的所有编写人员均具有在商业银行、证券公司、保险公司等金融机构及金融科技公司从业的经历。在教材前期研讨及编写过程中，邀请了行业专家及金融业一线员工共同参与，依据金融业的实际岗位需求，结合行业企业的真实案例，对教材内容进行设计与编写，最大限度实现工学结合。

第五，适用范围广泛，教学资源丰富。本教材着重介绍金融科技中人工智能、区块链、云计算、大数据以及 5G 与物流网的概念、基础技术及在金融领域中的应用，既可作为高职高专、成人高校、应用型本科院校金融科技应用、金融服务与管理、保险实务、信用管理、财富管理等财经类专业的教学用书，也适合想要了解金融科技领域的社会公众阅读。此外，本教材配有习题库、案例集、PPT 等大量学习资源供广大读者选用；配套的金融科技概论 MOOC 也在智慧职教 MOOC 学院开课，读者可以登录智慧职教官网，搜索"金融科技概论"，参与在线课程学习。

本书由山西省财政税务专科学校邓雪莉担任主编，邓老师提出编写大纲、负责统稿并定稿。具体分工为：模块一、模块二由邓雪莉编写，模块三由山西省财政税务专科学校魏来编写，模块四、模块六由山西省财政税务专科学校樊欢编写，模块五由山西省财政税务专科学校张雯编写，模块七由山西省财政税务专科学校张吉平编写，模块八由山西省财政税务专科学校李毅编写，模块九由山西省财政税务专科学校李毅、王晓渝共同编写。本书在编写过程中，参考和吸收了国内外许多专家、学者的研究成果，并得到了学院领导的鼎力支持和帮助，同时得到了有关商业银行、金融科技公司等业内专家的指导。在此，一并表示衷心的感谢。

由于编者水平有限，加之金融科技行业的发展日新月异，书中难免有疏漏和不足之处，敬请广大读者提出宝贵的意见和建议，这将成为我们今后继续修订和完善本书的重要参考。

编　者

目 录 ◼

模块 一

认识金融科技

思维导图

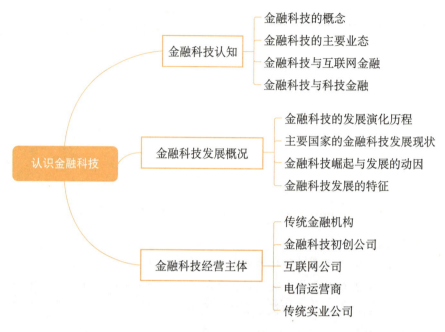

案例导入

《2021 全球金融科技中心城市报告》发布：北京连续三年排名全球第一

2021 年 9 月，北京前沿金融监管科技研究院（FIRST）与浙江大学互联网金融研究院（浙大 AIF）等多家机构联合发布《2021 全球金融科技中心城市报告》。该报告以浙大 AIF 在 2017 年首发的"金融科技发展指数"（FinTech Development Index，FDI）为基础，以城市为观察单元，从全球 80 余座城市中精选 TOP 50 分析其金融科技产业、用户和生态发展状况。根据 2021 年 FDI 城市指数，首次发布全球金融科技中心城市 TOP 50，并将其划分为两大梯队。第一梯队城市由北京、旧金山（硅谷）、纽约、上海、深圳、伦敦、杭州、新加坡、芝加哥组成，第二梯队由悉尼、东京、巴黎等 41 座城市组成。其中，TOP 3 城市排名连续三年未变、TOP 4 城市连续两年未变，反映出头部城市的"护城河"正在逐步建立。2021 年全球金融科技中心城市前 20 名见表 1-1。

表 1-1   全球金融科技中心城市 TOP 50 中的前 20 名

2021 年排名	城市	较上期排名	2021 年排名	城市	较上期排名
1	北京	0	6	伦敦	↓1
2	旧金山（硅谷）	0	7	杭州	↓1
3	纽约	0	8	新加坡	↑1
4	上海	0	9	芝加哥	↓1
5	深圳	↑1	10	悉尼	0

续表

2021 年排名	城市	较上期排名	2021 年排名	城市	较上期排名
11	东京	0	16	亚特兰大	↓4
12	巴黎	↑1	17	西雅图	0
13	广州	↑1	18	孟买	↑2
14	香港	↑1	19	首尔	↑4
15	墨尔本	↑1	20	南京	↓1

　　该报告重点关注了北京的金融科技发展情况，北京作为第一梯队城市的典型代表，连续三年总排名和金融科技产业排名全球第一，金融科技生态排名则三年稳步提升。北京在产业、政策、监管、机构、品牌等方面均具备亮点，不仅拥有金融科技上市企业和高融资未上市企业数量最多、中国互联网金融协会及北京金融科技产业联盟等机构云集、金融街论坛和成方金融科技论坛等品牌活动影响力广泛的"有效市场"，也拥有一年至少出台一项金融科技强相关重磅支持政策、率先开展金融科技创新监管试点的"有为政府"，独具优势，正在全球金融科技发展的浪潮中破浪前行。

　　你认为北京成为全球金融科技发展城市标杆的原因是什么？让我们带着问题一起来学习什么是金融科技，以及金融科技的发展概况。

任务一　金融科技认知

一、金融科技的概念

　　金融科技（FinTech）是金融（finance）和科技（technology）的合成词，源于 20 世纪 90 年代花旗银行的一个发展项目"金融服务技术联盟"（Financial Services Technology Consortium），简称 Financial Technology，即 FinTech。对于金融科技的概念，国内外政府部门、研究机构和从业人员结合研究和实践，从业务模式和科学技术的角度出发，提出三种不同的定义。

（一）基于业务模式角度的定义

　　基于业务模式角度，将金融科技定义为金融和科技相融合所形成的业务模式，具体包括移动支付、网络借贷、数字货币、股权众筹融资和智能投顾等。沃顿商学院将金融科技定义为"用技术改进金融体系效率的经济行业"。维基百科将金融科技的主体限定为初创公司，认为金融科技代表"用科技颠覆传统金融系统的一系列初创公司"。美国商务部将金融科技企业定义为"应用软件和科技来为客户提供金融服务的公司"。英国贸易投资总署（UK Trade & Investment，UKTI）将金融科技分为传统金融科技和新兴金融科技：传统金融科技主要是指传统金融机构通过技术厂商为客户提供服务的业务模式；新兴金融科技主要是指致力于去除传统金融机构中介服务，并提供新的技术解决方案来服务现有需求的创新业务模式。

　　将金融科技定义为业务模式比较符合国外金融科技领域的实践，金融科技企业通过应用新兴技术来改进传统金融机构的业务模式，让客户能够享受更加高效、便捷、低成本的金融服务。

（二）基于科学技术角度的定义

基于科学技术角度，牛津词典将金融科技定义为用来支持银行业和其他金融服务的电脑程序或其他技术，包括互联网、大数据、云计算、区块链和人工智能等；投资百科将金融科技定义为 21 世纪运用于金融领域的所有科技的集合；中国台湾地区将金融科技认定为"金融相关事业"，具体定义为利用咨询或网络科技，为金融机构提供支持性信息数据服务以及效率或安全性提升服务等创新金融服务的行业。

这种角度比较符合国内对金融科技的界定和探讨，同时与监管部门专业人士所提出的"国内的金融科技企业不能直接从事金融业务，只有与持牌照的金融机构合作才能从事金融业务"相符。2017 年 5 月，中国人民银行成立金融科技委员会，认为金融科技是由技术驱动的金融创新。

（三）广义的金融科技定义

金融科技的第三种定义所包含的范围较广，即金融科技既包括金融前端产品，也包括后台技术。爱尔兰国家数码研究中心把金融科技定义为一种"金融服务行业的技术创新"。

金融稳定理事会（Financial Stability Board，FSB）于 2016 年将金融科技定义为技术带来的金融创新，它能创造新的业务模式、应用、流程或产品，从而对金融市场、金融机构或金融服务的提供方式造成重大影响。这个角度的定义更加具有包容性，逐步被一些业内专家学者和从业人员所采用，本书所涉及的金融科技皆采用此种定义。

二、金融科技的主要业态

当前，国际货币基金组织（IMF）、金融稳定理事会（FSB）与巴塞尔委员会（BCBS）对金融科技的业务类型均有界定。

国际货币基金组织（IMF）把金融科技活动分为支付、存款、贷款、风险管理与理财咨询五类，具体如表 1-2 所示。金融稳定理事会（FSB）和巴塞尔委员会（BCBS）把金融科技活动分为支付结算、存贷款与资本筹集、投资管理、市场设施等，并指出金融科技创新的供给侧驱动因素是不断演进的新技术和变化的金融监管，需求侧影响因素则是不断变化的企业与消费者偏好。

表 1-2 金融科技的主要业务类型

主要业务类型	传统金融模式	金融科技解决方案
支付	现金/ATM、柜台、转账/借记卡/信用卡	虚拟货币、汇款、移动支付、移动 POS 机、P2P 支付、B2B 交易、DLT 结算
存款	银行存款、共同基金、债券、股权	虚拟货币、移动市场基金、区块链债券
贷款	银行贷款、债券、抵押贷款、商业信贷	信用建模、平台借贷、众筹、区块链债券、自动承销
风险管理	券商承销、结构性产品、交易监管、合规 KYC/保险	科技监管、智能合同、科技监督、加密资产交易、eKYC、数字身份
理财咨询	金融规划师、投资顾问	机器人咨询、自动财富管理

从表 1-2 可以看出，国际货币基金组织（IMF）的分类不仅包括前台业务，而且包

括后台业务、监管科技及反欺诈、虚拟货币等内容。为更好地阐述金融科技的发展领域与本书后面所介绍金融科技核心技术的关系，本书采用金融稳定理事会（FSB）和巴塞尔委员会（BCBS）的分类方式，即支付结算、存贷款与资本筹集、投资管理、市场设施。

（一）支付结算

从价值载体角度，支付可以分为传统的刷卡支付、现金支付和移动支付。

从需求侧角度，支付结算类业务主要包括面向个人客户的小额零售类支付服务（如PayPal、支付宝等）和针对机构客户的大额批发类支付服务（如跨境支付、外汇兑换等）。从供给侧角度，互联网第三方支付业务发展迅猛，对银行传统支付业务造成了一定的困扰，但由于其对银行支付系统仍有一定程度的依赖，且针对第三方支付的监管趋严，第三方支付并未从根本上取代银行的支付功能，更多的是对传统支付领域的有效补充。

（二）存贷款与资本筹集

存贷款与资本筹集业务主要包括 P2P 网络借贷和众筹。

存贷款与资本筹集业务主要定位于个人和小微企业等长尾市场融资需求。由于长尾市场融资需求通常额度较小、离散度较高，不满足传统金融业高净值客户的要求，通常无法享受充分的传统融资服务。因此，应运而生的 P2P 网络借贷和众筹一经问世即实现井喷式的发展，尤其是 P2P 网络借贷平台的体量、规模持续快速双升。金融科技下的存贷款与资本筹集业务主要是对传统金融服务缺位领域的有力补充，是扩大金融服务覆盖面的重要抓手，但无法根本取代传统金融业在社会资源方面的核心地位。

（三）投资管理

投资管理主要包括智能投顾和电子交易服务。广义的智能投顾是指利用互联网进行资产管理；电子交易服务是指提供各类线上证券、货币交易。目前的市场实践主要是智能投顾。

智能投顾提供的是特色化投资管理服务，具有效率高、费用低、方便快捷、客观性强、代理成本低等多个优点。智能机器人是其中的代表之一，主要出现在交易标准化程度较高的美国等发达国家金融市场。

（四）市场设施

就市场设施（market infrastructure）而言，传统的金融市场设施包括以央行二代支付系统 CNAPS 为主的支付清算网络、清算所、证券交易所等。如今区块链、云计算等技术也被列入基础设施范围，这些基础设施的安全性和稳定性关系到整个金融系统的安全稳定。

三、金融科技与互联网金融

互联网金融可视为金融科技的早期业态。互联网金融是指传统金融机构与互联网企业利用互联网技术和信息通信技术实现资金融通、支付、投资和信息中介服务的新型金融业务模式。我国互联网金融的提法，由于把金融与技术相混淆，导致实践中出现了一些脱离和违背金融业规则的所谓创新，出现了一些风险事件，增加了金融系统风险。随着近几年来国内互联网金融专项整治的深入，粗放经营的互联网金融时代已经成为过去。互联网金融阶段的技术与资本沉淀促使新技术与金融深度结合，并对金融业进行升级改造。国内的互联网金融概念逐步为金融科技概念所融合。金融科技与互联网金融相互联系又相互区别。

（一）金融科技与互联网金融的联系

从业务来看，金融科技与互联网金融在具体的业务领域相互渗透。互联网金融是基于科技的金融创新，需要给金融提供科技支持；金融科技企业通过申请互联网金融牌照，可以将业务拓展到互联网金融领域。

从目标来看，无论是互联网金融还是金融科技，目的都是通过一定的方式让金融及其服务变得更加高效与便捷。例如，互联网金融借助互联网技术让客户足不出户就能办理各种金融业务，金融科技中的大数据技术能够帮助银行对企业信贷风险进行控制，不仅提高了风险评估准确性，还降低了风险评估成本，大幅提高信贷审批效率。

（二）金融科技与互联网金融的区别

从风险来看，互联网金融的风险本质仍是金融风险，在注重数据安全和网络安全的基础上，金融业务的信用风险、流动性风险、操作风险等仍是互联网金融领域的重要风险源。而金融科技更多的是面对技术风险，比如技术成熟度不够引发的业务操作风险、技术的内在逻辑与金融业务设计理念不匹配导致的产品设计风险、技术的过度共享导致的区域性和系统性风险。

从发展方式来看，互联网金融是科技在金融领域的初期实践，该阶段主要是运用互联网技术优化金融业务的组织方式，实现业务规模的粗放式扩张，进而扩大金融业务的覆盖面。而以大数据、云计算、人工智能、区块链等为代表的金融科技，主要是利用技术的先天优势优化金融业务流程、交易方式和管理模式，进而降低业务成本并提升客户体验。金融科技对金融基础设施的改造和升级，反映了科技和金融更精细化的融合。

四、金融科技与科技金融

科技金融是国内特有的一个概念，是促进科技开发、成果转化和高新技术产业发展的一系列金融工具、金融制度、金融政策与金融服务的系统性安排。科技金融强调金融本身对科技的推动作用，金融科技则主要强调技术革新对金融的推动、支撑作用。从监管层面来看，国内对金融科技的监管原则可以概括为"既要鼓励创新，又要规范发展"，但对科技金融则是以鼓励为主。

国务院在2016年8月发布的《"十三五"国家科技创新规划》中，明确了科技金融的性质和作用，在第十七章"健全支持科技创新创业的金融体系"第三节"促进科技金融产品和服务创新"中明确提出：建立从实验研究、中试到生产的全过程、多元化和差异性的科技创新融资模式，鼓励和引导金融机构参与产学研合作创新。在依法合规、风险可控的前提下，支持符合创新特点的结构性、复合性金融产品开发，加大对企业创新活动的金融支持力度。目前这是国内对科技金融最权威的表述，即科技金融是落脚于金融，利用金融创新，高效、可控地服务于科技创新创业的金融业态和金融产品。

具体来讲，金融科技与科技金融具有以下几个区别。

（一）落脚点不同

金融科技的落脚点是科技，具备为金融业务提供科技服务的基础设施属性，与其相似的概念有军事科技、生物科技等。科技金融的落脚点是金融，指服务于科技创新创业的金融业态、服务、产品，是金融服务于实体经济的典型代表。科技金融属于产业金融的范畴，与其相似的概念有消费金融、三农金融等。

（二）发展目标不同

发展金融科技的目标在于利用科技手段提高金融的整体效率。发展科技金融的目标在于以金融服务的创新来作用于实体经济，推动科技创新创业。

（三）参与主体不同

金融科技的参与主体以科技企业、互联网企业以及偏技术的互联网金融企业为代表的技术驱动型企业为主。科技金融的参与主体以传统金融机构、互联网金融公司为代表的金融业企业为主。

（四）实现方式不同

实现金融科技创新的方式是技术的突破。实现科技金融创新的方式是金融产品的研发。

任务二　金融科技发展概况

一、金融科技的发展演化历程

金融科技是金融和科技深度渗透和融合的产物。在金融科技的发展演化历程中，科技赋能金融，渐进式地补充与重构金融业态，推动金融服务提质增效，金融则促使科技成果从后端技术转变为前端展业。虽然金融科技这一概念出现的时间不长，但科技与金融的结合并推动金融不断创新发展却经历了一个漫长的过程。国内外专家学者对金融科技的发展演化历程有多种概述和总结，本书引用国内经济学家谢平的观点并结合当前金融科技的发展趋势对金融科技的发展演化历程做了如下划分。

（一）金融科技 1.0

从 1866 年到 1967 年是信息革命时代，电报、电话、广播等信息技术作为通信手段出现，逐渐取代了传统通信方式，极大地促进了金融业的发展，此阶段称为金融科技 1.0时代。

19 世纪末，金融和科技逐渐相结合，电报、铁路、汽船等技术促进了金融跨境互联，加强了世界各地金融信息的交流，提高了金融交易和支付的效率，推动了第一次金融全球化。20 世纪 50 年代，Diners Club 发行了第一张信用卡，信用卡的出现预示着电子交易技术在金融领域的首次应用，为金融交易服务提供了便利。1964 年，施乐公司第一次成功制造了商用电传机器——传真机，也称为长距离静电复印术。1966 年，全球用户电报网络建立，为金融的全球化发展提供了框架。1967 年，得州仪器制造出第一台手持式财务计算器，英国巴克莱银行安装了第一台 ATM，它们的出现逐渐取代了以电话、柜台驱动的传统金融业务模式，进一步提高了金融服务效率和降低了人工成本。

这一阶段可以被看作金融与科技融合的初始阶段，为下一阶段金融科技 2.0 时代的到来奠定了基础。

（二）金融科技 2.0

从 1967 年到 2008 年，随着数字技术的不断发展，金融逐渐从模拟工业转变为数字产业。这个时期的金融科技主要由传统金融机构主导，它们利用科技提供金融产品和服务，此阶段称为金融科技 2.0 时代。

1967 年，计算器和 ATM 的出现标志着金融科技 2.0 时代的开始。从 1967 年到 1987 年，金融服务从电子产业逐渐过渡到数字产业，其发展为第二次金融全球化奠定了基础。在这一时期，金融机构逐渐在内部业务中增加信息技术的使用。随着计算机的普及和内部风控技术的发展，金融机构从 20 世纪 80 年代起普遍开始使用计算机和彭博机，代替纸质操作，减少了人工成本。20 世纪 80 年代后期，根据世界各地金融机构的电子交易情况，金融服务大部分实现了数字化，传真取代了电传。互联网的出现为金融科技的进一步发展奠定了基础。1995 年，富国银行利用环球网提供在线账户查询服务。2001 年，美国 8 家银行至少有 100 万在线客户，世界其他主要司法管辖区也迅速建立类似的系统和相关的监管框架，以此来解决金融风险问题。

21 世纪初，银行的内部流程和对外业务全面实现了数字化，至此，金融科技 2.0 时代结束。

（三）金融科技 3.0

2008 年金融危机之后，新兴技术（大数据、云计算、人工智能和区块链等）的进步将数字革命、通信革命和金融革命结合起来，给金融创新提供了新动力，从商业模式、业务模式、运作模式全面变革金融业，掀起了新一轮的金融创新浪潮。此时金融科技初创公司强势崛起，传统金融机构的主导优势渐失，两者从竞争颠覆走向协同合作，金融服务的边界日益模糊，此阶段称为金融科技 3.0 时代。

21 世纪，数字时代的来临标志着从金融科技 2.0 过渡到金融科技 3.0。随着访问速度的提升、计算能力的加强以及信息通信和移动互联网等新型技术的广泛应用，技术实现了加速发展，金融与科技得到了更加完美的融合。2008 年的金融危机使人们对传统金融机构失去信任，物理网点式的服务模式、庞大冗余的分支机构、有限的用户覆盖和严格的监管制度日益成为传统金融机构的痛点，传统金融机构的业务模式无法满足客户不断变化的需求，大量风投资金开始涌入金融科技领域，加之政府对金融新范式的扶持，金融科技呈现出爆炸式的发展态势。

金融科技 3.0 的最大特色是通过大数据、云计算、人工智能和区块链等新兴技术来提高金融服务的效率和质量，强调技术革新对金融的赋能和推动作用。

（四）金融科技 4.0

当前，金融科技正在从 3.0 时代向 4.0 时代迈进，即以数据为基础的机器认知时代。

虽然在 4.0 时代金融科技还是以大数据、人工智能、云计算及区块链等新兴技术为基础，但也出现了大模型。大模型是通过联邦学习和知识图谱以及自然语言处理，来解释和开拓新的世界，从而开拓新的物理世界，将非结构化数据和结构化数据连接起来。随着深度学习的发展，大数据、人工智能、云计算及区块链的传统框架将发生根本性变化，因此技术将出现一些突变。中台数据质量提升，且得以打通数据；云平台的出现带来了无摩擦软件开发的体验；因为数据和 5G 网络的发展，无时无地不在的客户服务开始成为可能；隐私也变得特别重要，更注重保护客户和客户数据；监管和合规经营也出现新的可能。这是一个多维度的、新的技术空间，在这个技术空间里，金融科技正在发生根本的、质的变化。这也是金融科技有可能从 3.0 跳跃到 4.0 的主要原因。

金融科技 4.0 时代有三个重要的发展特征。第一，金融业务模式开始场景化、标准化、数字化，包括场景化获客、标准化风控以及数字化运营。第二，金融科技 4.0 是一个自我迭代、优化和学习的综合生态。第三，在金融科技 4.0 时代要构建开放、敏捷和可持续的金融科技生态。如今正出现去中心化、区块筑基、全数据支持、智能化、自动化、自我学习和自我迭代发展的综合服务金融平台，世界正走向一个数据和智能的金融科技 4.0 时代。

二、主要国家的金融科技发展现状

目前，全球金融科技已形成市场拉动、技术驱动、规则推动三类发展模式，并以中国、美国、英国为代表。

（一）中国的金融科技发展现状

"市场拉动"模式重视金融科技应用与体验提升，其中以中国为代表。采用该模式的以发展中国家和地区为主，主要原因是发展中国家和地区普遍在人口数量和市场体量上占优势，且普遍存在金融抑制，使得其深化金融科技应用、提升金融科技体验相对容易，发力后能够在短时间内取得显著成效。

随着《金融科技（FinTech）发展规划（2019—2021 年）》的执行以及金融科技创新监管试点、中国版"监管沙盒"等一系列方案的落地，我国金融科技体系的骨架已经构建起来，金融科技在实体经济的沃土中落地生根。大数据、云计算、人工智能、区块链等技术在金融领域的应用成效显著。金融服务覆盖面逐步扩大，优质金融产品供给不断丰富，金融惠民利企水平持续提升。金融科技创新监管工具稳步实施，监管规则体系和监管框架不断健全，金融守正创新能力大幅提高。总的来看，我国金融科技发展从星星之火到百舸争流、从基础支撑到驱动变革，呈现出旺盛生机与活力，有力提升金融服务质效，高效赋能实体经济，为金融业高质量发展注入充沛动力。在《2021 全球金融科技中心城市报告》中，北京和上海处于第一梯队，在总榜单中分别位列第一和第四，且北京已连续三年排名全球第一。

我国金融科技迅速发展的同时也面临诸多挑战，发展不平衡、不充分的问题不容忽视。数字化浪潮下智能技术应用带来的数字鸿沟问题日益凸显，区域间金融发展不平衡问题依然存在，部分大型互联网平台公司向金融领域无序扩张造成竞争失衡，大小金融机构间的数字化发展"马太效应"尚待消除，技术应用百花齐放但关键核心技术亟须突破。这些发展不平衡、不充分的问题正是未来一段时间深化金融与科技融合，推动金融业数字化发展亟须攻克的重要课题。

在《金融科技发展规划（2022—2025 年）》的指引下，我国金融科技要从"立柱架梁"全面迈入"积厚成势"新阶段。力争到 2025 年，整体水平与核心竞争力实现跨越式提升，数据要素价值充分释放、数字化转型高质量推进、金融科技治理体系日臻完善、关键核心技术应用更为深化、数字基础设施建设更加先进，以"数字、智慧、绿色、公平"为特征的金融服务能力全面加强，有力支撑创新驱动发展、数字经济、乡村振兴、碳达峰及碳中和等战略实施，走出具有中国特色和与国际接轨的金融数字化之路，助力经济社会全面奔向数字化、智能化发展新时代。

金融科技发展规划
（2022—2025 年）

（二）美国的金融科技发展现状

"技术驱动"模式重视技术创造与数字基础设施建设，美国为该模式的代表。美国的金融业和高科技产业都很发达，科技企业 TOP 500 市值之和超过 14.6 万亿美元，且其科研能力及数字基础设施指标排名双双位居全球第一。技术创新与基础设施建设均需要持续多年的积累与沉淀，而美国全球领先的科技水平以及独特的创新文化氛围使得其他国家效仿该模式的难度较大。

美国的金融科技发展地域分布比较集中，最有代表性的是硅谷和纽约。《2021 全球金融科技中心城市报告》显示，旧金山（硅谷）、纽约已分别连续三年蝉联 TOP 50 榜单的第二名和第三名。

美国的金融科技起源于硅谷，硅谷拥有成熟的金融科技人才及金融科技生态系统，金融科技生态系统内完善的互联结构使得众多金融科技"独角兽"在此孵化而成。根据 CB Insights 的数据，美国"独角兽"获得了全球大部分投资机构的主要投资，美国投资机构对美国"独角兽"的投资超过其投资组合的一半。到 2021 年 9 月底，全球"独角兽"共有 832 家，总估值为 2.7 万亿美元，涉及 16 个行业。按"独角兽"数量排名，位列前五的行业是金融科技（162 家）、互联网软件与服务（139 家）、电子商务（88 家）、人工智能（68 家）和医疗健康（57 家）。美国拥有的"独角兽"数量居全球第一，共 417 家（其中旧金山 102 家、纽约 55 家），其估值占全球总额的 50.3%。全球估值最高的 40 家"独角兽"有 20 家来自美国，高估值"独角兽"多出现在金融科技行业。按照估值排序，位列前 5% 的"独角兽"共计 40 家，有 11 家是金融科技企业，其次是互联网/软件企业，有 6 家，再次是汽车/交通企业，有 11 家。

什么是"独角兽"？

"独角兽"（unicorn），投资界术语，是指市值超过 10 亿美元，且创办时间相对较短（一般不超过 10 年）的创业企业。近年来，"独角兽"已成为数字经济时代创业企业中一支异军突起的势力。这些"独角兽"是市场潜力无限的绩优股，而且其商业模式很难复制。

纽约一直是全球金融中心，在英国智库 Z/Yen 集团与中国（深圳）综合开发研究院联合发布的第 30 期《全球金融中心指数》（简称 GFCI30）报告中，纽约依旧排在全球金融中心排行榜的榜首（见表 1-3）。紧密依托华尔街庞大的资本基础和金融人才，以人工智能为代表的金融科技正在华尔街的传统金融业务中扮演着越来越重要的角色，由其驱动的量化交易、智能投顾等金融新业态也越来越受到机构和投资者的青睐。

表 1-3　GFCI30 报告中排名前 20 的全球金融中心

全球金融中心	GFCI30		GFCI29		排名变化	得分变化
	排名	得分	排名	得分		
纽约	1	762	1	764	0	↓2
伦敦	2	740	2	743	0	↓3
香港	3	716	4	741	↑1	↓25
新加坡	4	715	5	740	↑1	↓25
旧金山	5	714	12	718	↑7	↓4
上海	6	713	3	742	↓3	↓29
洛杉矶	7	712	13	716	↑6	↓4
北京	8	711	6	737	↓2	↓26
东京	9	706	7	736	↓2	↓30
巴黎	10	705	25	699	↑15	↑6
芝加哥	11	704	15	714	↑4	↓10
波士顿	12	703	24	703	↑12	0
首尔	13	702	16	713	↑3	↓11
法兰克福	14	701	9	727	↓5	↓26
华盛顿	15	700	14	715	↓1	↓15
深圳	16	699	8	731	↓8	↓32
阿姆斯特丹	17	698	28	695	↑11	↑3
迪拜	18	694	19	710	↑1	↓16
多伦多	19	693	29	694	↑10	↓1
日内瓦	20	692	20	709	0	↓17

美国金融市场经过逾百年的发展，能够提供比较完善的、全方位的产品和服务，并且银行等传统金融机构实力雄厚，一直非常积极地利用互联网等技术进行金融服务创新；此外，美国矩阵式的监管框架能有效、严密、多层次地保护金融消费者，金融科技没有太多的套利空间，市场应用增速较慢，难以广泛地布局金融领域。因此美国的金融科技行业虽然起步早，但更多的是扮演"补充者"的角色，只能在传统大金融企业不涉及的新领域或涉及不深的领域中发展。

（三）英国的金融科技发展现状

"规则推动"模式重视监管体系完善与整体生态优化，其中以英国为代表，采用该模式的以发达国家和地区为主。与其他两大模式相比，"规则推动"模式更有赖于政府和机构主导，需有较强的顶层设计与监管能力，是在全球金融科技发展逐步进入深水区的当下众多国家发展金融科技的着力点。

英国作为现代金融体制的发源地，凭借在金融服务行业方面的优势、消费者对金融创新技术产品的认可以及包容的监管环境，自 2008 年以来发展成为全球金融科技中心。而伦敦既是英国的金融科技中心，也是欧洲最成功的金融科技中心。伦敦活跃着历史悠久的大型银行的创投基金、聚焦金融科技的天使投资人、创投资本家等，这些都是金融科技公司早期阶段营运资金的重要来源。

伦敦政府下属的伦敦发展促进署则发布联合报告表示，英国金融科技公司在 2021 年上半年筹集了 57 亿美元，其中伦敦金融科技公司的贡献最大，所筹资金达 53 亿美元，是 2020 年同期的 2.4 倍（2020 年全年投资额为 45 亿美元），占欧洲金融科技融资（139 亿美元）的三分之一以上，创历史新高。这也意味着，伦敦作为全球金融科技中心的地位进一步得到巩固。在风投总额上，伦敦 2021 年在全球金融科技风投榜上排名第二，略高于纽约（52 亿美元），排在第一名旧金山（72 亿美元）之后，且在 2021 年上半年全球金融科技领域最大的 13 笔融资中，位于伦敦的公司占据了前四名。在公司数量上，截至 2021 年，伦敦共拥有 3 018 家金融科技公司，比全球任何其他城市的金融科技公司都多（如图 1-1 所示）。作为全球最大的金融科技集群，伦敦也诞生了一些世界上发展最快的金融科技公司，现有 29 家金融科技"独角兽"，仅次于旧金山的 37 家。在行业分布上，伦敦在一些增长最快的金融科技子行业中有着巨大优势，如保险科技、加密货币支付、线上银行和绿色金融科技等。

图 1-1　全球金融科技公司数量最多的三大城市

英国金融科技的发展离不开政府监管政策的支持，英国是施行金融科技政策的先行者，英国金融行为监管局（FCA）于 2014 年 7 月开展了"项目创新"（Project Innovate）计划，旨在促进金融业和非金融业企业的金融创新，制定了"监管沙盒"（Regulatory Sandbox）制度并于 2016 年 5 月推出。随后，新加坡、澳大利亚、美国等为促进金融创新，相应的监管政策也跟进式推出。到 2021 年，英国完成了五次"监管沙盒"测试，153 家企业成功入选并被授权在受控环境内面向特定客户群体开展产品服务测试。近年来，受益于国家政策，伦敦之外的一些城市凭借着逐渐成熟的商业环境以及较低的运营和生活成本吸引了越来越多的金融科技公司和人才。

三、金融科技崛起与发展的动因

金融科技起源于金融危机所引发的信任危机和对传统金融业痛点的捕捉，成长于相对宽松的监管环境，在技术创新、资本支持、人力储备和良好客户基础等因素的共同作用下快速发展。

（一）相对宽松的监管环境

2008年金融危机后经济长期低迷，各国政策都在鼓励并支持金融新范式。到目前为止，许多官方机构一直将支持创新作为经济发展目标的一部分。为此，大多数政府机构一直没有就金融科技的监管制定任何明确的法律条例和行业规范，绝大多数国家金融科技企业的商业模式运营无须获得牌照，避免了审慎监管和合规性审查。金融科技的崛起与政府前期积极的政策引导以及相对包容的监管环境是密不可分的。

1. 美国OCC"白皮书"

2016年3月31日，美国全国性持牌银行和联邦储蓄协会的监管机构——货币监理署（OCC）发布了《货币监理署：支持联邦银行系统中负责任的创新》白皮书。其中八条原则用于指引其金融创新评估框架，针对金融科技公司有以下四项原则：支持负责任的创新、鼓励普惠金融创新、通过有效的风险管理促进安全运营和鼓励银行将负责任的创新纳入战略规划。

2. 英国、新加坡、澳大利亚的"监管沙盒"

英国金融行为监管局（FCA）、新加坡金融管理局（MAS）、澳大利亚证券与投资委员会（ASIC）分别提出"沙盒监管"制度，以鼓励和支持金融科技范式的创新发展，建议在坚持原则监管和底线监管的同时，采用包容性监管，营造有利的监管环境，为行业的未来创新发展预留空间，在防范风险的同时让创新更好地促进金融的创新发展。

3. 中国的"柔性监管"

我国对金融模式创新一直予以高度重视和支持。2016年10月9日，中共中央政治局就实施网络强国战略进行第三十六次集体学习。中共中央总书记习近平在主持学习时强调，加快推进网络信息技术自主创新，加快数字经济对经济发展的推动，加快提高网络管理水平，加快增强网络空间安全防御能力，加快用网络信息技术推进社会治理，加快提升我国对网络空间的国际话语权和规则制定权，朝着建设网络强国目标不懈努力。

在鼓励金融创新的同时，国内相关专家就金融科技的监管提出包容性监管思路，提倡"软法治理与柔性监管"相结合，允许金融科技公司在一定范围内试错，给予一定时间内的自我修正机会，摸索出一条健康、合理、可持续的发展道路。

思政课堂

守护国家金融安全　我的"中国芯"

随着金融科技产业的发展和芯片在金融科技产品（如金融IC卡、受理终端、安全单元、密码器等）中的广泛应用，芯片的安全性对金融科技产业也越来越重要。采用安全芯片可以从根本上提升金融科技产品的风险防控水平，能够有效地保护芯片中的用户敏感信息，抵御对芯片的非法访问和外部攻击。

但是我国在芯片领域却长期依赖进口，缺乏自主研发。中国是世界上第一大芯片市场，但2019年中国的芯片自给率仅为30%左右。国外巨头依靠在芯片领域长期积累的核心技术和知识产权，通过技术、资金和品牌方面的优势一直占据着集成电路的战略要地。特别是芯片生产环节中的制造技术、设计能力和编码技术等方面，外国常常会将其作为谈判筹码实行贸易制裁和出口禁运，给中国服务器、计算机、手机行业带来了巨大的困扰，也对政务、银行等核心行业的安全造成了影响。

金融安全影响着人们生产和生活的方方面面。"小"至普通公众，如使用支付宝、微信支付的安全；"大"到金融机构，如为客户提供金融服务、资金流通的安全，都容不得有半点差池。这样一项关系到国家金融和经济健康运行的核心技术，如果长期受制于外商，则是一件非常危险的事情。在国际竞争形势剧烈变化的当下，一旦处于垄断地位的外商断供，我们是否有可替代的产品？

面对百年未有之大变局，若想关键领域不被"卡脖子"，自主研发才是正道。"中国芯"工程是在工信部和其他部委司局的指导下，由中国电子工业科学技术交流中心联合国内相关企业开展的集成电路技术创新和产品创新工程。自2006年以来，该工程秉承"以用立业、以用兴业"的发展思路，旨在搭建中国集成电路企业优秀产品的集中展示平台，打造中国集成电路高端公共品牌。

虽然近年来国家的政策、资金鼓励以及国内半导体企业为了改变芯片被"卡脖子"的窘境不断进行国产芯片的自研工作，在一定程度上解决了中国半导体行业的缺芯难题，但是芯片想要实现国产化替代，在2025年达到70%的自给率，真正达到自给自足，还有很长的一段路要走。

让我们一起来见证中国芯片的发展和进步，只有自己强大才可以真正屹立不倒。

（二）持续进行的技术创新

信息通信技术的进步将数字革命、通信革命和金融革命结合起来，给金融创新提供了新动力。这一轮金融创新浪潮是以云计算为基础，以大数据收集、整合和应用技术为核心驱动力，借助新技术、新手段、新方法，降低金融业务的运营成本，并逐步打破企业原有的增长逻辑和商业生态，用创新的方法和模式改善客户体验，提高服务效率，并完善金融服务模型。

随着人工智能技术以及区块链技术的日渐成熟，金融科技也正向更广阔的领域蔓延。人工智能技术的应用领域有模式识别、数据挖掘、统计学习、计算机视觉、自然语言处理、语音识别、智能检索等，应用十分广泛。区块链技术在支付系统和证券市场的应用最具颠覆效果。支付系统与区块链技术的契合度非常高，运用区块链可实现跨境支付的实时便捷。此外，在反洗钱（AML）和了解你的客户（KYC）方面，区块链可以帮助金融机构节省合规成本。同样，在证券交易中使用区块链技术，买卖双方通过智能合约直接自动配对，并且通过分布式记账的数字登记系统能够实现自动清算和结算。

（三）不断涌入的资本支持

《大数据文摘》的数据显示，自2009年以来，包括美国银行、花旗银行、富国银行、摩根大通、摩根士丹利以及高盛在内的六大银行相继对30家金融科技公司进行战略性投资。麦肯锡在《金融科技全面冲击银行业及银行的应对策略》研究报告指出，2015年中国金融科技公司融资额达到历史性的27亿美元，是2014年的4.5倍，各个领域"独角兽"级别的公司不断涌现。2016年5月，国际三大知名评级机构之一穆迪发布了一份题为《金融科技正在改变竞争格局，但它们未必能取代银行的中心地位》的重要报告，报告估计全球范围内与金融科技相关的初创公司高达4 000多家。

根据毕马威发布的《金融科技脉搏》和《2021年金融科技投资报告》，2015—2019年全球金融科技投融资金额从 649 亿美元增至 1 503 亿美元，年均增速达 23.4%，投融资数量从 2 123 笔增至 3 286 笔；2021 年，全球金融科技投资总额达到 2 100 亿美元，交易量达到创纪录的 5 684 笔，远高于 2020 年 3 674 笔交易的 1 250 亿美元。

(四) 充足的从业人力储备

传统金融机构的离职潮为金融科技发展提供了良好的智力支持。传统金融机构条块化管理、人才流动不顺畅、考核激励制度不完善等情况，造成相配套的人才发展路径比较单一，具有丰富从业经验的人才开始流动。借着全球范围内的创新、创业政策激励，很多金融领域专业人士投身创业。

互联网巨头的创业示范效应和技术人才培养外溢效应。互联网企业以其丰富的技术经验，注重客户在金融服务方面的痛点分析和跟踪，深入研究传统金融机构的服务盲区，并擅长使用快速迭代的方法迅速推出产品和服务并持续完善和升级，为金融科技创业提供了大量具有互联网思维和基因的人才。比如，在信用卡还款事项的处理上，传统银行为了控制风险，采取的是惩罚措施，如降低不按时还款的客户信用额度。而金融科技企业为了吸引更多的客户，采取的是奖励措施，即对按时还款的客户给予奖励，包括返现、积分等。

(五) 得天独厚的客户基础

传统金融机构提供的资源有限并且分布不均，存在大量的金融服务需求尚待满足。比如，中小企业"融资难、融资贵"的问题；偏远地区的金融产品和服务覆盖不足；贫困阶层、低收入群体普遍面临的贷款难问题。

互联网巨头培养了用户对信息科技的依赖性，用户对日常金融服务便利性的关注超过对风范防范的要求，他们更关心自身的金融需求是否有效、及时地得到满足，而不在意服务提供者是谁以及是否受到了政府部门的严格监管。

(六) 社交媒体的助力

随着微博、微信等社交平台的深入延展，社交网站、搜索引擎、物联网和电商平台等将公众的人际关系、情绪、兴趣爱好、购物习惯等信息都收集起来，并将其纳入巨大的个人信息库。移动 App 使分享、交流等社交元素开始与金融服务相互融合，由此产生的多种商业价值也随之凸显。社交媒体文化的流行为金融科技的发展提供了契机。金融科技企业利用这些信息数据来定制市场需要的产品，决定什么时候销售、如何销售以及销售给谁。社交投资平台 Motif Investing 根据个人理财目标和风险属性为客户提供最合适的投资组合，而客户需要这些服务时点击鼠标即可完成。

案例分析 1-1

Motif Investing：基于主题投资的在线社交券商

Motif Investing 成立于 2010 年 6 月，是一家基于社交平台的选股投资中介，主营业务涵盖证券经纪、资产管理等。不同于其他投资组合服务提供商，Motif Investing 为用户提供强大的自助式投资组合设计工具，用户可自主选择、修改、创建、评估，方便快捷，只需要几分钟便可拥有个性化的投资组合。不仅如此，Motif Investing 还引入社交机制，用户可以把自己创建的投资组合分享到特定的圈子，圈内人也可以对其进行讨论和优化。

自成立以来，Motif Investing 先后经历了 5 轮融资，总共筹集了 1.26 亿美元，其中 D 轮融资主要用于全球扩张。PitchBook 的数据显示，E 轮融资后 Motif Investing 的投前估值为 3.96 亿美元。由于市场环境变动等多方因素，2020 年 5 月，Motif Investing 宣布关闭平台所有交易并停止运营，所有的账户将转移至 Folio Investing 平台。

问题：请收集 Motif Investing 的相关资料，分析其由盛转衰的原因。

分析提示：虽然 Motif Investing 的商业模式存在市场创新性，但也存在着市场定位不清、投资工具有限等缺陷，使其在外部市场变化、行业竞争加剧的多重挑战下逐渐步入发展困境。

四、金融科技发展的特征

金融科技作为新兴行业，呈现出多种特征：业务精细化，技术融合化，地域差异化，资本全球化，人才复合化，以及在为监管带来挑战的同时也带来了便利。

（一）业务精细化

金融科技革新传统金融的切入点是个人消费者、中小企业及其他未被金融服务覆盖的客户群体，这部分群体基数庞大，具有长尾效应，而且他们对成本敏感，对远程交付与配送持开放态度，这为专注于某个特定群体或某个特定领域的金融科技公司提供了商机。金融科技公司利用本身的技术优势快速识别和筛选用户，利用互联网和移动设备在便于使用的用户界面上提供个性化、差异化和创新性的金融产品和服务，并辅以相关的增值服务，提高用户的黏性和满意度。比如，在线理财管理平台 Wealthfront 就瞄准不愿意缴纳费用的千禧一代，迎合他们喜欢自动化建议软件、不喜欢理财顾问的特点。

课堂讨论 1-1

Wealthfront 是美国最大的智能投顾平台之一，作为全球智能投顾平台的标杆，你认为它被众多公司效仿以及能吸引大量客户的原因是什么？

（二）技术融合化

不同的技术之间相互融合和支撑。金融科技浪潮涌来，其中各项技术不是割裂开来，云计算是基础，大数据是动力，人工智能、区块链等是核心，它们经常相伴而生、共同呈现。比如，澳大利亚联邦银行、富国银行和博瑞棉花已经完成的第一笔在两家独立的银行之间进行的融合区块链、智能合约和物联网三种技术支撑的全球贸易。这种不同技术之间相互借力、互为支撑的模式也是金融科技未来的一个重要发展方向。

（三）地域差异化

发达国家拥有良好的技术创新传统和实力，在金融科技创新方面具有领先优势。但同时，发达国家传统金融体系发展趋于成熟，沉淀成本高，金融监管框架有效、严密、多层次地保护金融消费者，金融供给充分，金融科技没有太多套利空间，市场应用增速较慢，难以广泛地布局金融领域，更多的是扮演"补充者"的角色——服务于未被传统金融服务覆盖的客户和市场。

在发展中国家，金融科技正在起飞。在全球金融数字化变革的转折点上，中国具备成为金融科技发展重镇的先决条件，资本的强势涌入，浓郁的互联网色彩，强大的用户流量基础，地区发展的不平衡性，都使得金融科技作为一股新兴的革命性力量在中国飞速发展。与发达国家更为成熟的传统金融体系相比，无论是经济结构升级、政府支持所释放的良好信号，还是更大的长尾需求、技术实力的强力支撑，中国在一定程度上都引领了世界。2010年，阿里巴巴根据其电商平台的信用数据向中小企业发放贷款，而美国和日本2012年才开始在亚马逊大规模使用电商平台的信用数据向中小企业发放贷款。同样，非洲金融市场也具备促使金融科技高速发展的市场和监管先决条件，这给金融科技企业带来了提供创新性服务的机会，它们推出的手机钱包在大多数情况下都充当银行账户，以更低的成本为没有银行账户的消费者提供更好的支付服务。

（四）资本全球化

金融科技资本全球化意味着投资的全球化和融资的全球化。在投资全球化方面，金融科技布局投资金融的各个细分领域，包括但不局限于支付、P2P网络借贷、股权众筹、保险科技、智能投顾、数字货币等。投资全球化有助于加强全球范围内优秀金融科技企业之间的合作，实现资源的优化配置。

（五）人才复合化

金融科技聚焦技术在金融服务和连接场景的应用，在产品开发、营销获客、风险管理等主要的应用场景下，运用科技增强核心能力，获得与传统金融业相比独有的竞争优势。由此，金融科技高度重视技术人才的运用，更重视熟悉金融业务和技术原理的复合型人才的培养，以适应金融科技多元化发展的需要，通过多层次人才培养和引进机制搭建金融科技人才智慧高地。

（六）挑战监管与便利监管并行

金融科技提升了金融业的服务便捷性，但也带来了新风险。互联网自身具有虚拟性强、传播速度快、参与人数多等特点，拓宽了传统金融的服务领域和服务内容，但也带来了挑战。金融科技新风险对相应的法律法规、监管体系、监管主体的专业能力等均提出了更高的要求，对监管主体而言无疑是一大挑战。虽然金融监管部门的工作人员对金融运行的规律和风险比较熟悉，但熟悉新技术本身的架构、优势、局限性以及新技术和金融业务的结合点，都需要一个学习的过程，这在一定程度上也导致了监管的时滞。

新技术给金融领域带来一系列风险的同时，也能够通过技术本身的应用降低金融风险损失并丰富监管手段和方法。如运用大数据统计分析和数据挖掘技术实时处理与风险相关的信息，建立风险预测模型，及时识别流动性风险，帮助金融机构有效规避流动性风险等。

任务三　金融科技经营主体

随着金融科技的崛起，各主要经营主体快速布局，通过商业化或资本化的形式积极抢占市场份额以形成先发优势。其中，我们不仅能看到传统金融机构、互联网巨头、金融科技初创公司的身影，还会发现电信运营商、传统实业公司也主动跨界参与金融科技活动。

一、传统金融机构

（一）传统金融机构是金融科技最早的参与者，也是金融科技最大的参与者

1967年，巴克莱银行引入ATM被视为金融科技的开始；1995年，富国银行开始发展线上账户确认业务；2001年，美国网上银行客户突破100万；2005年，第一家没有物理网点的直销银行ING Direct出现。麦肯锡的研究报告显示，自2009年开始，包括美国银行、花旗银行、富国银行、摩根大通、摩根士丹利以及高盛在内的六大银行开始向金融科技领域发力，先后在支付、借贷、财富管理领域追加战略性投资。

传统金融机构一直是IT产品和服务的最大买家，近年来购买额更是有增无减，2019年部分国际领先金融机构的IT投入金额为260亿美元，同比增长6%。2019年全球大部分传统金融机构IT投入占利润的比重均高于20%，其中瑞银的IT投入占比高达81.20%，道富银行的IT投入占比达65.30%，美国银行、花旗银行的IT投入占比也均在30%～50%（见图1-2）。

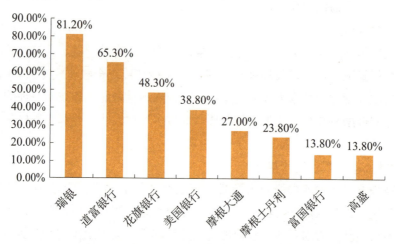

图1-2　2019年全球部分传统金融机构IT投入占利润比重的情况

（二）国内传统金融机构布局金融科技领域

国内传统金融机构也非常重视对金融科技领域的投入与建设，国有六大行的核心业务系统均已不同程度下移至分布式平台。工行的金融科技投入最高，2020年的投入达238.19亿元，科技人员达3.54万人，建行、农行、中行的金融科技投入均超150亿元。其中，工行、农行、中行的金融科技投入增速均超40%。在国有六大行中，除邮储的金融科技投入占营收比重达3.15%，其余各家均在2.70%～3.00%这个区间。在金融科技子

公司设立方面，2020 年农行成立农银金科，交行成立交银金科，至此头部四家银行（工行、建行、农行、中行）及交行均已成立金融科技子公司。

在上市股份制银行中，招商银行的金融科技投入总额达 119.12 亿元，高于其他股份制银行，金融科技投入占营收的比重达 4.45%，为行业最高值。招商银行是最早切入移动端的商业银行，在零售端一直坚持"网络化、数据化、智能化"的发展战略，尤其注重移动客户端的发展，坚持"移动优先"的战略。其他传统金融机构如平安集团、民生银行等也主动出击，积极布局金融科技领域，与区块链技术前沿公司 R3 建立合作伙伴关系，正式加入 R3 分布式分类账联盟，与全球最大的 70 多家金融机构合作，共同为金融服务行业开发基于分布式分类账技术的开拓性商务应用，对现有业务进行提升，实现成本的降低和效率的优化，以应对金融科技企业带来的挑战。

二、金融科技初创公司

自金融科技兴起以来，越来越多的创业公司和技术公司开始布局金融科技领域，对促进技术向金融的渗透和与金融的融合起到重要的推动作用。比如，在深圳成立的金融区块链合作联盟就是技术公司向金融领域渗透的典型做法，联盟的区块链技术公司和创业公司通过整合和协调区块链技术研究资源，联合金融机构推进区块链技术在金融领域的探索和研发。

创业公司和技术公司深谙科技发展逻辑和技术优势，寻找未被传统金融机构覆盖的细分市场，金融科技企业利用大数据、人工智能、移动互联等新兴技术提供低门槛金融产品和服务，与银行所提供的金融产品和服务不是颠覆后者的关系，而是互为补充。但随着对金融监管的探索和金融监管逐步到位，金融科技企业参与金融业务必须与持牌机构合作，从而限制了金融科技企业的业务扩张路径和速度。

知识拓展 1-3

金融科技企业要等多久才能成为"独角兽"？

近年来，金融科技行业蓬勃发展，许多初创企业的估值达到了 10 亿美元（即"独角兽"）。那这些初创企业用了多久才达到 10 亿美元的大关，最终修炼成为"独角兽"的呢？

最快达到 10 亿美元估值的初创企业如表 1-4 所示。

表 1-4　最快达到 10 亿美元估值的初创企业

排名	企业	国家	行业	成立时间（年）	成为"独角兽"的时间（年）	达到 10 亿美元所花的时间（年）
1	Brex	美国	借贷	2017	2018	1
1	Figure Technologies	美国	借贷	2018	2019	1
3	联易融	中国	供应链金融	2016	2018	2
3	Ualá	阿根廷	银行	2017	2019	2
3	Zenefits	美国	保险	2013	2015	2
3	众安	中国	保险	2013	2015	2

最慢达到 10 亿美元估值的初创企业如表 1-5 所示。

表 1-5　最慢达到 10 亿美元估值的初创企业

排名	企业	国家	行业	成立时间（年）	成为"独角兽"的时间（年）	达到 10 亿美元所花的时间（年）
1	Radius Payment Solutions	英国	支付	1990	2017	27
2	BGL Group	英国	保险	1992	2017	25
3	Pine Labs	印度	支付	1998	2020	22
4	OneConnect	加拿大	综合	1998	2018	20
5	Ivalua	美国	支付	2000	2019	19
6	BillDesk	印度	支付	2000	2018	18

三、互联网公司

互联网公司通过创建商业场景，积累了大量的用户和流量，从生态圈外围向金融业不断侵蚀，成功撬走了"长尾客户"中的大量零售和小微客户。国内以百度、阿里、腾讯（BAT）为代表的互联网科技公司和国外以谷歌、苹果、亚马逊（GAFA）为代表的互联网科技公司结合自身优势，逐步将金融深度植入各类生活场景中，如百度的流量延伸、腾讯的社交金融、阿里的移动支付，这些产品在提升用户体验的同时，也在不断构筑自家的闭环生态系统。完整的生态系统为金融科技的发展提供了资本、人力和应用场景的支持，"由面及点"式的聚焦发展使互联网巨头们有望在金融科技领域引领潮流。

前期互联网巨头对整体金融的革新意义大部分聚焦于前端渠道拓展，属于粗放式布局阶段。随着金融科技的进一步发展，各家公司也利用资本和技术优势进入了更为精细化的发展阶段。微众银行作为国内第一家所有业务系统都架构在云计算基础上的互联网银行，以腾讯云作为底层技术支撑构建分布式金融系统的基础平台，现有员工 50% 都是科技人员。蚂蚁集团利用区块链技术开发支付宝爱心捐赠平台，让每一笔款项的生命周期都记录在区块链上，有助于解决中国社会的公益透明度和信任度问题。

四、电信运营商

电信运营商的核心业务只针对信息流量收费，较少涉及内容运营，在互联网公司的冲击下，市场主导优势渐失，这迫使不少电信运营商向金融科技领域进军。通过布局金融科技业务，电信运营商能够实现移动互联网业务与金融科技业务的战略协同发展，有助于电信运营商在下一轮竞争中占据有利地位。

从用户流量来看，伴随实名制的推行，用户画像更加精准，每一个手机号背后都是一个清晰可见的真实用户，涵盖用户个人信息及消费行为信息，以数据作为支撑的电信运营商能水到渠成地切入金融科技领域。从渠道盘活来看，电信运营商以移动支付为主进行布局，由话费支付延伸到多种金融消费场景，打通移动支付、金融理财等金融消费需求，降低金融服务门槛。比如中国移动加快 NFC（near field communication）的发展，支持用户通过手机空中开卡，同时还支持贴卡充值和穿戴设备充值等功能，用户只需携带一部具备 NFC 功能的手机便可乘坐公交和购物刷卡。肯尼亚电信公司 Safaricom 推出移动支付平台

M-Pesa，被称为"看不见的银行"，用户使用智能手机便可轻松存款、转账、领取退休金和支付账单。从渠道拓展来看，运营商一方面利用自身优势，触达未获得充分的金融服务的客户群体，比如校园、农村、偏远地区以及境外客户，为其提供高便利、低成本的金融服务；另一方面加强与终端厂商的战略合作，守住要道，推出相应的金融产品。

尽管具有上述优势，电信运营商在金融科技领域的布局仍处于战略规划阶段，行业经验少、人才储备稀缺以及传统组织架构与金融科技快速迭代升级相冲突等问题仍是电信运营商进军金融科技领域的短板。

五、传统实业公司

在经济新常态下，传统实业公司面临产能过剩、结构调整的阵痛。在金融科技浪潮的推动下，传统实业公司从多角度切入金融科技领域。一是充分发挥线下门店优势，结合"互联网＋"思维、技术和手段优化实体店消费场景，提升用户体验和提高运营效率。二是借助大数据、云计算、物联网、人工智能、区块链等新兴技术促进产业上下游的供应链金融发展，实现产融结合。三是推出孵化和加速的举措，创新金融范式，开展金融服务业务，包括但不限于支付、借贷、财富管理等领域。比如，一些上市传统实业公司开展借贷、投资、支付、保险、财富管理等金融业务，积极进行战略转型。

2015年，Linux基金会发起超级账本项目（Hyperledger Project），短短一年多的时间，全球不同行业的传统实业公司相继加入，包括美国零售企业沃尔玛、IT企业IBM，英国软件开发公司Choudsoft，日本电机企业日立，以及中国智能手机供应商华为等，聚焦区块链技术的研究和应用，打造新一代物联网模式，提高供应链交易的透明度、实时性以及供应链交易记录的精准性。

传统实业公司在进军金融科技领域时具有规模庞大、多渠道拓展、资金充足等优势，但陈旧的商业理念和商业模式制约了其转型。

模块小结

1. 金融科技可以分别从业务模式和科学技术的角度来定义，广义的金融科技被定义为技术带来的金融创新，它能创造新的业务模式、应用、流程或产品，从而对金融市场、金融机构或金融服务的提供方式造成重大影响。

2. 金融科技包括支付结算、存贷款与资本筹集、投资管理、市场设施等四大主要业态。

3. 互联网金融是指传统金融机构与互联网企业利用互联网技术和信息通信技术实现资金融通、支付、投资和信息中介服务的新型金融业务模式。互联网金融可视为金融科技的早期业态。金融科技与互联网金融既相互联系又相互区别。

4. 科技金融是国内特有的一个概念，是促进科技开发、成果转化和高新技术产业发展的一系列金融工具、金融制度、金融政策与金融服务的系统性安排。科技金融强调金融本身对科技的推动作用。金融科技则主要强调技术革新对金融的推动、支撑作用。

5. 金融科技的发展演化经历了以下四个阶段：金融科技1.0、金融科技2.0、金融科技3.0，正在向金融科技4.0演化。

6. 全球金融科技已形成市场拉动、技术驱动、规则推动三类发展模式，并分别以中国、美国、英国为代表。

7. 金融科技崛起与发展的动因包括以下六个方面：相对宽松的监管环境、持续进行的技术创新、不断涌入的资本支持、充足的从业人力储备、得天独厚的客户基础、社交媒体的助力。

8. 金融科技作为新兴行业，呈现出多种特征：业务精细化，技术融合化，地域差异化，资本全球化，人才复合化，以及在为监管带来挑战的同时也带来了便利。

9. 金融科技的经营主体包括：传统金融机构、互联网公司、金融科技初创公司、电信运营商、传统实业公司。

模 块 测 评

一、单选题

1. （　　）是指技术带来的金融创新，它能创造新的业务模式、应用、流程或产品，从而对金融市场、金融机构或金融服务的提供方式造成重大影响。

　　A. 金融科技　　　　B. 互联网金融　　　C. 科技金融　　　　D. 网络金融

2. 存贷款与资本筹集业务主要包括 P2P 网络借贷和（　　）。

　　A. 众筹　　　　　　B. 刷卡支付　　　　C. 移动支付　　　　D. 现金支付

3. 投资管理主要包括智能投顾和（　　）。

　　A. 电子交易服务　　B. 跨境支付　　　　C. 外汇兑换　　　　D. 移动支付

4. （　　）是指传统金融机构与互联网企业利用互联网技术和信息通信技术实现资金融通、支付、投资和信息中介服务的新型金融业务模式。

　　A. 金融科技　　　　B. 互联网金融　　　C. 科技金融　　　　D. 网络金融

5. 当前，金融科技正在向（　　）时代迈进。

　　A. 金融科技 1.0　　　　　　　　　　　B. 金融科技 2.0

　　C. 金融科技 3.0　　　　　　　　　　　D. 金融科技 4.0

6. （　　）的金融科技发展重视金融科技应用与体验提升，以市场拉动为主要发展模式。

　　A. 美国　　　　　　B. 中国　　　　　　C. 英国　　　　　　D. 新加坡

7. （　　）是最早推行"监管沙盒"制度的国家。

　　A. 美国　　　　　　B. 中国　　　　　　C. 英国　　　　　　D. 新加坡

8. （　　）是金融科技的最早参与者。

　　A. 金融科技初创公司　　　　　　　　　B. 传统金融机构

　　C. 传统实业公司　　　　　　　　　　　D. 互联网公司

二、多选题

1. 金融稳定理事会和巴塞尔委员会把金融科技活动分为（　　）。

　　A. 支付结算　　　　　　　　　　　　　B. 存贷款与资本筹集

　　C. 投资管理　　　　　　　　　　　　　D. 市场设施

2. 支付结算从价值载体角度，可以分为（　　）。

A. 刷卡支付 　　　B. 现金支付 　　　C. 第三方支付 　　　D. 移动支付

3. 投资管理主要包括（　　）。

A. 智能投顾 　　　　　　　　B. 电子交易服务

C. 资本筹集 　　　　　　　　D. 存贷款

4. 金融科技与科技金融的区别表现在（　　）。

A. 落脚点不同 　　　　　　　B. 发展目标不同

C. 参与主体不同 　　　　　　D. 实现方式不同

5. 金融科技的发展呈现出（　　）的特征。

A. 业务精细化 　　　　　　　B. 技术融合化

C. 资本全球化 　　　　　　　D. 人才单一化

6. 全球金融科技已形成（　　）三类发展模式。

A. 市场拉动 　　　B. 需求推动 　　　C. 技术驱动 　　　D. 规则推动

7. 金融科技与互联网金融的区别表现在（　　）。

A. 风险 　　　B. 参与主体 　　　C. 发展目标 　　　D. 发展方式

8. 下列关于金融科技的相关描述正确的有（　　）。

A. "规则推动"模式重视监管体系完善与整体生态优化，以美国为代表，采用该模式的以发达国家和地区为主

B. 金融科技革新传统金融的切入点是个人消费者、中小企业及其他未被金融服务覆盖的客户群体

C. 从风险来看，互联网金融的风险本质仍是金融风险，金融科技更多的是面对技术风险

D. 金融科技在为监管带来挑战的同时也带来了便利

三、判断题

1. 基于科学技术角度，可将金融科技定义为金融和科技相融合后所形成的业务模式，具体包括移动支付、网络借贷、数字货币、股权众筹融资和智能投顾等。（　　）

2. 从需求侧角度，支付结算类业务主要包括面向个人客户的小额零售类支付服务和针对机构客户的大额批发类支付服务。（　　）

3. 市场设施包括以央行二代支付系统 CNAPS 为主的支付清算网络、清算所、证券交易所等，不包括区块链、云计算等技术。（　　）

4. 金融科技与互联网金融之间没有联系。（　　）

5. 科技金融主要强调技术革新对金融的推动、支撑作用。（　　）

6. 金融科技成长于相对宽松的监管环境，在技术创新、资本支持、人力储备和良好客户基础等因素的共同作用下快速发展。（　　）

四、简答题

1. 简述金融科技的内涵与发展演化历程。

2. 简述金融科技与互联网金融、科技金融的关系。

3. 金融科技发展与崛起的动因有哪些？

4. 金融科技的发展呈现出哪些特征？

5. 金融科技包括哪些经营主体？

综 合 实 训

实训内容：以小组为单位，调查具有代表性的不同类型金融科技经营主体，了解它们的金融科技业务类型。

实训目的：认识和了解金融科技的主要经营主体及其金融科技业务类型。

实训步骤：

1. 根据所学知识，筛选5~6个具有代表性的不同类型金融科技经营主体，如传统金融机构（工行、交行）、金融科技初创公司（Klarna）、互联网公司（BAT、GAFA）、电信运营商（中国移动）、传统实业公司（华为、永辉）。

2. 通过网络浏览这些公司的网站，了解它们的金融科技业务类型。

3. 收集整理不同类型经营主体参与金融科技活动的相关资料。

4. 比较分析不同类型金融科技经营主体参与金融科技活动的优势与劣势。

模块 二

金融科技对传统金融的影响

学习目标

● **知识目标**

1. 了解传统银行网点的现状及存在的必要性，支付方式的发展与演变；

2. 熟悉传统银行转型趋势与方向，数字人民币的定义及内涵、设计特性，网络支付的特点；

3. 掌握数字货币、央行数字货币的概念。

● **技能目标**

1. 能够区分央行数字货币和其他数字货币；

2. 会使用数字人民币 App 及移动支付等各种支付方式进行支付。

● **素养目标**

1. 树立牢固的思想防线，自觉抵制非法代币活动，防范代币发行融资风险；

2. 增强风险意识，提高防范金融风险及金融诈骗的能力，培养正确的价值观和职业操守。

▌思维导图

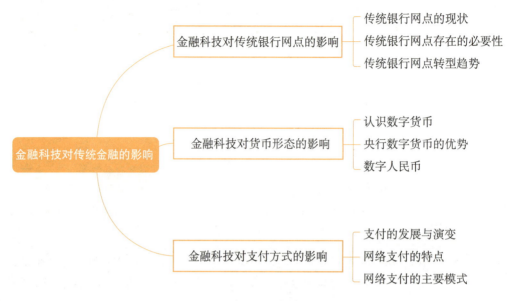

▌案例导入

数字人民币走进冬奥

2022年2月4日，北京冬奥会开幕式在国家体育场"鸟巢"举行，精彩的开幕式吸引了全世界的目光，数字人民币也成为舞台外的一大亮点，设于鸟巢观众区的数字人民币服务台吸引了很多"流量"。

一、深度融合冬奥场景

数据显示，数字人民币落地冬奥场景40.3万个，冬奥会期间各场馆均设有特许商品零售店、餐饮售卖亭等设施，冬奥品牌权益方面规定，除奥运会和残奥会官方指定独家支付服务提供商Visa外，只能使用数字人民币和实物人民币支付。冬奥会期间，消费者可选择使用数字人民币App，也可以兑换数字人民币"硬钱包"，包括卡片、手环、手套等实物冬奥专属产品。

二、非接触、匿名支付优势明显

据了解，数字人民币App支持近百个冬奥会参赛国家和地区的手机号注册和开通钱包。境外来华人士可以选择申领"硬钱包"，也可以在数字人民币App上开立四类钱包，最大限度保障匿名性，用实物货币或外卡兑换数字人民币，充分保护个人隐私。数字人民币除在开立、使用上便捷高效，其碰一碰、扫码付等非接触支付方式能够充分满足冬奥会的防疫要求，助力"安全"奥运，也是一种独特优势。

美国《财富》杂志发布报道称，中国的数字人民币打破了Visa对奥运会长达36年的支付服务垄断。中国支付行业多位专业人士表示，在北京冬奥会上使用数字人民币作为支付系统并不违反 Visa 的独家协议，冬奥会成为数字人民币普及推广的新契机。

资料来源：根据《国际商报》文章整理.

请想一想，为什么在北京冬奥会上使用数字人民币作为支付系统并不违反 Visa 的独家协议？通过本模块的学习，希望你能找到答案。

任务一　金融科技对传统银行网点的影响

一、传统银行网点的现状

布莱特·金（Brett King）在《银行 4.0》中将银行的发展演变划分为四个阶段：银行 1.0 时代（1472—1980 年），银行以物理网点开展业务；银行 2.0 时代（1980—2007 年），银行开始使用 ATM 为客户提供全天候服务；银行 3.0 时代（2007—2017 年），智能手机的普及让客户能随时随地办理业务；银行 4.0 时代（2017 年至今），是无感植入式的智能银行。所谓无感植入式的智能银行，是指通过技术按照客户所需即时提供内嵌的、无所不在的银行服务。这种服务即时的、情景式的体验和无障碍的互动，由人工智能主导，绝大多数通过网络通道，完全不需要实体营业网点。

随着金融科技的发展，传统银行网点受到冲击，目前传统银行网点呈现出以下几个特点。

（一）银行业务离柜率逐渐走高

信息技术的迭代不断推动银行业迈上新台阶，以互联网、大数据、云计算、人工智能等为核心的新一代信息技术不断加速科技与金融的融合，颠覆了传统银行的经营服务模式，衍生出手机银行、微信银行、纯粹的线上银行以及无人网点等，不断出现新趋势、新渠道。越来越多的银行客户习惯于在手机上办理相关业务，去银行的频率也降低了很多，银行业务离柜率正在逐渐走高。

全球银行业正在迈向 4.0 时代，业务体验严重脱离物理网点，银行业务离柜率已接近 90%，呈现"金融业务无处不在，但绝不在银行"的局面。中国银行业协会发布的《2020 年中国银行业服务报告》显示，2020 年银行业金融机构离柜交易达 3 709.22 亿笔，同比增长 14.59%；离柜交易总额达 2 308.36 万亿元，同比增长 12.18%；行业平均电子渠道分流率为 90.88%。

（二）银行网点数量有所下降

网点是银行最为昂贵的渠道资源，在竞争的压力下，网点的租金和人工成本上涨、硬件维护成本和设备更新投资需求在大幅被动上升，这加大了网点的盈利压力。国际货币基金组织以商业银行为对象收集的数据显示，在约 100 个国家里，近 10 年银行营业网点数量减少 14%。在欧美国家和韩国，银行网点削减趋势正逐步加快，标普全球市场财智公布的最新数据表明，2021 年美国银行营业网点减少 2 927 家，关门数量创新高。根据中国银行业协会的数据，2018—2020 年中国银行网点数量连续三年下滑，相较于 2019 年，2020

年银行网点总数下降了约 1 300 个，如图 2-1 所示。

图 2-1　2016—2020 年我国银行网点总数

（三）银行工作人员减少

与网点数量减少同步的是人员的减少，银行有意识地不断减少各个网点的服务人员、减少人工服务窗口，引导客户利用智能金融设备或手机办理业务，除必要的柜台业务和需要帮助的特殊客户，最终变成客户的自助式服务。

随着对新技术的投入和应用，我国银行业面临人员结构调整，保险人员的规模将见顶，券商减员的情况也时有出现。仅在 2021 年上半年，工行、农行、中行及建行四大国有银行对比年初分别减少了 10 000 人、4 919 人、3 490 人及 3 916 人，其中大部分是网点前台柜员的减少。新技术对金融就业的总体影响是结构性的，未来的从业者需要更高的素质，并成为复合型人才，金融科技的发展也需要金融从业人员加速转型。

（四）网点改造力度居高不下

传统柜台业务的数字化替代使得商业银行网点面临前所未有的转型压力，银行网点的改造力度一直居高不下，2017—2020 年改造的银行网点数量分别为 10 700 个、8 006 个、15 591 个、12 800 个。在金融科技的大背景下，各家银行都必须将网点进行数字化、智慧化改造。每家银行的禀赋、文化、历史和客户基础都不同，应做好差异化的战略定位。

以美国社区银行为例，采用线上与线下相结合的方式，对线下营业网点进行改造，逐步把网点从销售产品的窗口变为客户体验场所，甚至把网点变为向客户展示产品的场所。近年来，工行、农行、中行、建行、交行、邮储六大行均在进行网点数字化、场景化转型升级，如工行 2019 年在北京发布新一代智慧银行旗舰店，打造"技术驱动、服务协同、场景链接、生态融合"的新一代智慧网点；中行打造线上线下有机融合、金融非金融无缝衔接的业务生态圈；建行将营业网点打造成连接线上平台与周边社区的桥梁。

二、传统银行网点存在的必要性

对于银行业来说，网点依旧重要，仍然有很多客户对物理网点具有需求和偏好，此外物理网点在复杂业务处理、线上线下渠道打通、生态场景融合方面仍然可以发挥不可替代的作用。

（一）客户对物理网点的需求与偏好

即使在数字化渠道非常便利的今天，受限于技术应用的老年人群体和偏好稳健保守、追求综合体验的客群仍然愿意将网点作为办理银行业务的主要渠道。

2021 年 5 月 11 日公布的第七次全国人口普查结果显示，全国人口达 141 178 万人，60 岁及以上人口为 26 402 万人，占 18.70%（其中，65 岁及以上人口为 19 064 万人，占 13.50%），与 2010 年相比比重上升 5.44 个百分点，人口老龄化程度进一步提高。庞大的老年人口数量使"数字鸿沟"问题愈发严重，国务院办公厅印发的《关于切实解决老年人运用智能技术困难实施方案的通知》、中国银保监会印发的《关于银行保险机构切实解决老年人运用智能技术困难的通知》均指出，要求保留和改进传统金融服务方式，坚持线上与线下渠道相结合的方式，各银行保险机构需要肩负起社会责任，提供金融服务的线下渠道，积极融入老年人友好型社会建设，发展服务老年人的特色网点。

此外，客户的服务偏好也同样影响他们对渠道的选择。事实上，人们对数字化渠道的偏好存在很大差异，最依赖数字化渠道的客户偏好远程操作，对数字化渠道信任度较低的客户更倾向于线下渠道。根据麦肯锡 2016 年的零售银行多渠道调查，以欧洲为例，不同欧洲国家仍有 30%～60% 的稳健保守型和追求综合体验的客群愿意将网点作为其办理银行业务的主要渠道。

（二）处理复杂业务的理想渠道

针对投资咨询、中小企业贷款和公司银行等复杂业务，网点仍然是客户办理业务的理想渠道，需要从业人员与客户面对面交流，沟通讲解产品和进行风险提示。从"水泥银行"（物理网点）到"鼠标银行"（网上银行）再到"指尖银行"（手机银行），银行业务经历了线上化的过程，但是处理复杂业务仍然以线下为主，网上银行对较为简单、基础的业务进行替代，而手机银行对网上银行和自助机的替代更为明显，其中 ATM 数量的下滑最为明显。根据麦肯锡 2017 年的调研，零售客户在支行每月交易的频率占比并没有下滑，进一步佐证了银行线下渠道在处理核心复杂业务方面的不可替代性。

（三）线上线下融合的要求

OMO（Online-Merge-Offline）的影响正从零售业向银行业蔓延。零售领域证明了即使存在线上渠道的强力冲击，实体店并没有被完全摧毁。实体店依靠其真实性、可靠性，依然是不可替代的消费渠道，线上与线下的多渠道融合使得品牌效应更高。同样，银行依托数字化技术赋能线下网点，与线上渠道有效融合使得银行同时具有线上渠道和线下渠道的优势，是银行应对纯线上互联网金融模式的有力武器。

此外，麦肯锡研究发现，客户与银行的互动渠道越多元，对银行的价值就越大。比如通过四个以上类型渠道与银行互动的客户，其创造的客均收入是仅使用单一渠道与银行互动客户的两倍多，而网点更是转化和维系高价值客户的核心渠道。

（四）生态场景融合的发力点

通过实体银行网点与非金融服务的融合构建，将传统金融服务融入生态场景中制造分销，可使得银行网点在传统的功能属性基础上升级为本地化生态圈的重要阵地。例如，银行可以依托网点打造全渠道的服务体系，推动线上线下一体化服务；通过深挖本地服务

"强黏性"优势，利用"移动互联网＋"打造本地"流量入口"，融合客户生活场景，形成本地业务生态系统。

总之，物理网点在"促进销售"、"满足客户个性化、差异化需求"、"提升客户体验"和"增加客户接触面"等方面仍然可以发挥不可替代的作用。

三、传统银行网点转型趋势

中国人民银行发布的《金融科技发展规划（2022—2025 年）》指出，金融数字化打造将成为金融机构的"第二发展曲线"。近年来，各大金融机构也不断加大资源投入，尤其是在金融科技人才招聘和培训培养方面。上市银行 2020 年的年报显示，上市银行信息科技和金融科技相关资金投入超过 2 000 亿元，16 家大中型银行相继成立了金融科技子公司。

现在国有六大行的金融科技领域建设可以分为三类：以分布式改造为代表的核心系统建设；人工智能、大数据、区块链等新兴技术赋能银行业务；服务于线上渠道的生态场景建设。在金融科技的大背景下，商业银行网点面临前所未有的转型压力，各家银行都必须将网点进行智能化、场景化、轻量化改造。

（一）智能化

借助智能化、自助化的设备实现银行的营销功能，提升客户的体验；借助智能化服务和安防系统，降低网点相关业务的人员成本；线下网点的宣传设备与线上的大数据平台客户画像结合，可以进一步提升智慧营销的精准度。

目前银行网点已经开始应用智慧营销系统，智慧网点提供 AI 迎宾机器人，通过智能摄像头精准识别银行 VIP 客户，同时基于云上的平台大数据分析，实现个性化推荐和精准营销。在网点内也可以通过智慧屏幕实现营销推送，多设备共同打造无死角的营销渠道。

智慧安防对网点提高安全性、节约成本也发挥了强大的作用。智慧安防基于 AI 芯、开放的摄像机 OS 和丰富的算法提供智能摄像机和视频云分析平台，提供多种异常探测和分析、徘徊/尾随/偷窃、人员跌倒、口罩识别以及火灾预警等监控服务，同时提供网点热力图、人员离岗和考勤门禁等内控探测服务。

（二）场景化

随着银行的传统金融服务越来越容易在线上渠道实现，线下网点的业务必须有所拓展。智慧网点将银行的功能放大，赋予其场景职能，促使其演进为社交中心和体验中心，进而提供泛金融服务，如银政互联场景、养老主题场景、惠民社区场景、特色主题场景等。

目前银行网点场景化主要有两种方式：一种是融合本地生活场景的"社区化"，另一种是以吸引流量体验为主的"IP 化"。"社区化"主要是指以社区银行为物理先导，以线下的 C 端服务或 B 端商户体系为突破口，结合线上平台的运营，整合线下的本地化商户资源、金融资源、公共服务资源，融入社交场景，以社区为核心构建线上线下一体化、自我循环、自我发展的本地化金融商务生态系统。"IP 化"则主要针对"Z 世代"人群而设计，通过 OMO 社交化运营加速智慧生态圈体系的流量赋能。银行网点在其中作为线上和线下、金融和实体经济的连接场景，结合 IP 资源为客户提供定制化、多元化、个性化的生态场景。

养老主题场景

2021 年政府工作报告指出，要加强基本民生保障，规范发展第三支柱养老保险。中国银保监会主席郭树清提出了养老金融改革"两条腿"走路的总方针，既要"抓现有业务规范，统一养老金融产品标准"，又要开展业务创新，大力发展真正具备养老功能的专业产品，包括养老储蓄存款、养老理财和基金、专属养老保险、商业养老金等。中国养老金融市场非常广阔且仍处在萌芽阶段，前景非常广阔。

相较于年轻人，老年人更需要通过线下网点办理业务，老年人客户在网点客群中占的比例越来越高，所以目前已有多家银行瞄向适老化服务，推出、升级养老主题场景网点（见表 2-1），更好地带动养老金融产品的销售。

表 2-1　银行网点养老主题场景

银行名称	养老主题场景网点实现的功能
平安银行	配置无障碍设施、健康检测仪器，上线大字版的业务自助办理设备、口袋银行 App "顾年专区"，对转账、存款等高频次操作功能进行简化展示，方便老年客群查阅
天津银行	配备不同度数的老花镜、血压计等，专门安装大字版点钞机显示屏；在厅堂内配备便携式轮椅和拐杖，根据老年人的身体特征专门调整座椅高度，并安装爱心专座扶手，方便老年人起坐；座椅旁放置移动填单台，填单台可根据老年人的身高调节高度，方便其使用

在中国老龄化逐渐加剧的背景下，养老主题场景网点不仅可以成为银行业的新增长点，而且具有社会正效益。

问题：除了背景资料提到的这些适老化改造，你认为银行网点养老主题场景建设还可以从哪些方面入手，从而为老年客群提供金融服务？

分析提示：养老主题场景网点还可以针对老年客群提供专项养老金融服务、进行金融教育，开展健康检测和文化活动，丰富老年人的物质和精神生活。

（三）轻量化

网点轻量化意味着线上线下进一步融合，高效提升获客能力，高效利用、高效运营、高效维护线下空间。网点剔除传统重复性银行业务是必然的趋势，网点仅保留线上功能不能完全覆盖的复杂业务，应推动网点的营销转型，节约网点的人力成本。银行网点通过渠道移动化、申请场景化、审批自动化来实现轻量化获客和服务模式，满足客户的便捷性需求和提高客户的体验。

同时，结合银行的轻量化运营体系转型趋势，银行实现从内部到外部轻量化的融合。近年来，银行拓展金融业务、优化资产结构、降低资本耗用、大力发展轻资本业务，实现"轻管理"和"轻运营"。银行向轻量化运营体系转型更加需要网点作为重要的销售渠道，二者相互结合，能够促成银行优化资产结构的重要战略目标。

知识拓展 2-1

国内体量最大银行的轻量化改造

作为国内体量最大的银行，工行的金融科技和数字化改革也走在前列。在资金和人才投入上，一直处于国有大行的前列。在机构搭建上，目前已形成"一部、三中心、一公司、一研究院"的金融科技新布局，包括总行金融科技部、业务研发中心、数据中心、软件开发中心、工银科技有限公司、金融科技研究院。在网络业务上，通过"融 e 行"、"融 e 购"、"融 e 联"和企业手机银行，提供全方位的线上金融服务，2019 年网络金融业务占比已经提升到 98.1%，2020 年较 2019 年末提高 0.6 个百分点，达到 98.7%。

工行在十几年前就开始建立传统的数据仓库，近年来不断更新迭代，添加 MPPDB、Hadoop、流数据，形成了基于各种数据处理技术的一个大数据云平台，针对客户和业务提供各种数据服务，达到企业级的规模应用。

在硬件上，工行 2012 年就全部实现了服务器的虚拟化，目前已打造出"主机＋开放平台"的双核心 T 架构，是同业首家基于分布式、云平台技术形成银行核心业务处理能力，将 90% 以上的应用系统部署在开放平台上，建设了完整的账户、客户、核算等基础业务支撑体系，实现了大型银行 T 架构的历史性突破。

在产品上，推出"秒授信"业务，通过引入公积金、社保、个人纳税信息等外部可信数据，并结合人脸识别等风控手段实现线上实时授信、实时放款。在场景搭建上，深化政务数字化建设合作，深耕智慧政务、智慧出行、智慧校园、智慧司法、电商扶贫等重点领域。

资料来源：中国工商银行股份有限公司 2020 年度报告.

任务二　金融科技对货币形态的影响

一、认识数字货币

金融科技对货币形态的一个重要影响是货币数字化。货币数字化既是金融科技快速发展的前提条件，又是金融科技发展的客观结果，加上移动支付的配合，趋向于无现金社会，但无现金不是消灭现金，而是提供支付便利。

货币形态的演变经历了商品货币、贵金属货币、代用货币和信用货币的阶段，当今社会处于信用货币时代，主要表现为纸币和一部分数字货币。随着数字经济的发展，现金使用率呈下降趋势。2019 年中国人民银行开展的中国支付日记账调查显示，手机支付的交易笔数、金额占比分别为 66% 和 59%，现金的交易笔数、金额占比分别为 23% 和 16%，银行卡的交易笔数、金额占比分别为 7% 和 23%，46% 的被调查者在调查期间未发生现金交易。货币形态的演变主要源于技术的进步和需求的推动，技术的进步使得数字货币成为可能，需求的推动使得数字货币成为现实。

如今，数字货币正成为全球金融发展的大趋势。截至 2022 年 3 月，已有 110 多个国家和地区在不同程度上开展了数字货币相关工作。美联储近几年一直从多个角度研究发行数字货币的潜在益处与风险。2021年7月，欧洲中央银行宣布启动数字欧元项目，并表示希望在五年内使数字欧元成为现实。2021年4月，俄罗斯央行计划于2022年测试数字卢布，同时确定了该国数字货币下一步发展的路线图。尼日利亚政府自2017年开始研究发行数字货币，2021年"e奈拉"的推出使尼日利亚成为首个正式启用数字货币的非洲国家，同时成为全球率先发行数字货币的国家之一。

数字货币（digital currency，DC），是一种基于节点网络和数字加密算法的虚拟货币，电子货币和虚拟货币都属于数字货币，如公交卡、Q币、比特币等都属于数字货币的范畴。本教材仅介绍对货币形态有重要影响的央行数字货币。央行数字货币（central bank digital currency，CBDC），又称法定数字货币，是指由中央银行依法发行，具有价值尺度、流通手段、支付手段和价值贮藏等功能的数字化形式货币。

思政课堂

正确认知比特币　防范代币发行融资风险

比特币（简称BT币）是2008年由一名日本人提出构想，2009年开始正式发行的一种虚拟货币。

一、比特币的发行与使用

比特币好比一座由总量为2 100万枚金币（它的总量上限被设计为2 100万枚）组成的金山，想要得到它，玩家们就需要利用计算机运算能力，根据设计者的算法计算出一组符合特定规律的数字，每得出一组数字，就会得到一枚比特币，每10分钟全球最多产出25枚，这个计算过程被形象地称为"挖矿"。

当然，这些数学题越来越难，现存量越多，产出就越难。比特币具有稀缺性，发行上限是2 100万枚，获得的难度呈几何级数增加，据估计需要上百年才能开采完。

目前全球许多国家都接受比特币。德国首先承认比特币合法。我国也出现过比特币的交易网站（如BTChina），通过该网站可以直接把比特币换成绝大部分国家的各种现行货币，包括人民币。

二、我国对比特币的规定

由于比特币交易规模的扩大和投机浪潮的加剧，2017年9月4日，中国人民银行、中央网信办、工信部、国家工商总局、中国银监会、中国证监会、中国保监会联合发布《关于防范代币发行融资风险的公告》，要求：禁止从事代币发行融资活动（ICO）；交易平台不得从事法定货币与代币、"虚拟货币"相互之间的兑换业务，不得买卖或作为中央对手方买卖代币或"虚拟货币"，不得为代币或"虚拟货币"提供定价、信息中介等服务。

2021年9月，中国人民银行等十部门发布《关于进一步防范和处置虚拟货币交易炒作风险的通知》，再次强调具有非货币当局发行、使用加密技术、分布式账户或类似技术、以数字化形式存在等特点的虚拟货币，如比特币、以太币等，均不具有与法定货币等同的法律地位，不能作为货币在市场上流通。同月，国家发改委等部门发布《关于整治虚拟货币"挖矿"活动的通知》，按照"严密监测、严防风险、严禁增量、妥处存量"的总体思路，加强虚拟货币"挖矿"活动上下游全产业链监管，严禁新增虚拟货币"挖矿"项目，加快存量项目有序退出。

二、央行数字货币的优势

（一）能够降低成本、提高效率

数字货币既继承了现金点对点支付、即时结算、方便快捷的优点，又弥补了现金在数字化流通和多渠道支付上的缺点，极大地降低了发行和交易的成本，并且还能追踪交易，减少非法活动如避税、洗钱等。

（二）提升普惠金融水平

数字货币不依赖实体网点和人工服务，能以较少的人工投入实现较大的服务容纳量。以尼日利亚为例，根据世界银行的数据统计，该国约 3 800 万人尚无银行账户，占成年人口的 36%，如果能将"e 奈拉"向所有手机使用者推广，将极大地增强该国金融的包容性，并促进社会转移支付更直接有效地实施，从而提升民众福祉。

（三）提升货币政策效用

一方面，推行数字货币有助于扩大货币政策空间；另一方面，推行数字货币有利于提高央行监测货币流动和组织市场的能力，在支持小微企业等方面减少中间环节的损耗，进一步提高货币政策调控的有效性。

三、数字人民币

中国人民银行高度重视法定数字货币的研究。2014 年，成立法定数字货币研究小组，开始对发行框架、关键技术、发行流通环境及相关国际经验等进行专项研究。2016 年，成立数字货币研究所，完成法定数字货币第一代原型系统搭建。2017 年末，经国务院批准，中国人民银行开始组织商业机构共同开展法定数字货币（即数字人民币）的研发试验。目前，研发试验已基本完成顶层设计、功能研发、系统调试等工作，正遵循稳步、安全、可控、创新、实用的原则，选择部分有代表性的地区开展试点测试，截至 2022 年已分阶段进行了三批试点测试，包括 20 多个试点地区及北京冬奥会场景。国务院新闻办公室举办的 2021 年金融统计数据新闻发布会显示，截至 2021 年 12 月 31 日，数字人民币试点场景已超过 808.51 万个，累计开立个人钱包 2.61 亿个，交易金额达875.65 亿元。

（一）数字人民币的定义与内涵

数字人民币即中国央行数字货币，是中国人民银行发行的数字形式的法定货币，由指定运营机构参与运营，以广义账户体系为基础，支持银行账户松耦合功能，与实物人民币等价，具有价值特征和法偿性。

1. 数字人民币是央行发行的法定货币

首先，数字人民币具备货币的价值尺度、流通手段、价值贮藏等基本功能，与实物人民币一样是法定货币。其次，数字人民币是法定货币的数字形式。从货币发展和改革历程来看，货币形态随着技术进步、经济活动发展不断演变，实物、金属铸币、纸币均是相应历史时期发展进步的产物。数字人民币的发行、流通管理机制与实物人民币一致，但以数字形式实现价值转移。最后，数字人民币是央行对公众的负债，以国家信用为支撑，具有法偿性。

2. 数字人民币采取中心化管理、双层运营

数字人民币的发行权属于国家，中国人民银行在数字人民币运营体系中处于中心地位，负责向作为指定运营机构的商业银行发行数字人民币并进行全生命周期管理，指定运营机构及相关商业机构负责向社会公众提供数字人民币兑换和流通服务。

3. 数字人民币主要定位于现金类支付凭证（M0），将与实物人民币长期并存

数字人民币与实物人民币都是央行对公众的负债，具有同等的法律地位和经济价值。数字人民币将与实物人民币并存，中国人民银行会对二者进行共同统计、协同分析、统筹管理。国际经验表明，支付手段多样化是成熟经济体的基本特征和内在需要。中国作为地域广阔、人口众多、多民族融合、区域发展差异大的大国，社会环境以及居民的支付习惯、年龄结构、安全性需求等因素决定了实物人民币具有其他支付手段不可替代的优势。只要存在对实物人民币的需求，中国人民银行就不会停止实物人民币的供应或以行政命令对其进行替换。

4. 数字人民币是一种零售型央行数字货币，主要用于满足国内零售支付需求

央行数字货币根据用户和用途不同可分为两类：一类是批发型央行数字货币，主要面向商业银行等机构类主体发行，多用于大额结算；另一类是零售型央行数字货币，面向公众发行并用于日常交易。各主要经济体研发央行数字货币的重点各有不同，有的侧重于批发交易，有的侧重于零售系统效能的提高。数字人民币是一种面向社会公众发行的零售型央行数字货币，其推出将立足国内支付系统的现代化，充分满足公众的日常支付需要，进一步提高零售支付系统效能，降低全社会零售支付成本。

5. 在未来的数字化零售支付体系中，数字人民币和指定运营机构的电子账户资金具有通用性，共同构成现金类支付工具

商业银行和持牌非银行支付机构在全面持续遵守合规（包括反洗钱、反恐怖融资）及风险监管要求，且获央行认可的情况下，可参与数字人民币支付服务体系，并充分发挥现有支付系统等基础设施的作用，为客户提供数字化零售支付服务。

课堂讨论 2 - 1

　　通过对数字人民币定义与内涵的学习，你认为数字人民币和支付宝、微信支付有什么本质上的区别？

（二）数字人民币的设计特性

数字人民币设计兼顾实物人民币和电子支付工具的优势，既具有实物人民币的支付即结算、匿名性等特点，又具有电子支付工具成本低、便携性强、效率高、不易伪造等特点。其中，主要考虑以下特性：

1. 兼具账户和价值特征

数字人民币兼容基于账户（account-based）、基于准账户（quasi-account-based）和

基于价值（value-based）等三种方式，采用可变面额设计，以加密币串形式实现价值转移。

2. 不计付利息

数字人民币定位于 M0，与同属 M0 范畴的实物人民币一致，不计付利息。

3. 低成本

与实物人民币管理方式一致，中国人民银行不向指定运营机构收取兑换流通服务费，指定运营机构也不向个人客户收取数字人民币的兑出、兑回服务费。

4. 支付即结算

从结算最终性的角度看，数字人民币与银行账户松耦合，基于数字人民币钱包进行资金转移，可实现支付即结算。

5. 匿名性（可控匿名）

数字人民币遵循"小额匿名、大额依法可溯"的原则，高度重视个人信息与隐私保护，充分考虑现有电子支付体系下业务风险特征及信息处理逻辑，满足公众对小额匿名支付服务的需求。数字人民币体系收集的交易信息少于传统电子支付模式，除法律法规有明确规定外，不提供给第三方或其他政府部门。

6. 安全性

数字人民币综合使用数字证书体系、数字签名、安全加密存储等技术，实现不可重复花费、不可非法复制伪造、交易不可篡改及抗抵赖等特性，并已初步建成多层次安全防护体系，保障数字人民币全生命周期安全和风险可控。

7. 可编程性

加载不影响货币功能的智能合约实现可编程性，使数字人民币在确保安全与合规的前提下，可根据交易双方商定的条件、规则进行自动支付交易，促进业务模式创新。

（三）数字人民币钱包的设计

数字钱包是数字人民币的载体和触达用户的媒介。在数字人民币中心化管理、统一认知、实现防伪的前提下，中国人民银行制定相关规则，各指定运营机构采用共建、共享方式打造移动终端 App，对钱包进行管理并对数字人民币进行验真；开发钱包生态平台，实现各自的视觉体系和特色功能，实现数字人民币线上线下全场景应用，满足用户多主体、多层次、多类别、多形态的差异化需求，确保数字钱包具有普惠性，避免"数字鸿沟"所带来的使用障碍。

1. 按照用户身份识别强度分为不同等级的钱包

指定运营机构根据用户身份识别强度对数字人民币钱包进行分类管理，根据实名强弱程度对各类钱包设定不同的单笔、单日交易及余额限额。最低权限钱包不要求提供身份信息，以体现匿名设计原则。用户在默认情况下开立的是最低权限匿名钱包，可根据需要自主升级为高权限实名钱包。

2. 按照开立主体分为个人钱包和对公钱包

自然人和个体工商户可以开立个人钱包，按照相应用户身份识别强度采用分类交易和余额限额管理；法人和非法人机构可开立对公钱包，并按照临柜开立还是远程开立确定交易、余额限额，钱包功能可依据用户需求定制。

3. 按照载体分为软钱包和硬钱包

软钱包基于移动支付 App、软件开发工具包（SDK）、应用程序编程接口（API）等为用户提供服务。硬钱包基于安全芯片等技术实现数字人民币相关功能，依托 IC 卡、手机终端、可穿戴设备、物联网设备等为用户提供服务。软硬钱包结合可以丰富钱包生态体系，满足不同人群的需求。

4. 按照权限归属分为母钱包和子钱包

钱包持有主体可将主要的钱包设为母钱包，并可在母钱包下开设若干子钱包。个人可通过子钱包实现限额支付、条件支付和个人隐私保护等功能；企业和机构可通过子钱包来实现资金归集及分发、财务管理等特定功能。

知识拓展 2-2

数字人民币（试点版）App

数字人民币（试点版）App，是由中国人民银行数字货币研究所开发的，面向个人用户开展试点的官方服务平台，主要提供数字人民币个人钱包的开通与管理、数字人民币的兑换与流通服务。目前数字人民币在试点地区和试点场所开展研发试点，只有试点用户才能注册使用。

1. 充钱存钱：快捷存取，高效顺畅，如图 2-2 所示。
2. 上滑付钱：向上滑动，便捷支付，如图 2-3 所示。

图 2-2 数字人民币 App 充钱存钱界面　　　　图 2-3 数字人民币 App 付钱界面

3. 双层运营：选择钱包，选择服务，如图 2-4 所示。
4. 下滑收钱：向下滑动，收钱迅速，如图 2-5 所示。

图2-4　数字人民币App开通钱包界面   图2-5　数字人民币App收钱界面

个人数字人民币钱包分类如下：

1. 一类钱包：需现场核验申请人身份信息，需验证有效身份证件、手机号及本人境内银行账户等信息；可绑定本人境内银行账户，支持个人数字人民币钱包内数字人民币与绑定账户存款的互转；实名程度最高。

2. 二类钱包：远程开立，需验证身份证件、手机号及本人境内银行账户等信息；支持个人数字人民币钱包内数字人民币与绑定账户存款的互转；实名程度较高。

3. 三类钱包：远程开立，需验证身份证件、手机号等信息；无须绑定银行账户；实名程度较低。

4. 四类钱包：远程开立，仅验证手机号；无须绑定银行账户，为匿名钱包。

不同类型个人数字人民币钱包因实名程度不同在交易限额上有所差别，主要体现在钱包余额上限、单笔支付限额、日累计支付限额和年累计支付限额四个方面。

任务三　金融科技对支付方式的影响

一、支付的发展与演变

支付通常是指为清偿商品交换或劳务活动引起的债权债务关系，将资金从付款人处转移给收款人的过程。我国《支付结算办法》规定，支付结算是指单位、个人在社会经济活动中使用票据、信用卡和汇兑、托收承付、委托收款等结算方式进行货币给付及资金清算的行为。支付源于经济主体之间的经济交换活动，随着商品经济的发展，支付方式也在不断发生变化，并经历了以下几个阶段：

（一）支付 1.0 时代：实物支付

在货币产生以前的原始社会中，物物交换既是一种原始的商品交换行为，也是一种结清债权债务的行为，在这种行为中，交换过程和支付过程同时发生，可将其称为最原始的支付结算，其中采用的支付手段是实物支付。

（二）支付 2.0 时代：现金支付

实物支付具有很大的局限性，无论是从时间、空间还是物品的范围分析，都容易使交易双方受到很大的限制，从而导致交换的范围和规模都很小。于是，人们开始寻求一种等价的中间物作为交换的媒介。当某些商品开始固定地充当一般等价物时，货币就产生了。由于货币能够用来清偿债务，因而具有支付手段的职能。

货币的产生是支付手段发展的一次重大飞跃，通过货币支付交换商品的行为才是具有现代意义的货币结算，这种"一手交钱，一手交货"的即时支付结算方式，称为货币即时结算，它是商品经济社会较为低级时的结算方式。

"现金支付"是"一手交钱，一手交货"的典型体现，它最大的特点是简单、方便、直观，但这种支付方式也有缺点，比如流通中存在的磨损、丢失、盗窃、伪造等现象，这些缺点的存在使得现金使用起来并不安全，但是由于现金支付这种方式比较简单，因此常用于企业对个人或个人对个人的日常商品零售结算。

（三）支付 3.0 时代：银行转账支付

随着商品经济的进一步发展，商业领域出现了赊销赊购等商业信用，进而在金融领域出现了银行信用。商业信用和银行信用的产生，使原本融为一体的交易环节和支付环节能够在时间和空间上分离开来，进一步促进了交易的繁荣。同时，由于银行信用社会认同的广泛性，经济活动中的任何一个主体在银行都有自己的账户，因此，社会上债权债务的清偿关系就变成银行内资金账户的划拨关系，银行成为社会资金支付与结算的中心。由于银行的介入，支付这种源于经济主体之间的经济交换活动，最终演化为银行与客户之间、银行与银行之间的资金收付关系，而银行之间的资金收付交易，又必须通过中央银行的资金清算才能完成，从而形成一个庞大的银行支付系统，如图 2-6 所示。

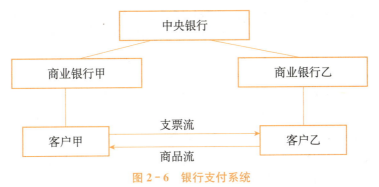

图 2-6　银行支付系统

这种通过银行转账的支付结算方式，也称为非现金结算或票据结算，是目前国际上最主要的资金支付结算方式，具体结算方式主要有汇款、托收、信用证三种，结算工具主要包括本票、汇票、支票等。

在银行转账支付结算过程中，目前广泛使用的仍是基于票据类的支付方式和工具，随着 IT 技术在金融交易中的大量运用，以及银行卡的普及，银行开始更多地使用电子资金转账（EFT）方式，即不使用支票等任何纸质票证，而是通过电子技术和电子数据通信系统增加和减少账目上的资金余额，进行电子资金的转账或划拨。

（四）支付 4.0 时代：网络支付

在支付结算方式演变的历史中，现金支付、支票支付等支付方式为人类经济的发展与繁荣做出了巨大的贡献。随着计算机技术、通信技术、信息处理技术的进步，信用卡、电汇、电子转账等支付方式的出现在一定程度上提高了银行业务处理的自动化程度和效率。在网络经济条件下，传统的支付结算方式在现代经济中逐步暴露出许多局限性，主要包括以下几个方面：

1. 缺乏效率

大多数传统支付结算方式涉及人员、部门等众多因素，牵扯许多中间环节，且大多依靠人工处理，造成支付效率低下。

2. 不够安全

大多数传统支付结算方式在支付安全上问题较多，伪币、空头支票等造成支付的不确定性和商务风险增加。

3. 使用不便

绝大多数传统支付结算方式应用起来并不方便，支付介质五花八门，发行者众多，使用的辅助工具、处理流程与应用规则和规范也不尽相同，这些都给使用造成了困难。信用卡、电汇、电子转账等电子支付方式也由于基于不同银行各自的金融专业网络，使用范围具有一定的局限性。

4. 费用较高

由于传统支付结算方式涉及较多的部门、人员、设备和复杂的业务处理流程，因此运作成本较高。

5. 不能提供全天候服务

传统支付结算方式包括目前的一些电子支付结算方式，并不能为用户提供全天候、跨区域的支付服务，很多支付方式依然受银行等金融机构营业时间、营业范围等因素的限制。

6. 资金周转速度慢

传统支付结算方式特别是我国比较流行的纸质支票支付不是即时的结算，企业资金的回笼有一定的滞后期，这就增大了企业运作资金的难度。现金的过多使用给企业的整体财务控制造成困难，也不利于国家控制金融风险，而且给偷税漏税、违法交易提供了方便。

由于传统支付结算方式存在多种局限性，其不能够满足高水平的电子商务发展需求，并且成为影响电子商务发展的因素之一。电子商务的蓬勃发展不仅带来了经济收益，也改变了经济结构和人们的消费习惯，电子商务逐渐成为人们生活中不可或缺的组成部分。与此同时，支付方式也快速发生变革。传统的商务支付需要面对面进行，具有过程复杂、受时空限制和携带不便等诸多局限性，无法满足现代化电子商务的需求，因此网络支付应运而生。

中国互联网络信息中心（CNNIC）第 49 次《中国互联网络发展状况统计报告》显示，截至 2021 年 12 月，我国网络支付用户规模约 9.04 亿，较 2020 年 12 月增长 4 929 万，占网民整体的 87.6%。我国网络支付业务规模稳步增长，如图 2-7 所示。

为规范非银行支付机构的网络支付业务，防范支付风险，保护当事人合法权益，中国人民银行根据《中华人民共和国中国人民银行法》《非金融机构支付服务管理办法》等规定制定了《非银行支付机构网络支付业务管理办法》，并于 2016 年 7 月 1 日起施行。根据

图 2 - 7　2017 年 12 月至 2021 年 12 月网络支付用户规模及网络支付使用率

该管理办法的定义，支付机构是指依法取得《支付业务许可证》，获准办理互联网支付、移动电话支付、固定电话支付、数字电视支付等网络支付业务的非银行机构。网络支付业务是指收款人或付款人通过计算机、移动终端等电子设备，依托公共网络信息系统远程发起支付指令，且付款人电子设备不与收款人特定专属设备交互，由支付机构为收付款人提供货币资金转移服务的活动。该管理办法同时规定，非银行支付机构基于银行卡为客户提供网络支付服务的，应当执行银行卡业务相关监管规定和银行卡行业规范。

因此，我们可以将网络支付（net payment）定义为，电子交易的当事人，以电子信息传递的形式，通过网络实现货币支付或资金流转的一种支付方式。网络支付所采用的支付工具主要是一些创新型电子货币，如电子现金、电子钱包、电子支票、信用卡等。

二、网络支付的特点

(一) 网络支付具有低成本的经济优势

传统的支付方式是通过纸质现金、纸质票据等的流通、转让和兑现等来实现债权债务的清偿，在这一过程中，现金、票据的搬运以及清算所花费的时间、精力以及费用都是非常庞大的。而采用网络支付方式，以数字形式出现的电子现金、电子支票等支付工具在支付结算过程中所耗费的成本非常低，网络支付所产生的费用仅相当于传统支付的几十分之一，甚至几百分之一，并且网络支付服务系统的建立、维护与升级费用也比较小，加上互联网的接入费用低，使得普通消费者以及各种规模的企业都可以使用网络支付系统并从中受益。

(二) 网络支付具有方便、快捷、高效的优势

传统的支付方式是通过现金的流转、票据的传递和银行的汇兑等物理实体的流转来完成款项支付的，一般采用的是传统的通信媒介，且需要在较为封闭的系统中操作。而网络支付则是基于开放的网络系统平台，它的特点是兼容性强，对软硬件的要求并不是很高，联网与应用均十分简便，用户只要拥有一台可上网的电脑或一部可上网的手机，便可足不出户，在短时间内完成整个支付结算过程。在传统支付方式下，由于票据传递迟缓和人工处理手段落后，形成大量在途资金，无法做到即时结算，大大影响了资金的周转速度和运作效率。网络支付采用数字化的方式完成款项支付结算，网络的快捷性使得数字信息的发

送、传递和接收都可在一瞬间完成，大大缩短了资金在途时间，提高了资金周转速度。

（三）网络支付具有较高的安全性优势

在日益发达的印刷技术与仿真技术面前，在传统的支付方式下越来越难以避免假币、伪币的出现，而网络支付可以有效地防止货币伪造。随着网络、通信技术的发展，越来越多的安全防护机制被应用到网络交易中。对称密钥与非对称密钥加密技术实现了交易信息以及支付信息的保密性；数字签名、数字摘要以及数字信封等技术的使用能确保传递的信息不被篡改，从而保证了信息的完整性和不可否认性；权威认证机构 CA 的建立以及其所颁发的数字证书则可以实现对商务各方身份真伪的验证，从而有效预防交易中的抵赖行为。在网络支付系统中，伪造一组随机产生的密码要比伪造货币、伪造签名难上数倍。因此，网络支付拥有高于传统支付的安全特性。

三、网络支付的主要模式

目前，网络支付的主要模式包括银行卡支付、第三方支付、移动支付等。

（一）银行卡支付

这种支付模式借助各大银行发行的银行卡，包括借记卡与信用卡。使用者向银行申请开通了银行卡的在线支付功能后，可登录相应的网上银行，并在在线支付的过程中利用无证书的密码或有证书的 UKey 等途径来完成支付。

从 20 世纪 90 年代初银行卡开始在网络上使用到现在，银行卡网络支付的安全性逐步提高，并先后出现了以下四种支付模式：无安全措施的银行卡支付、借助第三方代理的银行卡支付、基于 SSL 协议的银行卡支付、基于 SET 协议的银行卡支付。

（二）第三方支付

第三方支付平台一般是指平台提供商通过通信、计算机和信息安全技术，在商家和银行之间建立连接，从而实现消费者、金融机构以及商家之间的货币支付、现金流转、资金清算、查询统计的平台。它是买卖双方在交易过程中的资金"中间平台"，是在央行监管下保障交易双方利益的独立的第三方服务性中介机构。根据中国人民银行颁布的《非金融机构支付服务管理办法》，第三方支付是指非金融机构作为收、付款人的支付中介所提供的网络支付、预付卡的发行与受理、银行卡收单以及中国人民银行确定的其他支付服务。目前，国内主要的第三方支付机构如表 2-2 所示。

表 2-2　国内主要的第三方支付机构

机构名称	平台/背景	支付许可范围
支付宝	阿里巴巴	互联网支付、移动电话支付、预付卡发行与受理（仅限于线上实名支付账户充值）、银行卡收单
财付通	腾讯	互联网支付、移动电话支付、固定电话支付、银行卡收单
拉卡拉	联想集团	互联网支付、移动电话支付、数字电视支付、银行卡收单、预付卡受理
汇付天下	汇付天下	互联网支付、移动电话支付、固定电话支付、银行卡收单
快钱	万达	互联网支付、移动电话支付、固定电话支付、银行卡收单、预付卡受理
银联商务	银联	银行卡收单、互联网支付、预付卡受理
京东支付	京东	互联网支付、移动电话支付、固定电话支付、银行卡收单
百度钱包	百度	互联网支付
易宝支付	易宝支付	互联网支付、移动电话支付、银行卡收单

目前，国内的第三方支付平台主要分为两类。

1. 以支付宝、财付通为首的互联网型支付平台

这类平台以在线支付为主，捆绑大型电子商务网站，迅速做大做强，其中用户数量最多的是支付宝和财付通。相关数据显示，支付宝和财付通两者占有的市场份额已经达到90%以上。可以说中国的第三方支付具有显著的"双寡头效应"，支付巨头凭借自身的流量和场景优势，构建了一个个难以撼动的支付生态系统。

以支付宝为例，它是由阿里巴巴创办的支付宝（中国）网络技术有限公司针对电子商务交易特别推出的在线支付平台。后者成立于2004年，致力于为中国电子商务提供"简单、安全、快速"的在线支付解决方案，其打造的支付宝运作的实质是以支付宝为信用中介，在买家确认收到商品前，由支付宝替买卖双方暂时保管货款的一种增值服务。用户使用支付宝进行支付前首先需要通过支付宝官网或手机App注册成为支付宝用户，使用支付宝进行线上交易时流程如图2-8所示。

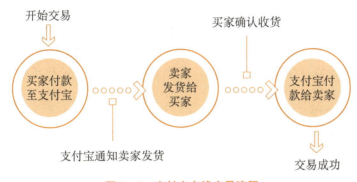

图2-8　支付宝在线交易流程

目前，支付宝的用户覆盖了电子商务的各领域，特别是在天猫、淘宝、阿里巴巴1688等B2C、B2B电商支付场景中几乎处于垄断地位，快速发展成为国内领先的独立第三方支付平台。在深耕国内市场的同时，支付宝从2007年开始布局海外业务，据报道支付宝目前已登陆50多个国家和地区。2019年1月，支付宝正式对外宣布其全球用户数已经超过10亿，其中中国用户超过7亿。

2. 以拉卡拉、银联商务、快钱等为首的金融科技型支付平台

这一类平台侧重于行业需求和开拓行业应用。以成立于2005年的拉卡拉为例，拉卡拉支付股份有限公司是首批获得央行颁发《支付业务许可证》的第三方支付公司，是中国最大的便民金融服务公司，致力于为个人和企业提供日常所需的金融服务及生活、网购、信贷等增值服务。2019年，拉卡拉支付股份有限公司在A股市场上市，成为国内A股市场第三方支付的第一股。

在第三方支付C端市场几近垄断的情况下，拉卡拉绕道B端市场，以兼容并蓄的方式走出了自己的特色道路，其线下扫码聚合支付业务行业排名第一。拉卡拉扫码聚合支付是以二维码作为交互方式或账户载体，在一个受理终端上采取统一方式帮助商户实现多种支付账户消费付款的业务，是面向商户受理场景下的一种新型收单模式。伴随扫码支付渐成趋势，商户希望通过终端统一受理支付宝、微信等多个账户主体的二维码支付，在此背景下，扫码聚合支付应运而生。使用扫码聚合支付的扫码流程如图2-9所示。

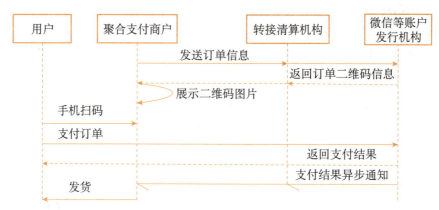

图 2 - 9　扫码聚合支付的扫码流程

（1）商户终端以台卡纸码或显示屏的方式向消费者呈现聚合二维码，该二维码的实质是商户网址链接。消费者通过账户发行机构 App（微信、支付宝等）扫描聚合码，App 识别聚合码网址链接的合法性，通过后调出支付机构或第四方系统的 Web 付款页面。

（2）消费者在付款页面自助输入消费金额并确认，支付机构或第四方系统根据消费者 App ID 区分账户主体（微信或支付宝），发送订单信息经由银行系统上送微信、支付宝等。

（3）账户发行机构系统判断订单合法性，对商户信息、付款人 App 及账户安全性进行风控审核，通过后唤起 App 收银台，消费者输入 App 业务密码完成自助付款。

课堂讨论 2 - 2

　　大家在生活中经常会使用微信、支付宝以及 Apple Pay 等支付方式，结合你的使用经历，你认为微信、支付宝以及 Apple Pay 哪种支付方式更好用呢？它们有哪些异同呢？

（三）移动支付

　　移动支付是指用户通过移动终端尤其是手机，借助互联网，对所消费的商品或服务进行账务支付的一种支付方式。移动支付将互联网、终端设备、金融机构有效地联合起来，形成了一个新型支付体系，是对传统金融服务深度的有效拓展。从狭义上看，移动支付并不属于典型的网络支付，因为移动支付过程往往是通过银行卡在线支付功能或第三方支付平台来实现的。

　　移动支付自诞生以来，特别是推出扫二维码支付方式以后，由于具备方便用户、快捷高效、用户体验好、准入门槛低等特点，用户认知度高，这使得移动支付迅速普及开来。移动支付的应用场景和商业环境日益成熟，移动支付方式越来越受到用户的青睐。中国银联发布的《2021 移动支付安全大调查研究报告》显示，"习惯"已成为受访者选择移动支付的第一因素，而"便捷""优惠"成为受访者选择移动支付的第二因素和第三因素，如图 2-10 所示。在某种程度上，可以说移动支付用户习惯已形成。未来随着移动支付在公共交通、公共服务等领域的应用，消费者从 PC 端向移动端的迁移速度加快，到 2025 年中国移动支付市场规模将达 1 800.6 万亿元，第三方移动支付市场规模将达 722.7 万亿元。

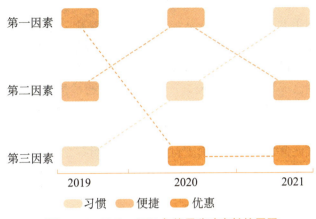

图 2-10　2019—2021 年使用移动支付的原因

常见的移动支付方式有：短信支付、二维码支付、NFC 支付、生物支付等。

1. 短信支付

手机短信支付是移动支付的最早应用，将用户手机 SIM 卡与本人的银行账户建立一种一一对应的关系，用户通过发送短信的方式在系统短信指令的引导下完成支付，操作简单，可以随时随地进行交易。

2. 二维码支付

2010 年年底，互联网上第一次出现二维码及相关技术，标志着国内二维码支付开始普及；2011 年支付宝推出条码支付业务，开启线下扫码支付；2013 年，微信支付出现；2014 年央行叫停了二维码支付业务，直到 2016 年 8 月 3 日，中国支付清算协会明确指出支付机构开展条码业务需要遵循的安全标准，这也是官方首次承认二维码支付的地位；2016 年 10 月 13 日，支付宝正式推出收款二维码；2017 年 5 月 27 日，中国银联联合 40 余家商业银行推出银联云闪付二维码产品，持卡人通过银行 App 即可实现银联云闪付扫码支付；2021 年，以支付宝、微信支付为代表的第三方平台率先向银联云闪付等支付平台开放，在线下场景中，支付宝、微信支付均和银联云闪付在全国多个城市实现了收款码扫码互认，预计 2022 年能覆盖所有城市。

二维码支付是一种基于账户体系的无线支付方案。在该支付方案下，收款人可把账号、商品价格等交易信息汇编成一个二维码，付款人通过手机客户端扫描二维码或收款人使用电子支付工具扫描付款人的付款码，便可实现双方账户的支付结算。由于技术的成熟、移动设备的普及，二维码支付成本变得很低。《2021 移动支付安全大调查研究报告》显示，受访者使用二维码支付的比例继续提升，较 2020 年提升了 11%，已超过九成。

3. NFC 支付

NFC 支付是指消费者在购买商品或服务时，即时采用 NFC（near field communication）技术通过手机等设备完成支付，是一种新兴的移动支付方式。支付的处理在现场进行，并且在线下进行，不需要使用移动网络，而是使用射频通道实现与 POS 收款机或自动售货机等设备的本地通信。NFC 是近场支付的主流技术，它是一种短距离高频无线通信技术，允许电子设备之间进行非接触式点对点数据传输交换。目前支持 NFC 支付的设备主要有配备了 NFC 功能的手机、手表、手环等。

4. 生物支付

生物支付就是利用人的生物特性，如指纹、面部、静脉、虹膜、声纹等代替传统的密码支付模式，实现在支付场景下的应用。由于每个人的指纹、面貌等生物特性都是独一无二的，所以生物支付可以说是一种先进且较为安全的支付方式。

指纹支付是采用已成熟的指纹系统进行支付认证，通过指纹识别即可完成消费支付。刷脸支付是一种基于人脸识别的支付方式，基本原理是将通过终端硬件采集的人脸信息与云端存储的信息进行比对，从而判断每个人的身份，然后将被采集人的面部信息与支付系统构建关联性，完成认证与支付。目前支付宝、微信支付等支付机构的刷脸支付终端采用的是三维结构光摄像头，通过红外发射激光器投射的光线折射和反射的信息变化完成人脸特征的测算。

全球支付解决方案巨头万事达卡正在研究创新的行为生物识别技术，例如走路方式（步态）识别、心跳和静脉识别，以适应未来更尖端、更前沿的创新支付系统。

模 块 小 结

1. 随着金融科技的发展，传统银行网点受到冲击，目前传统银行网点呈现出以下几个特点：银行业务离柜率逐渐走高、银行网点数量有所下降、银行工作人员减少、网点改造力度居高不下。

2. 对于银行业来说，网点依旧重要，仍然有很多客户对物理网点具有需求和偏好，此外物理网点在复杂业务处理、线上线下渠道打通、生态场景融合方面仍然可以发挥不可替代的作用。

3. 在金融科技的大背景下，商业银行网点面临前所未有的转型压力，各家银行都必须将网点进行智能化、场景化、轻量化改造。

4. 数字货币（DC）是一种基于节点网络和数字加密算法的虚拟货币，电子货币和虚拟货币都属于数字货币，如公交卡、Q币、比特币等都属于数字货币的范畴。央行数字货币（CBDC）又称法定数字货币，是指由中央银行依法发行，具有价值尺度、流通手段、支付手段和价值贮藏等功能的数字化形式货币。

5. 央行数字货币的优势包括：能够降低成本、提高效率，提升普惠金融水平，提升货币政策效用。

6. 数字人民币即中国央行数字货币，是中国人民银行发行的数字形式的法定货币，由指定运营机构参与运营，以广义账户体系为基础，支持银行账户松耦合功能，与实物人民币等价，具有价值特征和法偿性。

7. 数字人民币的设计特性包括：兼具账户和价值特征、不计付利息、低成本、支付即结算、匿名性（可控匿名）、安全性、可编程性。

8. 数字人民币钱包按照用户身份识别强度可分为不同等级的钱包，按照开立主体可分为个人钱包和对公钱包，按照载体可分为软钱包和硬钱包，按照权限归属可分为母钱包和子钱包。

9. 支付方式经历了实物支付、现金支付、银行转账支付、网络支付的发展。

10. 网络支付的特点有：低成本、经济，方便、快捷、高效，较高的安全性。

11. 网络支付的主要模式包括银行卡支付、第三方支付、移动支付等。常见的移动支付方式有：短信支付、二维码支付、NFC 支付、生物支付等。

模 块 测 评

一、单选题

1. 银行网点转型趋势不包括（　　）。

A. 智能化　　　　　B. 场景化　　　　　C. 轻量化　　　　　D. 结构化

2. 下列属于央行数字货币优势的是（　　）。

A. 降低成本　　　　　　　　　　　B. 降低效率

C. 降低普惠金融水平　　　　　　　D. 降低货币政策效用

3. 以下属于匿名钱包的是（　　）。

A. 一类钱包　　　　B. 二类钱包　　　　C. 三类钱包　　　　D. 四类钱包

4. 数字人民币最低权限钱包不要求提供身份信息，以体现（　　）设计原则。

A. 可编程　　　　　B. 低成本　　　　　C. 安全　　　　　D. 匿名

5. 数字人民币（　　）依托 IC 卡、手机终端、可穿戴设备、物联网设备等为用户提供服务。

A. 软钱包　　　　　B. 硬钱包　　　　　C. 母钱包　　　　　D. 子钱包

6. 以下属于生物支付模式的是（　　）。

A. 短信支付　　　　B. 二维码支付　　　C. NFC 支付　　　D. 指纹支付

7. 不需要使用移动网络，通过射频通道实现与 POS 收款机或自动售货机等设备的本地通信，从而实现支付的方式是（　　）。

A. 短信支付　　　　B. 二维码支付　　　C. NFC 支付　　　D. 刷脸支付

8. 在以下几种支付方式中，安全性最高的是（　　）。

A. 短信支付　　　　B. 二维码支付　　　C. NFC 支付　　　D. 生物支付

二、多选题

1. 随着金融科技的发展，传统银行网点呈现出（　　）的特点。

A. 银行业务离柜率逐渐走高　　　　B. 银行网点数量有所下降

C. 银行工作人员减少　　　　　　　D. 网点改造力度居高不下

2. 银行网点存在的必要性体现在（　　）。

A. 简单业务处理的理想渠道　　　　B. 线上线下融合的要求

C. 生态场景融合的发力点　　　　　D. 客户对物理网点具有需求和偏好

3. 央行数字货币是具有（　　）等功能的数字化形式货币。

A. 价值尺度　　　　B. 流通手段　　　　C. 支付手段　　　　D. 价值贮藏

4. 数字人民币的设计特性包括（　　）。

A. 计付利息　　　　　　　　　　　B. 匿名性（可控匿名）

C. 支付即结算　　　　　　　　　　D. 可编程性

5. 随着商品经济的发展，支付方式经历了（　　）。

A. 实物支付　　　　　　　　　　　B. 现金支付

C. 银行转账支付　　　　　　　　　D. 网络支付

6. 与传统支付方式相比，网络支付的优势有（　　　）。

A. 资金周转慢　　　　　　　　　　B. 安全性较高

C. 低成本　　　　　　　　　　　　D. 方便、快捷、高效

7. 以下属于银行场景化改造的有（　　　）。

A. 融合本地生活场景的"社区化"　　B. 以吸引流量体验为主的"IP 化"

C. 渠道移动化　　　　　　　　　　D. 审批自动化

8. 下列关于数字人民币的相关描述正确的有（　　　）。

A. 数字人民币采取中心化管理、单层运营

B. 数字人民币主要定位于现金类支付凭证（M0），将与实物人民币长期并存

C. 数字人民币是一种零售型央行数字货币，主要用于满足国内零售支付需求

D. 在未来的数字化零售支付体系中，数字人民币和指定运营机构的电子账户资金具有通用性，共同构成现金类支付工具

三、判断题

1. 金融科技的发展使得银行业务体验严重脱离物理网点，银行业务离柜率已接近90%，因此银行网点没有存在的必要了。（　　　）

2. 数字货币是一种基于节点网络和数字加密算法的虚拟货币，电子货币和虚拟货币都属于数字货币，如公交卡、Q币、比特币等都属于数字货币的范畴。（　　　）

3. 数字人民币以广义账户体系为基础，不支持银行账户松耦合功能。（　　　）

4. 数字人民币钱包按照用户身份识别强度可分为不同等级的钱包，按照开立主体可分为个人钱包和对公钱包，按照载体可分为软钱包和硬钱包，按照权限归属可分为母钱包和子钱包。（　　　）

5. 移动支付只有通过手机才能实现。（　　　）

6. 移动支付快捷高效、用户体验好、准入门槛低，因此可以完全取代现金支付。（　　　）

四、简答题

1. 金融科技的发展对传统银行网点的影响表现在哪些方面？

2. 在银行业务办理严重脱离物理网点的情况下，为什么对于银行业来说网点依旧很重要？

3. 简述数字人民币的定义与内涵。

4. 简述数字人民币钱包的类型。

5. 和传统支付方式相比，网络支付具有哪些优势？

综合实训

实训内容：二维码支付体验及风险识别。

实训目的：认识二维码支付风险，增强风险意识，提高防范金融风险及金融诈骗的能力。

实训步骤：

1. 仔细阅读背景资料。

背景资料一：某市检察机关办理了一起微信诈骗案。一个由骗码者、扫码者和实体店分工协作组成的犯罪团伙，先由骗码者骗取消费者的微信付款码截图，得手后迅速将二维码发送给扫码者，扫码者在已经联系好的实体店里套现，套现得手后再按比例分成。短短四个月，这个犯罪团伙就对数千人实施了微信诈骗，初步查证的近百名微信用户总共被骗取了15万余元。

背景资料二：某市交通部门接到多位车主举报，称其车上贴了能够通过扫描二维码支付违章罚款的"违章停车单"，车主使用微信扫了这个二维码后显示"向违章罚款转账"，很多车主一不留神就把钱打过去了。等仔细查看时才发现是在向微信名叫"违章罚款"的个人用户转账。

背景资料三：小张路上遇到宣称"扫二维码"就能免费领取商品的"推销员"，抱着"不要白不要"的想法顺手扫了码，当天晚上小张就收到银行的提示短信，称其要转出银行卡余额。有些不法分子利用人们这种贪小便宜的心理，通过各种方式诱导人们扫描二维码，受害人在不知情的状态下登录预设网站自动下载木马病毒，导致个人信息、网银密码被窃取。

2. 你是否也遇到过类似的二维码支付诈骗？分小组谈一谈自己在日常生活中的二维码支付体验。

3. 根据背景资料结合自己的二维码支付体验，列出二维码支付存在的风险。

4. 分别从消费者和商家的角度谈一谈如何增强风险意识，避免经济损失。

模块 三

大数据及其应用

学习目标

- **知识目标**

  1. 了解大数据的定义与特征,大数据金融发展面临的机遇与挑战;
  2. 熟悉大数据处理基本流程、大数据技术相关配套工具;
  3. 掌握大数据在金融各领域的应用场景与主要业态。

- **技能目标**

  1. 能够运用接口进行简单的数据采集;
  2. 能够根据实际需要选择数据预处理方法;
  3. 能够辨析数据挖掘模型的类型。

- **素养目标**

  1. 坚持中国人民银行《金融科技发展规划(2022—2025 年)》的发展原则;
  2. 培养大数据思维和公平普惠思想。

■ 思维导图

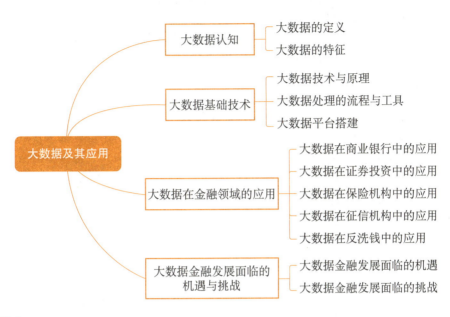

■ 案例导入

大数据破解小微企业融资难

小微企业存在"融资难、融资贵"的问题，其根源在于小微企业资金需求具有"短、小、频、急"的特点，而这些特点与商业银行发展小微业务的风险成本、运营成本、服务成本"三高"问题形成了供需矛盾。大数据赋能金融机构经营管理，帮助商业银行等金融机构在风险和成本可控的前提下，加速小微企业贷款的审批流程。基于大数据的线上纯信用企业流动资金贷款产品，引入了涵盖企业征信、工商、税务等的多样数据，通过建立风控规则与量化评估模型，使得客户授信审批结果秒级可见，提升了金融机构的运行效率。那么，大数据是什么？大数据技术又是什么呢？

本模块将围绕大数据与大数据技术，解读大数据处理的基本流程，介绍大数据技术的配套工具，以及大数据在金融领域的各项应用。

任务一　大数据认知

一、大数据的定义

大多数学者认为，"大数据"这一概念最早公开出现在 1998 年，美国高性能计算公司 SGI 首席科学家约翰·马西提出"随着数据量的快速增长，必将出现数据难理解、难获取、难处理和难组织等难题",并用"Big Data"来描述这一挑战。

2008 年 9 月 4 日《自然》杂志刊登了"Big Data"专辑,大数据时代正式宣告到来。大数据也称海量数据,当数据量超过一定大小,常规软件无法在可接受的时间范围内完成抓取与处理工作的数据即可称为大数据。

麦肯锡全球研究院将大数据定义为一种规模大到在获取、存储、管理、分析方面大大超出传统数据库软件工具能力范围的数据集合。

知识拓展 3 - 1

大数据时代到来

数据分析将从"随机采样"、"精确求解"和"强调因果"的传统模式演变为大数据时代的"全体数据"、"近似求解"和"只看关联不问因果"的新模式,将引发商业应用领域对大数据方法的广泛思考与探讨。

——维克托·迈尔·舍恩伯格《大数据时代:生活、工作与思维的大变革》

二、大数据的特征

麦肯锡全球研究院指出大数据具有数据海量、高速流转、类型多样和价值密度低四大特征。大数据的特征可以概括为 4 个"V":

数据海量(volume)。大数据的数据体量已从 TB 级别跃升到 PB 级别。百度首页导航每天需要提供超过 1.5PB 的数据,这些数据如果打印出来将超过 5 000 亿张 A4 纸。

高速(velocity)流转。巨大体量的数据客观上要求数据处理速度提升。数据处理遵循"1 秒定律",一般要求在秒级时间范围内给出分析结果,时间太长就会失去价值,这个速度要求是大数据处理技术和传统数据挖掘技术最大的区别。

类型(variety)多样。数据类型多样,不仅包括传统的格式化数据,还包括来自互联网的网络日志、视频、图片、地理位置信息等个性化数据,且个性化数据占绝大比例。

价值(value)密度低。在现实世界所产生的数据中,有价值的数据所占比例很小。相较于传统数据,大数据最大的价值在于从大量不相关的各种类型的数据中,挖掘出对未来趋势与模式预测分析有价值的数据。

知识拓展 3 - 2

数据量单位

1 Byte＝8 bit

1 KB＝1 024 Bytes

1 MB＝1 024 KB＝1 048 576 Bytes

1 GB＝1 024 MB＝1 048 576 KB

1 TB＝1 024 GB＝1 048 576 MB(普通用户数据级别)

1 PB＝1 024 TB＝1 048 576 GB(企业级数据级别)

1 EB＝1 024 PB＝1 048 576 TB

1 ZB＝1 024 EB＝1 048 576 PB(全球数据总量级别)

任务二 大数据基础技术

一、大数据技术与原理

大数据技术有着传统技术无法比拟的优越性能，海量数据的高效分析有赖于云计算、分布式系统、数据挖掘等技术的支持。

（一）云计算

与大数据同时产生的概念是云计算，云计算本质上是一种数据资源服务，通过该服务可以随时、随地、按需通过网络访问共享资源池的资源，而资源池包括计算资源、网络资源、存储资源等。大数据与云计算的关系可以概述为：云计算的核心是业务模型，本质是数据处理技术，大数据是其资产。云计算技术的虚拟化、可扩展、按需服务以及资源池灵活调度等特性颠覆了传统网络技术和商业模式，云计算提供的负载均衡等基础设施即服务、集成开发环境等平台即服务，都满足了海量数据处理与分析的计算与存储需求。

（二）分布式系统

随着互联网的持续发展，可采集获取的数据规模不断增长。如何处理规模庞大的数据成为一项重要课题。在分布式系统出现之前，只能通过不断提高单台处理机的频率和性能来缩短数据的处理时间，分布式系统则打破了单机算力的约束，将一个复杂的问题切割成多个子任务，分布到多台机器并行处理，在保证系统稳定性的前提下，最大限度地提高系统的运行速度。

谷歌每天需要处理包括网页爬取、网络日志文件等巨量原始数据。2004 年，谷歌提出了最原始的分布式架构模型 MapReduce，用于大规模的数据并行处理。MapReduce 模型借鉴了函数式程序设计语言中的内置函数 map 和 reduce，将大规模数据处理作业拆分成多个可独立运行的 map 任务，分布到多台处理机上运行，产生一定量的中间结果，再通过 reduce 任务合并生成最终的输出文件。MapReduce 是一种简化的分布式编程模型，它将分布式系统中如何分布、调度、监控以及容错等问题从复杂的细节中抽象出来，使程序员不需要太多并发处理或分布系统的经验，就可以处理超大的分布式系统的资源。

案例分析 3-1

气象大数据的分布式处理

气象数据集为分布在全球各地的气象传感器，每隔 1 小时收集当地气象数据所形成的海量日志数据。其中，温度的数据文件按照日期和气象站进行组织，从 1901—2010 年，每一年都有一个目录，每个目录都包含一个打包文件，文件中的每个气象站都带有当年的数据。而在现实中有上万个气象站，所以整个数据集由大量较小的文件组成。

问题：面对庞大的分布式气象数据集，如何提取全球每年平均最高温度的数据？

分析提示：MapReduce 可以实现大数据的分布式处理。MapReduce 的工作过程一般分为两个阶段：map 阶段和 reduce 阶段。

第一阶段，使用 map 函数提取气象数据中的年份和温度，其中 map 处理过程仅是准备阶段，map 函数的输出便于 reduce 函数工作。同时，map 函数可以过滤掉缺失或错误的气象数据，并将温度转为整数后输出。

第二阶段，map 函数的输出先由 MapReduce 中的 shuffle 处理，然后再由 reduce 函数处理。shuffle 处理后，每个年份后面都有一系列温度数据；reduce 函数则重复这个列表并从中找出最大的读数。最后输出全球每年的平均最高温度。整个数据流向如图 3-1 所示。

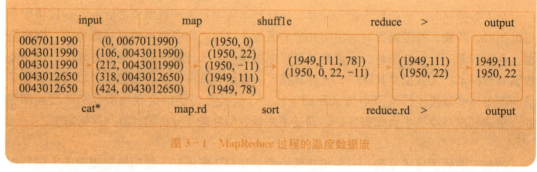

图 3-1　MapReduce 过程的温度数据流

（三）数据挖掘

数据挖掘是借助算法从海量信息中挖掘有价值信息的活动。大数据挖掘与常规的数据挖掘具有显著区别，大数据挖掘减少了与常规数据挖掘模型及相关算法的关联性。大数据信息的挖掘形式通常包括群组信息挖掘、社会数据信息计算、数据信息演变过程研究、知识数据计算分析、深层次学习功能等。对于不同行业的大量数据信息，可以使用不同种类的数据挖掘方法，大数据挖掘方法通常有流数据信息挖掘、空间数据挖掘、Web 数据挖掘等若干种类，大数据挖掘方法比常规的数据挖掘方法更加高效。

二、大数据处理的流程与工具

（一）数据采集

数据采集是整个数据流的起点，数据的全面性、精准性及正确性，将影响数据处理、数据分析等所有后续环节。实践中，应根据数据的体量、数据的类型、数据的来源，选择合适的数据采集工具。

1. 根据数据的体量采取不同的数据采集方法

当数据规模较小，单机运行而无须进行分布式并行处理时，SDK 接口、API 接口、采集器等都可以完成数据体量相对小的采集任务。以 A 股交易数据的采集为例，可以通过开源的证券数据平台批量下载。当数据规模较大时，需要进行分布式并行处理，例如从关系型数据库中采集数据时使用 Sqoop，从文件中采集时使用 Flume，从消息列表中采集时使用 Kafka。

知识拓展 3-3

API 接口

API（application programming interface）即应用程序编程接口，是一些预先定义的函数，目的是提供应用程序与开发人员基于某软件或硬件得以访问一组例程的能力，而无须访问源码，或理解内部工作机制的细节。简言之，API 是数据服务的功能接口。在数据采集阶段，通过既定函数调用数据，可以方便地实现数据采集和加载的过程。

诸如 BaoStock、Tushare 等开源平台，提供了大量准确、完整的证券历史行情数据、上市公司财务数据等。通过 Python API 可以轻松采集加载获取证券数据信息，方便后续数据分析和可视化，满足量化交易投资者、数量金融爱好者、计量经济从业者的数据需求。

2. 根据数据的类型采取不同的数据采集方法

数据可划分为以下三种类型。

结构化数据：严格遵守数据格式和长度规范，主要通过关系型数据库进行存储和管理，比如关系型数据库中的表，用普通网页数据采集器等工具即可完成采集任务。

半结构化数据：非关系型、有基本固定结构模式的数据，例如 XML 文档、日志文件、JSON 文档、email 等，采集前往往需进行数据预处理。

非结构化数据：无法定义结构、没有固定模式的数据，例如 Word、PDF、PPT、图片、视频、音频、文本信息等，需使用专业的采集器完成数据采集。

不同的数据集可能存在不同的结构和模式，表现为数据的异构性。对多个异构的数据集，需要进一步集成处理或整合处理，将来自不同数据集的数据收集、整理、清洗、转换后，生成一个新的数据集，为后续查询和分析处理提供统一的数据视图。

3. 根据数据的来源采取不同的数据采集方法

根据 MapReduce 产生数据的应用系统分类，大数据的采集主要有四种来源：管理信息系统、Web 信息系统、物理信息系统、科学实验系统。

管理信息系统：最常见的管理信息系统是 ERP 系统。ERP 系统的主要作用就是对企业信息进行整合。就企业项目实施而言，基础数据的准备工作难度最大，例如仅物料这一项，采集数据字段就包括生产、采购、销售、库存、财务等信息。企业应利用具有统一格式的表格在各个部门间传递移交数据，ERP 收集基础数据常用的工具有 Excel、Access、FoxPro、SQL 等。

Web 信息系统：Web 信息系统采集的数据包括端上数据和网页数据。端上数据是一项服务的客户端或服务器端产生的数据，例如用户在 App 上的点击浏览信息产生服务器端的业务表单数据，通常采用"埋点"的方式采集。网页数据是网页的公开数据，可利用网页采集器或网络爬虫程序采集，网络爬虫的流程如表 3-1 所示。

表 3-1　网络爬虫的流程

发起请求	获取响应内容	解析内容	保存数据
向目标站点发起请求，即发送一个 Request，请求可以包含额外的 headers 等信息，等待服务器响应	若服务器正常响应，得到一个 Response，其内容便是所要获取的页面内容，类型可能有 HTML、JSON 字符串、二进制数据等类型	若是 HTML，则用正则表达式解析；若是 JSON，可以直接转为 JSON 对象解析；若是二进制数据，可以做进一步的处理	保存形式多样，可以存为文本，也可以保存至数据库，或者保存为特定格式的文件

知识拓展 3-4

"埋点"的合规性

"埋点"的学名为"事件追踪"（event tracking），是网站分析常用的数据采集方法。无论是对 C 端还是对 B 端，埋点采集都是最主要的数据采集方式。"埋点"主要是针对特定用户行为或事件进行捕获、处理和发送的相关技术。利用"埋点"技术，针对特定用户的浏览，分析其浏览记录和停留时长，即收集、汇聚、分析用户的个人浏览偏好，最终形成"可视化数据"，也就是用户画像。当"埋点"不涉及用户个人信息时，"埋点"数据并无法律风险；但作为收集信息的工具及方式，在"埋点"数据涉及公民个人信息时，则需要符合网络安全法及《信息安全技术个人信息安全规范》的要求。

物理信息系统、科学实验系统：以物理数据为主，即用户在物理世界所产生的数据。例如用户刷脸购物的日志数据、用户的步数数据等，通常采用 AIDC（自动识别和数据捕获）传感器技术。此外，射频识别（RFID）、条形码扫描、GPS 传感器等都属于用于识别与捕获物理数据的方法。

（二）数据存储

1. 关系型数据库与非关系型数据库

关系型数据库是指采用了关系模型来组织数据的数据库。简言之，关系模型就是二维表格模型。关系型数据库包括 SQL Server、Oracle、Mysql 等。关系型数据库具有易理解、易维护的优势，但无法保证海量数据的读写效率、横向难拓展（当用户量和访问量与日俱增，数据库没有办法像 Web Server 那样通过添加硬件和服务节点来拓展性能和负载能力）。

非关系型数据库 NoSQL（Not Only SQL），指非关系型分布式数据存储系统，包括 MongoDB、Redis 等。NoSQL 以键值对来存储，结构不稳定，每一个元组都可以有不一样的字段，不会局限于固定结构。NoSQL 可横向拓展，非关系型数据库天然是分布式的，可以通过集群来实现负载均衡，适合存储大数据。使用这种方式获取用户信息，不需要进行关系型数据库的多表查询，仅需根据 key 来获取对应的 value 值即可（键值对）。但是由于 NoSQL 约束少，因而适合存储较为简单的数据，很多场景需要结合关系型数据库。

2. 数据库的应用

关系型数据库适合存储结构化数据，如用户的账号、地址；非关系型数据库适合存储非结构化数据，如文章、评论。两类数据库适用的场景如表 3-2 所示。

表 3-2　关系型数据库与非关系型数据库适用场景的区别

关系型数据库	非关系型数据库
常用于需要进行结构化查询的数据；适用于规模、增长速度可以预期的数据；数据具有一致性，适合存储比较复杂的数据	常用于模糊处理，例如全文搜索、机器学习，适合存储较为简单的数据；用于海量且增长速度难以预期的数据；按照 key 获取数据效率很高，但对结构化查询的支持较差

关系型数据库的最大优点是一致性，因而关系型数据库适用于要求一致性比较高的系统，比如金融系统、财务系统。关系型数据库为了维护一致性付出的代价就是读写性能比较差。在微博、论坛等网页应用中，对一致性的要求没那么高，反而是对并发读写能力要求极高，因而非关系型数据库适用。

（三）数据处理

1. 数据的查询与抽取

数据查询与抽取是从数据源中查询和抽取数据的过程，数据查询与抽取不是一项全新技术，传统数据库对此已有比较成熟的运用，如 SQL 数据库的查询与提取。大数据的数据来源广泛、类型繁杂，随着关系型数据库和非关系型数据库在大数据存储中的运用，数据查询与抽取方法也在不断发展，Hadoop 的分布式基础架构可以满足复杂数据源、多类型数据的查询与抽取。

21 世纪初，谷歌用廉价 PC 集群搭建大型搜索引擎系统，成功解决了巨量数据的搜索问题，并于 2003 年、2004 年和 2006 年发表了有关 GFS（分布式文件存储）、MapReduce（分布式计算思想）和 BigTable（分布式数据库）的三篇论文。道格·卡廷（Doug Cutting）以这三篇论文为基础，用 Java 语言实现了 Hadoop，Hadoop 是一个分布式开源框架，解决了大数据并行计算、存储、管理等关键问题，具有高可靠、高扩展、高效率和高容错的特性。

目前 Hadoop 的核心技术包括 Common、Hadoop distributed file system（HDFS）、MapReduce 以及 Yarn 四大模块，它们共同构成了 Hadoop 的基础架构。四个模块的功能如表 3-3 所示。

表 3-3　Hadoop 的核心技术模块

模块	功能
Common	Hadoop 的基础模块，为系统提供支撑性功能，包括文件系统、远程过程调用协议、串行化库等功能在内的支持，为云平台提供基本服务
HDFS	一个分布式文件系统，Hadoop 的存储核心，可部署运行于大量的廉价服务器上。上传到 HDFS 的数据，系统会对其进行分块保存
MapReduce	一个并行计算框架，Hadoop 的计算核心，通过将数据分割、并行处理等底层问题进行封装，用户只需要考虑自身所关注的并行计算任务的实现逻辑，极大地简化了分布式程序的设计。其核心是 map 函数与 reduce 函数
Yarn	集群的资源调度框架，负责集群的资源管理，是针对单点瓶颈、编程框架不够灵活等问题提出的改进方案

知识拓展 3-5

Spark 与 Hadoop 的
功能差异

2. 数据预处理

数据预处理是大数据处理流程的重要环节，利用支持 Hadoop 的预处理工具对数据进行处理，实现包括数据清理、数据集成、数据规约和数据转换等。

（1）数据清洗。

数据清洗是指通过填充缺失的值、平滑噪声数据、识别或剔除异常值以及解决不一致性来"清洗"数据的过程。数据质量低会导致挖掘过程的混乱，从而导致不可靠的输出。虽然大部分数据挖掘技术都存在一些处理不完整或噪声数据问题，但在挖掘阶段人们往往更专注于避免过拟合。一个有用的数据预处理需要通过一些数据清洗过程来提高数据质量。

数据清洗主要包括处理缺失数据和数据脱敏。处理缺失数据时，要具体考虑剔除缺失数据是否影响整体的业务逻辑，不影响时才可剔除。处理敏感数据时，要对涉及用户隐私的手机号、地址等进行脱敏处理，对账号等数据进行加密处理，常用 MD5 算法加密。

（2）数据集成。

数据集成是将来自多个数据源的数据组合成一个一致的数据存储。如果在一个数据分析任务中分析来自多个来源的数据，数据给定的属性在不同的数据库中可能有不同的名称，导致不一致和冗余。例如，客户标识的属性在一个数据存储中称为"客户序号"，在另一个数据存储中称为"用户编号"。解决其中存在的语义异构、元数据、相关分析、元组重复检测和数据冲突检测等问题，有助于数据集成的顺利进行。

处理时还要避免数据集成期间产生的冗余，大量的冗余数据可能会减慢或混淆知识发现过程。通常，数据清理和数据集成是为数据仓库准备数据时作为预处理步骤执行的。随后还可以再额外执行一次数据清理，以检测和删除可能由数据集成导致的冗余。

（3）数据规约。

数据规约是在不损害数据挖掘结果的前提下减小数据集。数据规模过大会降低数据挖掘效率。进行数据规约可以得到大数据集的简化表示，虽然简化后规模比原始数据小很多，但不影响数据分析结果。

数据规约策略包括降维、样本数量缩减和数据压缩。降维策略可以减少随机变量或属性的数量，方法包括主成分分析（剔除不相关属性）、特征选择（从原始属性集中派生出更有用的属性）等。样本数量缩减策略使用参数模型（回归分析等）或非参数模型（聚类、抽样等），以获得更小规模的替代数据。数据压缩策略是通过转换来获得原始数据的简化或"压缩"表示。

（4）数据转换。

数据转换包括归一化、离散化、概念层次生成等。客观世界的数据往往是不准确的、不完整的和不一致的，数据预处理技术可以提高数据质量，从而提升后续挖掘的准确性和效率。数据预处理是知识发现过程中的一个重要步骤。

使用神经网络、最近邻分类器或聚类算法等与距离有关的挖掘算法分析数据时，需要对数据进行归一化处理。例如，客户数据中包含年龄和年薪等属性，其中年薪值通常比年龄值大得多，因此，如果不将这些属性归一化，对年薪进行的距离测量通常会超过对年龄进行的距离测量。

离散化和概念层次生成也是提升数据挖掘效果的重要环节，其中属性的原始值被范围更大或级别更高的概念替换，它们允许在多个抽象层面上进行数据挖掘。例如，原始值年龄可以被"青年、中年或老年"等离散型数据取代。数据转换操作是额外的数据预处理过程，有助于改善数据挖掘过程和结果。

（四）数据挖掘

数据挖掘是整个大数据处理流程的核心，大数据的价值产生于挖掘分析过程。根据是否有因变量（或称响应变量），数据挖掘模型可分为监督学习模型（有因变量）和无监督学习模型（无因变量）。

1. 监督学习模型

决策树可用于分类和预测，可从无序的训练样本中归纳出以决策树表示的分类规则。构造决策树的目的是找出属性和类别之间的关系，用它来预测未知样本的类别。它采用自顶向下递归的方式，在决策树的内部节点进行属性的比较，并根据不同属性值判断从该节点向下的分支，在决策树的叶节点得到结论。主要的决策树算法有 ID3、C4.5、CART、PUBLIC 和 SLIQ 等。它们在选择测试属性采用的技术、生成决策树的结构、剪枝的方法以及时刻、能否处理大数据集等方面都存在不同之处。

贝叶斯（Bayes）算法，是一类利用概率统计知识进行分类的算法，如朴素贝叶斯（Naive Bayes）算法。这些算法主要利用贝叶斯定理来预测一个未知类别的样本属于各个类别的可能性，选择其中可能性最大的一个类别作为该样本的最终类别。由于贝叶斯定理的成立本身需要一个很强的条件独立性假设前提，而此假设在实际中经常是不成立的，其分类准确性会下降。

神经网络，是一种应用类似于大脑神经突触连接的结构进行信息处理的数学模型。在这种模型中，大量的节点相互连接构成网络，即"神经网络"，以实现挖掘信息的目的。神经网络通常需要进行训练，训练的过程就是网络进行学习的过程。训练改变了网络节点的权重，使其具有分类的功能。目前，神经网络已有上百种不同的模型，常见的有 BP 神经网络、径向基 RBF 网络、Hopfield 网络、随机神经网络、竞争神经网络等。但是当前的神经网络仍普遍存在收敛速度慢、计算量大、训练时间长和不可解释等缺点。

支持向量机，根据结构风险最小化准则，以最大化分类间隔构造最优分类超平面，较好地解决了非线性、高维数、局部极小点等问题。支持向量机算法根据区域中的样本计算该区域的决策曲面，由此确定该区域中未知样本的类别。

集成学习，试图通过连续调用单个学习算法，获得不同的基学习器，然后根据规则组合这些学习器来解决同一个问题。主要采用（加权）投票的方法得到最终结果，常见的算法有装袋法（Bagging）、提升法（Boosting）等。集成学习由于采用了投票平均的方法组合多个分类器，所以有可能减小单个分类器的误差，获得对问题空间模型更加准确的表示，从而提高分类器的分类准确性。

回归分析，确定预测属性与其他变量之间相互依赖的定量关系。其中，包括线性回归、非线性回归、logistic 回归、主成分回归、岭回归、偏最小二乘回归等模型。对于处理不同的数据、分析不同的问题，各种模型都有自己的特性和优势，如表 3-4 所示。

表 3-4　回归模型算法及其适用条件

模型名称	适用条件	算法描述
线性回归	因变量与自变量间是线性关系	对一个或多个自变量和因变量间的线性关系进行建模，可用最小二乘法求解模型系数
非线性回归	因变量与自变量间不都是线性关系	对一个或多个自变量和因变量间的非线性关系进行建模。若非线性关系可通过简单的函数变换转化为线性关系，用线性回归的思想求解
logistic 回归	因变量为二分类变量（0 或 1）	利用 logistic 函数将因变量的取值控制为 0 和 1，表示取值为 1 的概率
主成分回归	自变量间具有多重共线性	源于主成分分析思想，改进最小二乘法，对参数进行有偏估计，消除自变量间的多重共线性

2. 无监督学习模型

关联规则，是一种从大型数据库中发现事物间相关性的方法。两个或多个事物之间存在一定的关联，那么其中一个事物就能通过其他事物进行预测，关联规则的目的是挖掘数据之间的相关性和规律性。比较常见的应用就是购物篮分析，分析用户购买产品的习惯。关联规则算法包括 Aprior、FP-Tree、灰色关联法等。其中，Aprior 是一种经典的、生成关联规则频繁项集的挖掘方法，它采用逐层搜索的迭代方法。通过提升度，可将事物间的关联分为三类：无实际意义、相互独立和有效关联。

聚类算法又叫"无监督的分类"，目的是将数据划分成有意义、有用的组或簇。这种划分可以基于业务需求或建模需求来完成，也可以单纯地用于探索数据的自然结构和分布。聚类算法众多，包括 K-means、层次聚类、光谱聚类等。其中，K-means 算法是一种和距离有关的迭代算法。以只有两个自变量的样本聚类问题为例，将两个自变量置于坐标轴画出样本的散点图（见图 3-2）。K-means 算法的基本步骤是：先在散点图中随机给定 K 个簇中心，再按照最邻近原则把待分类样本点分到各个簇中；然后，按平均法重新计算各个簇的质心，也就是新的簇中所有样本的坐标均值，从而确定新的质心；根据最近邻原则重新将样本分类到新的簇。这样循环往复，一直迭代，直到簇的质心位置不再变化。迭代结束，聚类完成。

（五）数据可视化

数据挖掘工作完成后，还需要向模型使用者展示或解释挖掘分析的结果。大数据的数据分析结果往往关联关系复杂，传统的展示方法不再可行。可视化作为解释大量数据最有效的手段之一，如同艺术家用绘画让人们更贴切地感知世界，数据可视化也能让人们更直观地传递数据所要表达的信息。

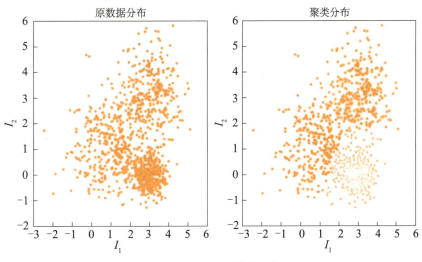

图 3-2 K-means 聚类图解

统计图表是最早的可视化手段，常见于各种分析报告的有柱状图、折线图、饼图、气泡图、雷达图、热力图、关系图等，常见图表的适用场景如表 3-5 所示。

表 3-5 常见图表的适用场景

图表	适用场景
柱状图	适用于二维数据，指定一个维度，比较另一维度的大小
折线图	按照时间序列分析数据的变化趋势时使用，适用于较大数据集
气泡图	适用于三维或四维数据，其中只有两个维度数据能精确辨识
雷达图	适用于四维以上数据，但数据点不超过 6 个
热力图	以不同色度展示页面区域或地理区域某属性大小的差异
漏斗图	适用于业务流程比较规范、周期长、环节多的流程分析
桑基图	有一定宽度的曲线的集合，适用于展现分类维度间的相关性
关系图	基于 3D 空间点线组合，辅以颜色、粗细等表征各节点之间的关系

具有数据可视化功能的工具有很多，可分为编程和非编程两类。非编程类主要包括 Excel 和 Tableau。Excel 不仅可用于处理表格，还可以作为数据库和开发环境。Excel 的基本统计图表和数据透视表都可以实现数据可视化，由于默认设置了颜色、线条和风格，Excel 难以实现个性化的视觉效果，尽管如此，Excel 仍非常好用。Tableau 适用于结构化数据，无须编程，仅通过简单的拖拽动作即可完成操作，是专业应对数据可视化方案的工具，具有数据聚焦深挖、灵活分析、交互设计等功能。Tableau 最大的缺点在于它是商业软件，免费期仅有 14 天。

主流的编程可视化工具包括三种类型：为满足艺术创作需求的数据可视化工具，比较典型的有 Processing，它是为艺术家提供的编程语言；为满足统计和数据处理需求，既可以用于数据分析，又可以用于图形处理，如 Python、R、SAS；介于两者之间的工具，既要兼顾数据处理，又要兼顾展示效果，如 D3、Echarts。编程类可视化工具的特点如表 3-6 所示。

表 3-6　编程类可视化工具的适用场景

工具	适用场景
Python	使用 Matplotlib、Seaborn 两个库可以对数据进行可视化。最简单的数据可视化包括直方图、箱线图、小提琴图、折线图、堆叠柱状图、气泡图、热力图等
R	一种数据分析语言，ggplot2 作图软件包的出现让 R 成功跻身于可视化工具的行列，它将数据、数据相关绘图、数据无关绘图分离，采用图层式的开发逻辑，将图形要素自由组合
D3	D3（Data Driven Documents）能提供大量复杂图表样式，如 Voronoi 图、树形图、圆形集群和单词云等
Processing	用 Java 语言编写，可进行动画、可视化、网络编程等复杂应用

三、大数据平台搭建

基于 Hadoop 架构的大数据平台突破了传统数据库数据处理速度的限制，通过对数据进行并行处理，有效缩短了数据的响应与计算时间，提高了运行效率。目前 Hadoop 架构已广泛应用于信息检索领域，如谷歌、百度等。

金融领域也成为分布式运算的用武之地。例如银行采集内部与外部、静态与动态的各类金融数据，搭建适用于大数据存储与分析的集群，利用数据挖掘技术得出隐藏在海量数据中的价值与规律，进而实现精准营销、业务体验优化、客户综合管理、风险控制等金融业务与应用。金融机构大数据平台的技术架构如图 3-3 所示。

数据源包括各类动态数据（如行为数据）、静态数据（如属性数据）、日志文件以及其他数据，包括结构化的、半结构化的和非结构化的数据。

数据采集层，根据数据的具体情况采用不同的技术实现采集任务。如对动态数据使用 C/S 架构的客户端采集 SDK；对日志文件使用 MapReduce 分析提取工具；对静态数据使用 Sqoop 从关系数据库导入；对其他数据则使用定制化程序等。ETL（数据抽取、转换、加载）将采集到的各种数据整合成统一的数据模型，包括数据清洗、数据转换、数据规约、数据集成等，可选择利用某个支持 Hadoop 的开源 ETL 产品（如 Kettle）。

数据存储层，Hadoop 集群使用 Hadoop 技术生态圈的诸多关键技术，包括分布式存储 HDFS 系统、并行处理 MapReduce 机制、NoSQL 数据库 HBase、数据仓库 Hive、协调系统 Zookeeper 等。此外，还需用到关系型数据库充当数据中转、元数据存储等。

分析挖掘层，即在 Hadoop 集群实现各种分析挖掘算法和分析挖掘模型。算法和模型有两类：一类是抽象的数学算法和统计模型（如关联分析算法、神经网络模型等）；另一类是在此基础上构建的专业算法和专业模型（如金融客户分类算法、效果评估算法、客户行为特征模型等）。可在 R、Python、SAS 分析挖掘包的基础上实现算法接口，并利用算法接口构建大部分模型，其余部分视实际情况自主研发构建；也可利用 R、Python 等开源产品进行可视化展现。

业务实现层，将分析挖掘结果集成到相应的金融业务系统中。具体方式既可以是实现某个独立的新业务系统，也可以是在现有系统中实现一个或多个新模块，从而扩充或提升原有的功能。

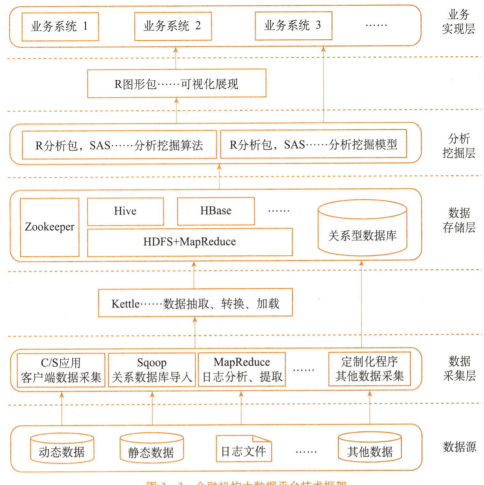

图 3-3 金融机构大数据平台技术框架

任务三 大数据在金融领域的应用

一、大数据在商业银行中的应用

我国商业银行目前的 IT 基础设施和数据全部集中在数据中心，经过多年运行已积累大量数据，因此我国商业银行最具有盘活数据资产的条件。大数据应用将提升商业银行的核心竞争力，商业银行可将大数据合理运用到精准营销、服务升级、信用评估、风险管理等方面，引导业务科学健康发展。

（一）精准营销

通过客户行为分析并预测需求实现精准营销是典型的大数据应用。精准营销试图解决的问题就是客户和产品的匹配，即把最合适的产品营销给最合适的客户。精准营销的内容包括目标客户的精准定位、传播途径的选择、营销活动执行的趋势分析和异常监控、营销活动的传播效果和市场效果评估。商业银行可以应用大数据分析客户影响力、客户聚集区域、客户日常活动轨迹、客户基础银行业务使用规律、客户关注点等要素，以此为基础实现精准营销。例如花旗银行采用 IBM 的 Watson 产品，分析金融及经济数据，对客户进行针对性营销。西太平洋银行利用社交媒体数据对客户进行情感分析来实现精准营销。

案例分析 3-2

大数据支持的商业银行客户营销管理系统

通过数据专家建立的"精准营销模型"，可以从大量客户中自动挑选出最有可能营销成功的客户并形成清单。客户经理根据系统指导，对清单内的客户进行逐个或批量营销。

问题：商业银行依托大数据实现精准营销的实务操作是怎样的？

分析提示：以某银行的客户营销管理系统为例，客户经理想营销信用卡，在客户营销管理系统（如图 3-4 所示）中选择产品"信用卡"和模型"在特约商户消费未享受优惠"，系统会自动生成满足条件的客户清单，并推荐直击痛点的营销话术"您消费了 120 元，如果使用我行信用卡结算可以节省 60 元"。客户经理还可以选择其他模型，如"近期有境外消费"，系统会重新筛选客户并推荐话术"推荐您办理环球商旅卡，免货币转换费、高额消费返现"。客户经理确认后即可批量发出营销短信，整个精准营销过程高度自动化，仅需客户经理点击数次，时长不超过 10 秒。

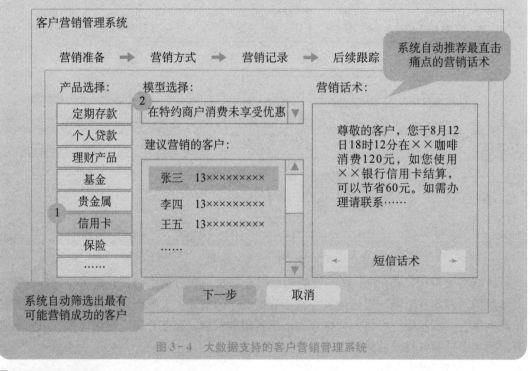

图 3-4 大数据支持的客户营销管理系统

课堂讨论 3-1

一项营销策略有没有起到良好的作用？一场客户活动有没有达到预期的效果？这些问题如何通过数据分析进行复盘和评价？

（二）服务升级

提供个性化的金融产品和服务已成为银行维护客户的主要手段。个性化服务包括互联网化的电子渠道全景体验、个性化产品推荐、LBS位置营销、面向客户个体的深度观察等。商业银行通过收集并分析社交网络数据，聚类出不同的客户群体，如具有高影响力的客户、存在严重不满情绪的客户、具有转行倾向的客户，然后向这些客户提供更有针对性的服务。例如招商银行通过对目标客户的购物习惯、上网习惯等进行细分，向年轻人推出个性化信用卡等；美国银行、汇丰银行等银行都应用大数据进行客户关怀，避免客户流失。

（三）信用评估

大数据技术通过综合评估客户历史交易数据、信誉值、不良信用记录等信息，构建客户信用数据模型并分析客户真实信用状况，可有效降低融资审查的贷前调研成本。小微信贷客户管理尤其依赖大数据支持，通过网络低成本广泛采集客户的各类数据，建立信用评估模型，利用关联知识图谱精准进行客户画像。例如建行善融商务平台上的每一笔交易都用作客户授信评级的重要依据；花旗银行通过社交网络、公共网页获得客户的信用记录及信用历史。

（四）风险管理

商业银行通过应用大数据，结合实时、历史数据进行全局分析，评估客户的行为，并对客户的风险等级进行动态调整，实现对客户授信的精细化管理。商业银行通过共享各业务分支机构的相关信息，并针对不同风险点实施相应的控制措施，及时获取、挖掘有效的风险预警信息，发现经营中存在的问题，建立全面的风险管理体系，增强风险识别和防范能力。例如摩根大通在业务交易中引入信用卡和借记卡数据进行诈骗检验；中信银行信用卡中心借助大数据分析技术评估客户的行为，并随时对客户的信用额度进行调整。

二、大数据在证券投资中的应用

面对海量多维数据，证券投资的精准决策越来越依托于大数据技术的有效运用。大数据技术为证券与基金行业带来了全新的发展机遇，在量化交易、大数据基金、智能投顾、投研管理等业务领域都得到了合理运用。

（一）量化交易

量化交易又名程序化交易，是对市场各种数据进行收集，从大数据中提炼能带来超额收益的"大概率"事件作为策略的底层逻辑，用数量模型实现策略，然后严格执行。量化交易具有诸多优势：首先，以程序指令交易代替人工操作，可克服认知偏差、情绪波动等问题；其次，量化交易拓展了数据维度，基于大数据进行数据挖掘，可以得到先前无法依靠经验和理论归纳出的新认知，丰富完善了投资策略；最后，量化交易效率高，能够方便地跟踪跨市场、跨品种证券，同时还可以实时观察委托单的变动、高频交易数据，拟定最优交易指令，并准确执行。

海龟实验

在金融业有一个老生常谈的问题：一个伟大的交易员，其成功是天生造就的还是后天培养的？历史上著名的海龟实验回答了这个问题，而海龟实验源于两个人的辩论。

1983 年，商品投机家理查德·丹尼斯与老友比尔·埃克哈特进行了一场辩论，他们辩论的焦点是伟大的交易员是天生造就的还是后天培养的。理查德相信通过教育可以将人们培养成伟大的交易员，比尔则认为遗传和天性才是成为伟大交易员的决定因素。为了回答这一问题，他们在《纽约时报》上刊登了大幅广告，招聘交易员学员，称在短暂的培训后新手将自行交易。广告吸引了 1 000 多位申请人，理查德挑选了 13 人作为培养对象。参加培训的学员被称为"海龟"，并受邀到芝加哥接受培训，培训结束后他们开始用小账户进行交易。在学员证明了自己的能力之后，理查德给他们中的大多数人提供了 50 万～200 万美元的资金，在随后的四年中，学员们取得了年均复利 80% 的收益。

至此，理查德证明了交易技巧可以被传授。他证明了用一套简单的法则，可以使仅有很少或根本没有交易经验的人成为优秀的交易员，而这套所谓简单的法则，实际上是量化交易的思想精髓。

据统计，美国市场中 70% 的交易是由程序化交易完成的，如果更宽泛地定义程序化交易，可能这个比例会更高；而在中国证券市场，特别是在期货交易当中，程序化交易的市场份额正在不断提高。提升量化投资从海量数据中挖掘有效信息的能力，已成为券商的核心竞争力之一。国内外已发展出多种程序化交易软件和平台，如文华财经赢智、TradeStation、高手交易等。随着程序化交易在金融市场的运用与普及，量化交易员成为金融业的稀缺人才。

（二）大数据基金

传统基金在建立多因子选股模型时，采用的因子一般都来自市场内部，传统基金关注的主要是个股本身的属性。相较于传统基金，大数据基金引入了市场外部信息，通过对特定的可反映投资者行为的数据进行收集、整理和分析，让选股投资有了新思路。大数据基金的数据因子主要来源于相关证券搜索数据、个股关注度数据、电商平台消费数据、社交平台数据等，通过对上述数据的挖掘分析，研究市场实时动向，据此做出是否持仓的选择，规避风险和获取利润。大数据基金利用专业的数据处理技术，可以快速、准确地掌握市场动态，及时对投资风险进行监控和预警，具有可观的投资前景。

（三）智能投顾

智能投顾是大数据、人工智能与传统证券业深度融合而形成的新金融服务模式。智能投顾（robo-advisor），又称数字化资产配置。美国金融业监管局认为智能投顾是一种新型在线财富管理服务，能在综合考虑普通投资者的预期收益、风险承受能力及风险偏好等数据的基础上，依据投资组合优化理论模型，使用相应的大数据分析方法，为客户画像，提供定制化服务，并依据市场动态为客户资产配置再平衡提供建议。

（四）投研管理

在投行业，研究员需要投入大量的时间和精力梳理、汇总数据，撰写大量具有固定格式的文档，如行业研究报告、招股说明书等。利用人工智能设计出的自动报告生成系统为券商投研领域带来巨大改变，而人工智能的实现离不开大数据的支持，自动报告生成系统需要采集并处理年报、时事新闻及数据、行业分析报告和法律公告等材料，利用大数据技术批量处理和分析数据后，可自动输出研究报告，研究人员只需进行校对和二次编辑。

三、大数据在保险机构中的应用

（一）精准营销

大数据支持的精准营销可帮助提升保险营销效率。对现有或潜在的消费者进行调研，根据其收入、偏好和消费行为，准确分析其需求，筛选出对某类产品需求较大的消费者进行产品信息和服务推送。相较于"广撒网"的传统营销，精准营销能有效提高客户留存率并节省宣传成本，在销售环节不再依赖于代理机构，减少双方的信息不对称，提高服务质量。例如手机碎屏险的精准营销，依靠大数据对用户手机品牌的识别，根据用户具体情况进行渠道推送。

（二）产品研发

保险产品应客户需求而生，互联网数据具有多元性和交互性的特点，保险公司依托互联网可以更高效地收集客户需求信息，进行更有针对性的设计产品，扩大承保范围。保险公司角逐的重点愈加表现为测算风险、把握风险和利用风险的能力，互联网保险具有碎片化、场景化、定制化的特点，互联网保险产品的设计研发尤其依靠大数据的信息支持。例如抗癌药物险是健康险的产品细分，产品如何合理适当地覆盖相应细分领域风险，依赖于大数据的精准测算。

（三）精准定价

利用大数据技术实现精准定价要全面考虑市场波动、宏观政策以及消费者行为数据等多方面因素，充分利用数据能减少信息不对称，提高差别费率，实现精准定价和个性化定价，提升保险公司的风险管控能力。

传统保险在定价时没有充分利用数据，两个年龄相同的人投保同一健康险，在无重大疾病的前提下，两人所缴保费通常差别不大，但现实中两人的健康状况可能相差甚远。在大数据背景下，在承保健康险时，保险公司可以通过智能手机、智能穿戴设备获取被保险人的行为数据，对其行为数据进行分级，并将其日常行为、作息规律等数据作为制定费率的依据，实现精准定价。对于行为数据显示长期处于健康状态的客户，保险公司可以制定保费减免等奖励机制，鼓励客户养成健康的行为习惯，降低健康险出险频率。此外，利用大数据技术还能及时获悉市场行情和被保险人相关数据的变化，及时识别风险并对保费做相应调整。

四、大数据在征信机构中的应用

随着信息技术的进步和数字经济的崛起，大数据技术的发展给传统征信注入了新的活力，大大拓宽了信用信息来源，提高了数据处理和共享效率。大数据征信突破了传统征信的应用边界，对释放信用信息要素价值、推动数字普惠金融发展、畅通内外循环、建设信用社会具有不可替代的作用。

2015 年 9 月国务院印发的《促进大数据发展行动纲要》首次提出要推动大数据与征信融合发展，促进社会信用体系建设。《中华人民共和国国民经济和社会发展第十四个五年规划和 2035 年远景目标纲要》进一步提出，要加快构建全国一体化大数据中心体系，鼓励企业开放搜索、电商、社交等数据，加强信用信息归集、共享、公开和应用，推广惠民便企信用产品与服务。建立公共信用信息和金融信息的共享整合机制，培育具有国际竞争力的企业征信机构和信用评级机构，推动信用服务市场健康发展。让数据"发声"的大数据技术与"信息高度密集"的征信行业具有天然的契合性。大数据征信的发展使得征信的应用范围从金融领域逐渐拓展到数字经济和社会生活的方方面面，信用信息日益成为个人和企业的"经济身份证"。

五、大数据在反洗钱中的应用

洗钱活动主要发生在金融领域，处于反洗钱核心地位的商业银行均已依据中国人民银行发布的《金融机构大额交易和可疑交易报告管理办法》等相关要求，建立了一套完整的反洗钱监测报送系统。面对数量庞大的可疑交易数据，工作人员需要在一定时间内完成对所有疑似参与洗钱活动的相关客户及交易的数据审核，工作繁杂耗时；传统反洗钱工作采用的"模型筛查＋名单监控＋人工甄别"可疑交易分析报告监测模式，未能充分利用相关业务数据的潜在价值。

运用大数据挖掘等智能技术对反洗钱工作进行优化，将提高数据分析能力及加快可疑模型识别进度，实现对多元化数据源的有效整合，并使数据监测向数字化、智能化发展，帮助银行端更加精准地定位洗钱活动相关客户及交易，降低人工审核的工作负担。充分运用大数据等新兴技术，对现行的反洗钱可疑模型进行迭代升级，以科技赋能反洗钱业务提质增效，已成为金融科技时代商业银行反洗钱业务发展的必由之路。

任务四　大数据金融发展面临的机遇与挑战

一、大数据金融发展面临的机遇

我国已经具备了加快大数据技术创新的良好基础。"十三五"期间国家重点研发计划实施了"云计算和大数据"重点专项，当前科技创新 2030 大数据重大项目正在紧锣密鼓地筹划、部署中。我国在大数据内存计算、协处理芯片、分析方法等方面突破了一些关键技术；国内互联网公司推出的大数据平台和服务，处理能力跻身世界前列。大数据技术具有良好的发展势头，大数据金融发展面临的机遇良多。

（一）挖掘非结构化数据价值

公开资料显示，超过 80% 的商业信息是以非结构化数据存在的。在大数据金融领域，挖掘非结构化数据的价值具有广阔的应用前景。随着微博、论坛等社交媒体的发展和手机 App 的广泛应用，以文本为主的非结构化数据将为金融机构的客户关系管理（CRM）系统提供大量有价值的信息，金融机构可依托大数据创建增长模型，使金融营销更智能高效；同时，金融机构可以比以往更了解消费者的行为习惯，推出新产品时不需经过冗长的调研、分析和讨论，而是分析消费者的访问、评论及推荐等非结构化数据，预判消费者需求，科学设计产品。

（二）云计算支撑大数据运用

早在2016年中国银监会就对银行业上云给出了明确的时间表，要求2020年面向互联网场景的重要信息系统，必须全部迁移至云计算架构平台，而其他系统的迁移比例不低于60%。大数据与云计算之间并非相互独立的概念，云计算是实现大数据存储与计算的基础，大数据应用是云计算的目标。随着商业银行加快核心业务上云的速度，未来大数据在金融领域会实现更广阔的发展和运用。

（三）利用开源软件拓展大数据金融应用

将数据挖掘结果融入具体的金融机构业务系统才能实现不同的业务功能，让大数据金融真正落地。大数据的关键技术都依赖于开源平台或软件，如精准营销系统、App推送系统、业务体验优化系统、客户综合管理系统、风险控制系统等大数据金融应用都离不开Hadoop等开源平台或软件的部署。随着Hadoop、Spark等开源平台或软件的不断发展，未来大数据金融的运用将更加高效智能。

（四）打造大数据金融生态圈

金融生态圈通过大数据平台关联上下游企业数据，构建共赢的产业金融生态圈。打造开放合作的大数据金融生态圈，可以更科学地服务产品设计、市场营销等环节。例如保险公司在研发新型母婴类保险产品时，可以加强与医院、母婴App和线下商场的合作，及时获取相关数据，精准预测消费者需求，合理形成市场定位，与上下游企业合作，形成完整的商业闭环。

（五）发展农村大数据金融

农村经济快速发展和农业产业化，都从客观上要求农村金融走向数字普惠的道路。首先，以大数据思维应对农村金融市场，对农村金融客户及农村金融产品进行准确定位，简化农村金融产品开发流程，提高农村金融产品更新速度。其次，大数据技术助力金融机构实现精准营销，通过与平台产业融合，将农村金融产品嵌入农村地区各消费场景，构建良好的农村金融生态环境。最后，运用大数据技术分析农户消费习惯、融资偏好与风险承受能力等数据，实现农村金融贷款的批量化与标准化发放，提质增效，全面提升农村金融竞争力。

二、大数据金融发展面临的挑战

（一）数据共享不足

银行内部共享不充分。公开资料显示，银行业每创收100万元，平均产生130GB数据，数据产量高居各行业之首。但金融企业内部的数据却处于割裂状态，业务条线、职能部门、渠道部门、风险部门等各个部门数据依然缺乏顺畅的共享机制，导致海量数据处于分散和"睡眠"的状态，虽然金融业拥有的数据量"富可敌国"，但真正要利用时却"捉襟见肘"。

行业间缺乏共享数据平台。在金融大数据收集和积累方面，单一金融机构掌握的客户信息是有限的，建立行业间数据共享机制，汇总金融、交通、电信、制造等多个行业数据，可以提升资信评估的可靠性，或者依托专业金融数据公司、征信机构，进行标准化、多样化数据获取，让银行能以较低的成本高效扩充客户量、持续更新客户数据。

（二）数据安全保障

金融数据资源不断丰富，隐私安全问题日益凸显。数据资源已经成为金融机构的核心资产，但在数据资源的采集、处理与运用过程中，隐私泄露风险依然存在，甚至对宏观经济安全造成威胁。许多网络犯罪集团试图利用金融机构的数字化转型开展非法活动，大数据金融的发展对金融机构数据安全与网络安全的风险防范提出了更高的要求。

大数据技术改造金融机构，日常运维面临新挑战。为了加速金融要素流动，IT系统会在金融场景中不断放宽数据的访问权限，公开更多数据。虽然金融结构会对这些数据进行技术加密，但随着金融业务的扩张，金融机构的硬件可能无法满足海量数据的加密要求，这些都对金融机构数据的日常维护提出了更高的要求。

（三）金融风险外溢

大数据技术催生业务模式创新，易造成风险管理方法与工具无法匹配大数据金融发展需求的问题。传统金融风险管理工具是对传统金融业务及其技术架构进行针对性的设计与安排。大数据创新模糊了不同金融业务的边界，加速了金融风险的外溢。大数据技术赋能商业模式创新，衍生出许多新金融模式，打破了传统金融服务边界，经营环境不断开放，逐渐呈现混业经营特征；然而，大数据运用场景的跨市场和跨行业特征使得不同类型金融业务的关联性增强，从而使金融风险更复杂且传染性更强。大数据使金融资源的流通和配置速度加快，同时也打破了传统金融风险传导的时空限制。

思政课堂

发展大数据应用，实现普惠金融

普惠金融是以减缓、消除金融排斥和提高金融服务可得性为出发点，秉持金融的哲学人文发展理念，以金融福祉分配的公平合理为原则，坚持金融服务最广泛社会大众的发展目标，以"共享性"金融和"包容性"金融的发展方式优化金融发展路径。

中国人民银行印发《金融科技发展规划（2022—2025年）》，提出新时期金融科技发展指导意见，明确金融数字化转型的总体思路、发展目标、重点任务和实施保障。该规划指出，要坚持"数字驱动、智慧为民、绿色低碳、公平普惠"的基本原则，以加强金融数据要素应用为基础，以深化金融供给侧结构性改革为目标，以加快金融机构数字化转型、强化金融科技审慎监管为主线，将数字元素注入金融服务全流程，将数字思维贯穿业务运营全链条。

随着互联网和大数据等信息技术的不断发展，普惠金融逐步实现从传统普惠金融向数字普惠金融的跨越式发展。大数据为普惠金融数字化革新提供了全新解决方案：首先，大数据技术降低了普惠金融的交易成本，促进普惠金融服务下沉，改变金融的服务边界；其次，大数据技术提升了普惠金融风险识别能力，增强了风险控制有效性；最后，大数据技术拓宽了普惠金融服务的供给范围，增加了普惠金融的竞争性供给。

大数据金融可以为中小微企业和弱势人群提供成本可负担的金融服务，具有更高的包容性，提升了金融服务乃至经济发展的公平性。

■■■■■■■■■■■■■■■■■■■■■■ 模 块 小 结 ■■■■■■■■■■■■■■■■■■■■■■

1. 大数据是一种规模大到在获取、存储、管理、分析方面大大超出传统数据库软件工具能力范围的数据集合；具有数据海量、高速流转、类型多样和价值密度低四大特征。

2. 大数据技术有赖于云计算、分布式系统、数据挖掘等技术的支持。

3. 大数据处理的流程包括数据采集、数据存储、数据处理、数据挖掘、数据可视化等环节。

4. 根据数据体量、数据类型、数据来源的不同，选择不同的方法来采集数据。

5. 存储大数据的数据库可分为关系型数据库和非关系型数据库。

6. 数据预处理包括数据清洗、数据集成、数据规约和数据转换等过程。

7. 数据挖掘分为监督学习和无监督学习。决策树、贝叶斯算法、神经网络、集成学习等属于监督学习模型；关联规则、聚类算法等属于无监督学习模型。

8. 大数据应用将提升商业银行的核心竞争力，可以助力商业银行精准营销、服务升级、信用评估、风险管理等。

9. 大数据技术赋能证券与基金行业发展，在量化交易、大数据基金、智能投顾、投研管理等领域都得到了应用。

10. 大数据金融在非结构化数据价值挖掘、金融生态圈打造、农村大数据金融等方面的发展机遇良多；大数据金融面临数据共享、数据安全保障、金融风险外溢防范等方面的挑战。

■■■■■■■■■■■■■■■■■■■■■■ 模 块 测 评 ■■■■■■■■■■■■■■■■■■■■■■

一、单选题

1. 以下说法不符合大数据思维的是（　　）。

A. 全体数据　　　　B. 近似求解　　　　C. 只看关联　　　　D. 只看因果

2. 分布式计算依赖于分布式架构模型（　　）。

A. Common　　　　B. HDFS　　　　C. MapReduce　　　　D. Yarn

3. 以下关于 MapReduce 过程描述，正确的是（　　）。

A. shuffle 将大规模数据处理作业拆分成多个可独立运行的任务

B. map 阶段任务分布到多台处理机上运行，不产生中间结果

C. reduce 任务合并生成最终的输出文件

D. map 和 reduce 可以同时进行

4. 从关系型数据库中采集数据时使用（　　）。

A. Sqoop　　　　B. Flume　　　　C. Hadoop　　　　D. Kafka

5. 采集 Web 信息系统端上数据的方法叫作（　　）。

A. 采集器　　　　B. 埋点　　　　C. 射频识别　　　　D. AIDC

6. 以下关于非关系型数据库的说法，错误的是（　　）。

A. 非关系型分布式数据存储系统

B. 以键值对来存储，结构不稳定，每一个元组可以有不一样的字段

C. NoSQL 易于横向拓展

D. 需要建表、建字段

7. 道格·卡廷（Doug Cutting）以谷歌的三篇论文为基础，用 Java 语言实现了（　　）。

  A. Spark   B. Hadoop   C. Flume   D. Kafka

8. 以下关于数据规约的说法，错误的是（　　）。

  A. 可通过主成分分析法降维

  B. 可通过参数模型缩减样本数量

  C. 数据规约会影响挖掘结果

  D. 可通过转换来简化原始数据

9. 以下关于无监督学习模型的说法，错误的是（　　）。

  A. 关联规则属于无监督学习模型

  B. K-means 属于关联规则

  C. 质心不再移动时，聚类算法迭代结束

  D. 关联规则认为，两事物间存在关联，则一个事物能通过另一事物进行预测

10. 商业银行精准营销的内容不包括（　　）。

  A. 目标客户的精准定位

  B. 传播途径的选择

  C. 对客户风险等级进行动态调整

  D. 营销活动执行的趋势分析和异常监控

二、多选题

1. 以下说法属于大数据特征的是（　　）。

  A. 数据海量   B. 高速流转

  C. 类型多样   D. 价值密度高

2. 以下属于半结构化数据的是（　　）。

  A. XML   B. 日志文件

  C. PPT   D. JSON 文档

3. 以下数据库属于关系型数据库的有（　　）。

  A. SQL Server   B. Oracle

  C. Redis   D. Mysql

4. 数据转换的途径包括（　　）。

  A. 归一化   B. 离散化

  C. 概念层次生成   D. 数据脱敏

5. 下列关于神经网络的说法，正确的是（　　）。

  A. 一种自适应的学习系统

  B. 将样本分为训练组和测试组

  C. 属于无监督学习模型

  D. 一种类似于神经突触连接的结构

6. 下列关于集成学习的说法，正确的是（　　）。

A. 连续调用单个学习算法

B. 随机森林是基评估器

C. 决策树是集成评估器

D. 随机森林的准确率通常高于决策树

7. 下列关于量化交易的说法，正确的是（　　）。

A. 以程序指令代替人工操作

B. 易受交易员情绪波动影响

C. 往往依托统计学与数学建模

D. 研究"小概率"事件以制定投资策略

8. 下列关于大数据金融发展机遇的说法，正确的是（　　）。

A. 分析客户的评论、推荐等非结构化数据可以预判客户需求

B. "数据上云"是大数据计算的基础

C. 大数据金融应用可依托 Hadoop 等平台进行部署

D. 构建大数据金融生态圈的目的在于形成完整的商业闭环

三、判断题

1. 从消息列表中采集信息时使用 Kafka。（　　）

2. Hadoop 的存储核心是 Yarn 模块。（　　）

3. 数据脱敏属于数据规约。（　　）

4. 决策树算法自底向上递归，可用于分类和预测。（　　）

5. 雷达图适用于四维以上数据，且数据点个数没有上限。（　　）

6. Tableau 是一种数据可视化工具，通过简单拖拽即可完成操作。（　　）

7. 智能投顾是人工智能技术在金融领域的应用，无须大数据支持。（　　）

8. 大数据技术可帮助银行端更精准地定位洗钱活动的相关客户及交易。（　　）

四、简答题

1. MapReduce 将产生数据的应用系统分为哪四类？

2. 监督学习模型与无监督学习模型的分类标准是什么？

3. 量化交易的优势是什么？

4. 大数据技术在保险领域有哪些应用？

综合实训

实训内容：以小组为单位，学习数据采集、数据查询、数据挖掘等大数据技术知识与技能。

实训目的：认识和了解大数据处理的主要环节及工具。

实训步骤：

1. 搜索 BaoStock 平台，查找平台的 Python API 接口文档，仔细阅读示例说明和参数含义，将文档复制粘贴至 Jupyter Notebook，修改相应参数，获取 A 股市场任意一只股票 3 年内的日 K 线数据和 30 分钟 K 线数据。

2. 打开 Hadoop 官网（如下图所示），翻译官网对 Hadoop 平台的功能介绍。了解 Hadoop 官网主页相关项目 "Related Projects" 的内容。

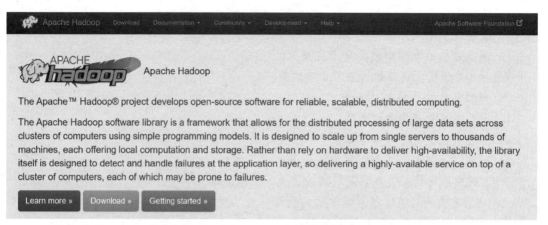

3. 查找资料，了解决策树等模型在量化投资择股、择时中的应用。

模块 四

云计算及其应用

学习目标

● 知识目标
1. 了解云计算的部署模式，云计算在金融领域应用的特点、机遇和风险；
2. 熟悉云计算在金融领域应用的驱动因素；
3. 掌握云计算的概念、特点和服务模式。

● 技能目标
1. 能够结合所学判断金融机构所部署的云计算属于哪种模式；
2. 能够对金融业务"上云"所带来的变革及面临的风险进行分析。

● 素养目标
认识"东数西算"部署对我国的重要战略意义。

思维导图

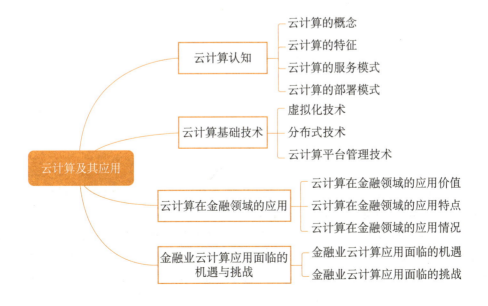

云计算：数字经济"新引擎"

很多人上下班或出行时会打开手机 App 看看附近哪里有共享单车，然后找到车，通过手机扫一扫，"咔嚓"一声自行车锁便打开了，他们骑车一溜烟上路。这样的模式早已成为很多人的习惯，可谁能想到千千万万辆一扫码就开锁的共享单车的后台是架设在公有云上的呢？这些年，在中国各种共享经济风起云涌，背后的云计算是重要支撑。

可能很多人还没有意识到，其实我们今天生活的很多方面都离不开云计算，可以说我们已经生活在"云"上了：从"双 11"剁手购物到登录 12306 网站抢票，从春节抢红包到热点新闻"上热搜"。如果没有云计算，这些网站很难以更经济的方式支撑起如此庞大的"峰值应用"。阿里巴巴前副总裁郭继军表示，"峰值应用"一直都存在，过去应对这样的应用，企业需要花大量的资金，但是在流量不高的时候计算资源又大量闲置。因此，云计算的出现让这些应用可以按需购买计算，节约了大量的资金。现在按需购买计算已经成为企业信息化很普遍的消费方式。

从 2009 年开始，经过十几年的发展，中国的云计算已经从概念导入进入广泛普及、应用繁荣的新阶段，已经成为提升信息化发展水平、打造数字经济新动能的重要支撑。如今，上云已经成为社会各界的共识，各个行业云如金融云、医疗云、电信云、能源云、交通云等正加快应用。云计算广泛应用的同时，云计算产业也在快速发展。2021 年，中国的云计算市场规模突破 3 000 亿元，达到 3 030 亿元，同比增长约 45%。

云计算是数字基础设施的重要组成部分，是推动数字经济发展的原动力。未来随着产业数字化转型的进一步发展和国家政策的推动，中国的云计算市场前景必将更加明朗、广阔。

那么，大家了解云计算吗？大家知道云计算是如何赋能数字经济的吗？

任务一　云计算认知

一、云计算的概念

2006 年 8 月，谷歌首席执行官埃里克·施密特在搜索引擎大会上首次提出"云计算"（Cloud Computing）的概念，同年亚马逊推出了云计算产品。次年，IBM、谷歌等公司将内部的一些分布式计算项目称为"云计算"。此后十几年，随着产业界更多企业的广泛参与，云计算的概念不断扩展，范围不断拓宽。目前，业内比较公认的云计算定义是由美国国家标准与技术研究院（National Institute of Standards and Technology，NIST）于 2011

年9月发布的，该定义指出：云计算是一种无处不在、便捷且按需对一个共享的可配置计算资源（包括网络、服务器、存储、应用和服务）进行网络访问的模式，它能通过最少量的管理以及与服务商互动实现计算资源的迅速供给和释放。

广义地讲，云计算是与信息技术、软件、互联网相关的一种服务，它把诸多计算资源集合起来，通过软件实现自动化管理。这种计算资源共享池称为"云"。简单来理解，"云"实质上就是一个网络，是一种提供计算资源的网络。云端的计算资源可作为一种商品，在互联网上流通，使用者可以随时按需获取"云"上的资源，并且对每个用户来讲，这种资源是可以无限扩展的，只需要按照使用量付费即可。

举例来讲，如果一家企业想要构建一个IT系统，传统上，它就需要建立机房、冷却系统、数据中心，采购宽带、网络、服务器、储存空间和复杂的软件等。这不仅消耗大量的人力、财力、物力资源，而且还面临系统要不断维护和升级换代的需求。出于对成本的考虑，大部分中小型企业可能会放弃这个想法。大型企业虽然有足够的资金来支持应用的建立，但会发现应用的后续开销会随着应用要求增加和应用规模增大而不断提高，同时即使企业内部有一支出色的IT团队，也很难满足用户对系统的需要。

而云计算的出现，以一种类似租赁的方式解决了这一难题。云服务商通过提供基础设施（如计算、存储、网络等平台）供企业开发人员使用，让开发人员可更专注于应用程序本身，或直接提供用户所需的软件以满足不同企业的不同需求。将应用部署到云端后，企业只需要根据需求支付相应的费用，而不必再关注复杂的硬件、软件问题，将难题都交由云服务商的专业团队解决，软件的更新和扩展也都能自动完成。因此，云计算的出现大大简化了繁杂的应用构建流程。

根据NIST对云计算的定义，云计算的可视化模型如图4-1所示。

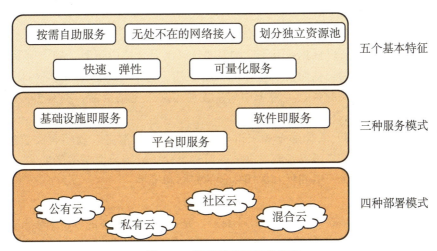

图4-1　云计算的可视化模型

二、云计算的特征

（一）按需自助服务

用户不需要或很少需要云服务商的协助，就可以单方面按需获取并使用云端的计算资源。用户按需自助服务不仅可以降低使用成本，还可以对资源进行灵活的配置。

（二）无处不在的网络接入

用户可以随时随地使用任何云终端设备接入网络并使用云端的计算资源。常见的云终端设备包括手机、平板电脑、笔记本电脑和台式电脑等。

（三）划分独立资源池

根据用户的需要来动态地划分或释放不同的物理和虚拟资源，这些池化的服务商计算资源以多租户的模式提供服务。用户并不经常控制或了解这些资源池的准确划分，但知道这些资源池在哪个区域或数据中心，包括存储、处理、内存、带宽及虚拟机个数等。

（四）快速、弹性

云计算拥有一种快速、弹性提供和释放资源的能力。也就是说，用户在需要时能快速获取资源从而扩展计算能力，不需要时能迅速释放资源以便降低计算能力，从而减少资源的使用费。对于用户而言，云服务商提供的计算资源是可以无限获取的，并且可随时随地通过量化方式购买。

（五）可量化服务

用户对云上资源的使用情况是可以被量化的，云系统通过可量化的方式（如存储、处理、带宽及活动用户数）来自动控制和优化资源的使用。资源的使用情况被云服务商监测和控制，并及时输出使用报表和透明的报告，据此向用户收费。

三、云计算的服务模式

（一）基础设施即服务

基础设施即服务（Infrastructure as a Service，IaaS），是指通过网络将 IT 基础设施能力（如服务器、存储、计算能力等）提供给用户使用，并根据用户对资源的实际使用量进行计费的一种服务。

IaaS 将服务器、存储、网络等基础设施抽象形成资源池，并通过多租户技术以服务的方式提供给用户，用户可以根据业务系统的需要选择配置合适的资源，确定所需的资源数量，定义资源的使用逻辑，从而实现整体的系统架构。与平台即服务和软件即服务相比，IaaS 所提供的服务是底层服务，但对于用户来说使用起来更加灵活，拥有更大的控制权，也最接近用户自建的 IT 资源。

对于一家需要构建 IT 系统的企业来讲，通过购买 IaaS 服务，就不再需要进行机房、计算机网络、磁盘柜和服务器等基础设施的建设和管理，只需要向服务商购买，就可以直接进行操作系统、数据库、中间件和应用软件的安装和维护。

（二）平台即服务

平台即服务（Platform as a Service，PaaS），是指将一个完整的软件研发和部署平台，包括应用设计、开发、测试和托管，作为一种服务提供给用户。相对于 IaaS 云服务商，PaaS 云服务商不仅要准备服务器、网络、机房等硬件，还需要安装操作系统等平台软件。而 PaaS 用户则只需要根据自己的业务逻辑，专注于开发和调试应用软件或配置和使用应用软件即可，无须过多关注底层资源，从而大大加速了软件的开发和部署。

PaaS 的服务对象主要包括企业 IT 部门和软件开发商。用户使用 PaaS 提供的编程语言、库、服务以及工具来构建应用程序，从而提高了开发效率。依托 PaaS 的运维能力，开发商无须管理和控制底层的云基础设施，包括网络、服务器、操作系统和存储，只需关注自身业务的运维。

PaaS 与 IaaS 的区别在于，IaaS 主要提供了计算、存储、网络等基础设施服务，PaaS 则为开发人员提供了构建应用程序的开发测试环境、部署工具、运行平台，包括数据库、中间件、缓存、容器管理等，更便于开发人员使用。

（三）软件即服务

软件即服务（Software as a Service，SaaS），是一种全新的软件使用模式，软件提供商将应用软件统一部署在自己的服务器或云计算平台上，通过互联网对外提供服务，用户可以根据自己的实际需要，在 Web 页面上订购所需的应用软件，并按订购的应用软件数量和使用时长付费。用户无须对软件进行维护，云服务商会负责软件的维护和升级。

SaaS 的服务对象包括个人和企业。面向个人的 SaaS 产品有在线文档编辑、表格制作、账务管理、文件管理、日程计划、照片管理、联系人管理等。面向企业的 SaaS 产品主要有客户关系管理（customer relationship management，CRM）系统、企业资源计划（enterprise resource planning，ERP）、人力资源管理（human resource management，HRM）系统、办公自动化（office automation，OA）系统等。

提供 SaaS 服务的云服务商，既可以自主搭建数据中心、操作系统、中间件和数据库，还可以选择向 IaaS 和 PaaS 服务商购买产品和服务。

知识拓展 4-1

中国电信天翼云 2021 年的业绩表现亮眼

2022 年 3 月，中国电信发布了 2021 年财报，其中天翼云业务格外亮眼，收入为 279 亿元，同比增长 102%，收入实现翻倍。财报显示，天翼云拥有弹性计算、分布式存储等 50 多项核心技术；算力、存储、网络等 200 款产品；200 多万商业客户。IDC（国际数据公司）发布的《中国公有云服务市场（2021 上半年）跟踪》报告显示，中国电信天翼云位居中国公有云服务市场前四。此外，天翼云稳居业界第一阵营，保持在政务服务公有云市场的领先地位。

自 2009 年发布云计算战略以来，中国电信经历了云计算市场的四大关键变化，包括客户主体、需求主体、服务模式和发展阶段的变化。天翼云推出的计算体系框架包括资源云（IaaS，基础设施即服务）、能力云（PaaS，平台即服务）、云应用（SaaS，软件即服务）三个层面：资源云即通过中国电信云数据中心、网络等为客户提供基础资源服务，包括云主机、云存储等；能力云是将传统通信能力和互联网应用能力相结合，通过标准化接口开放，为软件开发商提供开发、测试、运行环境；云应用是基于中国电信的云计算资源和智能云网络，将通信能力开放，并与行业信息化应用相结合。

四、云计算的部署模式

（一）私有云

私有云一般是为某个用户单独使用而构建的，云服务商根据用户需求为其进行专属定制，因此能够在数据安全性和服务质量方面实现最有效的管控。私有云的核心是专有资源。私有云的优点在于数据安全性高，服务专属且质量有保障，同时对企业原有系统具有良好的兼容性。但其可扩展性和规模经济效应相对于公有云还是比较薄弱的。

私有云的主要客户是大中型政企机构，如对数据安全性敏感的政府部门、银行、电信等。例如，政务云就是一种由政府主导建设和运营、面向政府机构的私有云。建设政务云，一方面可以避免重复建设，节省建设资金；另一方面可以通过统一的标准，有效促进政府各部门之间的互联互通、业务协同，避免产生"信息孤岛"，有利于推动政务大数据的开发和利用。

（二）社区云

社区云的核心特征是云端资源只给两个或两个以上的特定组织提供。参与社区云的组织具有某些共同的需求，如云服务模式、安全级别、任务或政策等。具备业务相关性或隶属关系的组织构建社区云的可能性更大一些，因为一方面能降低各自的费用，另一方面能共享信息。比如：深圳市的酒店联盟组建酒店社区云，以满足数字化建设和酒店结算的需要；由一家大型企业牵头，与供应商共同组建社区云；由国家卫健委牵头，联合各家医院组建区域医疗社区云，各家医院通过社区云共享病例和各种检测化验数据，这能极大地方便患者就医并降低费用。

（三）公有云

公有云通常是指由第三方服务商为用户提供的云。公有云是放在互联网上的云服务，大部分互联网企业提供的云服务都属于公有云，其核心是共享资源。该服务的对象是所有用户，主要为中小型企业、开发者以及个人消费者。该服务的主要提供商为互联网企业、IT 企业和电信运营商，如网易、阿里、腾讯、浪潮等。比较典型的公有云包括 AWS、阿里云、腾讯云、网易云等。

公有云的优势在于具有强大的可扩展性，以及能通过平台积累用户、实现规模共享经济。但在用户数据安全性、访问性能及集成已有系统等方面仍有较大的进步空间。

知识拓展 4-2

AWS：强调公有云的建设

AWS（Amazon Web Service）是全球市场份额最大的综合性云计算厂商之一。AWS 内生于亚马逊的电商业务，因为电商客流峰值和低谷明显，对服务器的弹性需求明显。亚马逊将部分闲置服务器出租给其他企业，逐渐形成了弹性好、可用性高的公有云平台。AWS 强调公有云的建设，为企业客户提供多层次、多类型的服务，降低计算、存储、传输成本，为客户的多种业务场景赋能。

AWS 云计算服务产品线可分为弹性计算、数据库、数据分析产品、存储与迁移服务、开发工具、人工智能产品等，全面覆盖了 IaaS、PaaS、SaaS 层，并且持续发布新品，保持领先地位。AWS 顺应当下大数据、人工智能、区块链等新技术的发展趋势，且不断有新功能上线。AWS 已实现规模化盈利，行业客户覆盖较为全面。除了游戏、电商、媒体等互联网领域，AWS 的服务逐渐向全球制造、交通、医疗等传统行业拓展，实现了业务场景的多元化。近几年来，在屡次降价的前提下，AWS 仍然实现了 20%～30% 的毛利率。2018 年第一季度，AWS 为亚马逊贡献了 72.7% 的营业利润。与电商业务和其他业务相比，云服务是亚马逊最赚钱的业务。

(四）混合云

混合云由两个或两个以上不同类型的云（私有云、社区云、公有云）组成，每种云都保持独立，但用标准的或专有的技术将它们组合起来，可以发挥出多种云计算模式各自的优势。如公有云和私有云的混合就可以最大限度地发挥两种云的优势。公、私混合云的优势包括：

（1）可安全扩展。私有云的安全性比公有云高，但公有云所具有的海量资源又是私有云无法企及的。混合云可以较好地发挥二者的优势，一方面将企业内部的重要数据保存在私有云中，另一方面使用公有云的计算资源，从而更高效、快捷地完成工作。

（2）成本可控制。私有云一般按照企业业务的近期需求来配置容量，不会预留太多的资源，因此在业务高峰期会出现资源不足的情况，如果为了满足高峰期的需求购入大量资源，就会使投资收益率降低，而采用混合云则可在一定程度上解决这个问题，在业务高峰期将访问引导到公有云上，以缓解私有云的访问压力。

（3）新技术引入。私有云追求的是整个系统的安全稳定和高可靠性，公有云上的产品和服务的丰富程度远高于私有云，而且产品和服务的上线和更新速度很快。混合云突破了私有云的限制，让企业可以迅速体验新产品。此外，在引入私有云之前经过了充分的测试，这降低了企业引入新服务的成本。

任务二 云计算基础技术

云计算不是一种全新的网络技术，而是一种新的数据密集型超级计算模式和服务模式，它以数据为中心，融合运用了多项信息与通信技术，通过网络让每一个互联网用户都可以使用网络上庞大的计算资源和数据中心，是传统技术"平滑演进"的产物。云计算的关键技术包括虚拟化技术、分布式技术和云计算平台管理技术三大类。

一、虚拟化技术

虚拟化技术是云计算底层架构的重要基石。所谓虚拟化，是指通过技术将一台计算机虚拟化为多台逻辑计算机。在一台计算机上同时运行多台逻辑计算机，不同的逻辑计算机可以运行不同的操作系统，而且应用程序可以在相互独立的空间内运行而互不影响，从而显著地提高了计算机的工作效率。

虚拟化技术源于大型机的虚拟分区技术。早在20世纪60年代，IBM的大型计算机价格高昂，而且相对于当时的计算任务来说，机器的计算能力太过强大，单独执行某一任务对机器来说是一种极大的资源浪费。因此，IBM就发明了一种操作系统虚拟机技术，借助该技术，在一台主机上能运行多个操作系统，使用户可以最大限度地利用昂贵的大型机资源。

后来随着个人计算机处理能力的不断提升，1998年VMware公司成立，这家公司专注于通过软件来解决机器虚拟化问题。也就是说，对于不支持逻辑分区的计算机，可以直接通过安装VMware公司的虚拟化软件来模拟更多的虚拟机，然后在这些虚拟机里安装不同的操作系统和应用软件，从而将计算资源进行有效分区，实现资源的充分利用。

虚拟化技术作为一种资源管理技术，对计算机的各种实体资源，如服务器、网络、存储等进行抽象、转换并将其呈现出来，打破实体结构间不可分割的障碍，使用户可以比原来的组态更好的方式来应用这些资源，并构建出最能满足自身需求的应用环境，从而节省了成本，提高了资源的利用率。这些资源的虚拟部分不受现有资源的放置方式、地域及物理形态的限制。

虚拟化技术在云计算的应用中主要表现在两种模式：一是将一台性能强大的服务器虚拟成多个独立的小服务器来满足不同用户的需求；二是组合多个服务器以虚拟一台更强大的服务器来满足用户的特定需求。

二、分布式技术

云计算实现规模化应用的一个重要原因是，原来只能依靠大型机单独处理的复杂计算任务，如今可以方便地切分成若干小任务，由多台廉价的服务器协同完成，这正是分布式技术发展所做出的巨大贡献。

在分布式技术出现之前，一般是由一台主机对系统中的所有数据和信息进行集中式的存储、计算和处理。这样的部署结构虽然简单明了，但很可能由于系统过大而难以维护，发生单点故障（即单个节点发生故障会波及整个系统或网络，从而导致整个系统或网络瘫痪）等问题。而且，随着海量数据的产生，任何的单点系统部署都难以满足现实的数据处理需要。

比如，对于淘宝网而言，每天都有几千万甚至上亿的用户同时访问，此时任何单个大型集中式系统都无法承载如此多的访问量。而分布式系统通过大量机器协作，不仅满足了日常交易需要，而且也经受住了每年"双 11"大促同时处理海量交易的考验，满足了用户需求。如果没有分布式技术的应用，这样的场景是很难想象的。

所谓分布式，就是将一件事情分给多台计算机做，所有计算机一起合作来完成任务。分布式意味着可以将更多的计算机组成分布式集群对外提供服务。计算机越多，能够处理的并发访问量和数据库也就越大。那么，分布式系统中的任务又是如何被分给一个又一个计算机节点的呢？根据对数据的处理方式的不同，分布式技术又可分为分布式存储和分布式计算。

（一）分布式存储

分布式存储，就是指在一个大型存储任务中，将数据分散存储在多台独立的设备上。每个节点都只存储其中的一部分数据。通过将数据分发到不同节点进行存储，一方面可以满足海量数据并发存储的需要；另一方面可以提高整个系统的性能，即便其中的部分节点发生故障，其他节点的数据存储也不受影响。

另外，为了保证数据的安全性和系统的容错性，也就是保证在某一计算机节点发生故障时存储数据不至于丢失，整个系统仍可正常运行，分布式存储一般采用冗余技术来提供保障。即由多个计算机节点负责同一存储任务，这样即便某个计算机节点出现问题，系统仍可从其他计算机节点的存储信息中读取数据。

（二）分布式计算

分布式计算是指利用分布式技术来解决计算问题。设想某航空公司要实现网页广告的精准投放，首先要对自身需求进行分析，然后通过数据筛选进行目标客户定位，最后进行广告的精准投放。当目标客户浏览网站时，网站广告位快速向网络广告交易平台发送请求，使后者可以快速对客户属性进行判断，如果与航空公司的定位相匹配，就会激活广告位，将动态信息定向发送给目标客户。

在推送网页广告的过程中，需要对客户的大量浏览信息进行数据分析，从而实现对客户的精准投放。这样的计算任务对传统的计算模式来说非常困难，可能分析完这些信息需要十几天的时间。但是通过分布式计算技术可以把这样一个需要大规模计算能力的任务分拆成许多小任务，然后把这些小任务分配给大量的计算机处理，最后通过综合这些计算结果来得到最终的结果，极大地提升了运算效率。

分布式技术是云计算的技术基础之一，与传统计算机技术相比，其特点如表 4-1 所示。

表 4-1　分布式技术的特点

序号	特点	说明
1	低成本	分布式系统的性价比远远高于单个大型集中式系统
2	高性能	具有高吞吐量、高并发和低时延的特点
3	多用户	可以面向多用户同时工作
4	分布式	分布式系统中的计算机不受地理位置的限制
5	协同工作	与在地理上相距较远的人员一起进行工作
6	高可靠性	部分计算机出现故障，其他计算机不受任何影响
7	高可扩展性	通过增加计算机节点，满足系统的扩展性需求，而且无须进行数据迁移

三、云计算平台管理技术

云计算需要统筹的资源规模庞大，是一个系统服务器数量众多、结构不同并且分布在不同物理地点的数据中心，同时它还运行着成千上万种应用，不同用户还有着不同的需求。有效地管理云环境中的这些服务器，并保证整个系统不间断提供服务是一个巨大的挑战。云计算平台管理系统可以被看作云计算的"指挥中心"，通过云计算平台管理技术能够使大量的服务器协同工作，方便业务部署和开通，快速发现问题并恢复系统的正常工作，通过自动化、智能化的手段实现大型系统的可靠运营和管理。

思政课堂

实施"东数西算"工程　夯实数字经济发展底座

2022 年 2 月，国家发改委、中央网信办、工信部、国家能源局联合印发通知，同意在京津冀、长三角、粤港澳大湾区、成渝、内蒙古、贵州、甘肃、宁夏八地启动建设国家算力枢纽节点，并规划了 10 个国家数据中心集群。至此，全国一体化大数据中心体系完成总体布局设计，"东数西算"工程正式全面启动。"东数西算"工程被认为是继"南水北调""西电东送""西气东输"之后的又一重大基础设施工程。该工程以高速智能通信网络为根基，旨在实现我国东西算力的均衡布局，优化算力成本，进一步夯实"十四五"时期数字经济发展的底座。

近年来，我国数据中心产业发展迅速。2021 年中国国际大数据产业博览会公布的数据显示，2015—2021 年，我国数据中心由 124 万家增长到 500 万家。中国信息通信研究院 2021 年 9 月发布的《中国算力发展指数白皮书》显示，2020 年我国算力规模的增速达 55%。

"东数西算"是优化全国算力资源整体布局的关键一招。虽然我国算力规模的增速较快，但数据中心布局供需结构性失衡的现象较为突出。我国东部地区经济发达，互联网行业蓬勃发展，产生了庞大的数据，需要大量的算力支持，但数据中心供不应求。而在经济不发达的西部地区，产生的数据较少，数据中心却日益增多，导致供过于求。实施"东数西算"工程可以有效解决东部算力不足问题，同时改善西部地区有算力无数据的境地，有利于优化东西部算力资源的配置，提高全国算力资源利用效率。

"东数西算"是推动数字经济绿色可持续发展的破题点。建设绿色、节能的数据中心是适应庞大数据处理需求的必然要求。"东数西算"工程强调绿色发展，提出建设绿色低碳的数据中心，在建设模式、标准和技术等方面发掘节能潜力，并对八大算力枢纽提出了绿色节能等发展目标。

"东数西算"是构建东西部协调发展新格局的重要纽带。当前，东部拉动西部的传统经济发展模式已不能满足发展需要，推动"东数西算"成为东西部协同发展的新路径。目前，东西部算力需求分布不均衡，整体呈现为东部紧缺、西部过剩。但是，东部地区在数据需求市场、科研人才和技术等方面存在优势，西部地区则在自然资源和要素成本等方面存在优势，两者可以形成资源互补、协同发展。"东数西算"工程可以实现东西部地区数据的互通，有助于东西部建立长期有效的协作发展机制，进而推进西部大开发，促进区域数字经济平衡稳定发展。一方面，可以缓解东部地区算力资源捉襟见肘的现状，降低建设数据中心的成本压力，延伸东部地区发展空间；另一方面，将东部算力需求有效引导至西部，可以有效推动东部地区相关产业转移，促进西部地区数字化经济发展。

"东数西算"是掀起数据中心产业链投资热潮的新动能。在政策引导和行业需求的驱动下，"东数西算"工程实施落地，可以吸引大量投资，继而为数据中心产业链建设提供必需的资金。根据国家发改委预测，"东数西算"数据中心的建设将吸引超过 4 000 亿元的社会投资。相关研究报告的量化数据也显示，计算力指数平均每提高 1 个百分点，数字经济和 GDP 将分别增长 3.3% 和 1.8%。可以预见，围绕"东数西算"投入的资金、人才、技术，将为我国数字经济发展注入源源不断的新动能。

资料来源：王伟玲. 实施"东数西算"工程夯实数字经济发展底座. 中国财经报，2022-04-14.

任务三 云计算在金融领域的应用

随着近几年云计算产业快速发展，云计算逐步向各行各业渗透，并成为许多行业数字化转型的核心推动力。当云计算与金融业相结合时，便产生了金融云。金融云，是指专门面向银行、证券、保险等金融机构，为其业务量身定制的，集互联网、行业解决方案、弹性 IT 资源于一体的云计算服务。具体而言，是指金融机构利用云计算的运算和分发优势，将自身的数据、客户、流程及系统通过数据中心、客户端等技术手段发布到"云"端，以改善系统体验。

一、云计算在金融领域的应用价值

（一）有效降低金融机构的IT成本

通过购买云计算服务，传统金融机构不再需要向硬件和基础设施投入资金，而只需要按需支付服务费即可。同时，云计算服务可以根据用户的需求量来关闭空闲资源以降低能耗；支持多用户对资源的集中共享来满足多个用户在不同时段对资源的需求，从而避免按峰值需求提供服务设计容量和性能而造成的资源浪费。资源利用效率的提高可以有效降低金融机构部署IT系统的成本并减少能耗。

（二）提高金融业务可靠性、可扩展性和灵活性

在可靠性上，云计算可以通过数据分布式存储冗余技术，有效保障金融机构数据和服务的可靠性。在可扩展性上，云计算支持通过添加服务器和存储器等IT设备实现性能提升，快速满足金融机构应用规模上升和用户数量高速增长的需求。另外，由于不需要建设专门的基础设施，金融机构运用金融云能有效缩短业务上线周期，提高业务响应速度和服务质量，提升业务的灵活性。

（三）提高运维自动化程度

目前，主流的云计算操作系统都设有监控模块。云计算操作系统通过统一的平台管理金融机构的服务器、存储和网络设备。通过设备的集中管控，可以显著提升金融机构对IT设备的管理能力，有助于实现精益管理。通过标签技术，金融机构可以精准定位出现故障的物理设备，通过现场设备更换可以快速实现故障排除。在传统金融架构下，若设备发生故障，需要联系厂家进行维修，金融机构缺乏自主维护能力。

（四）支撑大数据和人工智能等技术

云计算技术可以帮助金融机构通过统一平台承载或管理内部所有的信息系统，消除信息孤岛。此外，信息系统的联通可以将保存在各系统的数据集中到一起，形成"数据仓库"，从而实现内部数据的集中管理。如果说大数据是金矿，那么云计算则可被看作矿井。矿井的安全性、可靠性直接决定了金矿的开采效率。此外，云计算还为大数据和人工智能技术提供便利且可扩展的算力和存储能力。例如，在风控领域，可以将人工智能、大数据、云计算等技术结合，优化贷前审核、贷中监控和贷后管理，提高金融科技产品质量及服务效率。

案例分析 4-1

金融业加速"上云"

金融业是现代经济的核心。然而，面对不断变化的市场形势、客户增长乏力和技术架构滞后等内外部挑战，金融机构普遍面临非金融场景获客难、数据获取和使用难、场景金融效果不明显等发展难题。在这种情况下，业务、数据"上云"就成了技术创新和模式转变的最佳选择。

IDC发布的《中国金融云市场（2021上半年）跟踪》报告显示：2021年上半年，中国金融云市场规模达到26.5亿美元（约合169亿元人民币），同比增速达40.2%。

相对于传统网络系统，金融云的应用可以将产品、信息、服务分散到庞大分支机构所构成的云网络当中，对金融机构业务的扩展更有利。通过金融云提供的技术支持，可以加快产品研发速度，提供业务快速迭代开发的能力，可以更及时地跟踪客户的使用情况，支持业务推进的同时，客户的使用感觉也会更佳。

问题：根据以上资料，分析金融机构为何要"上云"。

分析提示：随着内外部环境的变化，金融业的发展面临数据获取和分析难、获取有效客户难、运维成本高等问题。业务、数据"上云"可有效降低金融机构 IT 成本、缩短产品上线周期、加速业务迭代升级、快速跟踪及服务客户，从而提高金融系统信息化处理能力，提升客户体验，增强金融机构竞争力。

二、云计算在金融领域的应用特点

（一）不同类型的金融机构对云计算应用的服务类型和部署模式的选择存在较明显差异

对于传统的大型金融机构而言，一方面，其拥有较庞大的技术团队和较强的技术实力，在技术研发方面的资金投入相对充沛，自主建设运维私有云不存在技术和资金方面的瓶颈，因此更倾向于自主开发上层应用，以提升自主可控能力；另一方面，出于对防止客户信息、账户信息等最重要的核心数据资产外泄的考虑，对将系统部署在公有云上持谨慎态度。因此，私有云往往是此类机构的首选甚至是唯一的云计算部署模式，而 IaaS 和 PaaS 则是其更倾向于使用的云计算服务类型。

对于中小型金融机构而言，由于自身资金和技术实力相对较弱，更倾向于采用行业云平台的系统建设方式，以较便捷地实现 IT 架构转型。同时，行业云通常采用独立集群方式部署，基础设施条件相对更为完备，又有独立的技术支持团队负责运维，在网络安全防护、业务连续性安全保障等方面较公有云的服务等级更高。对于新兴的互联网金融企业来说，由于其对产品创新、服务推广等各方面的时效性要求更高，且对成本因素的反应更为敏感，因此当前主要偏好采用公有云的方式部署业务服务系统，并利用云安全防护手段应对 DDoS 攻击、安全漏洞等，以期尽量缩短系统部署上线周期，提升市场竞争效率。

（二）新兴金融机构与传统金融机构在云计算应用策略上存在差异

新兴金融机构可能天然建设在云平台上，但是传统金融机构更多地采取逐步迁移的策略，传统 IT 架构与云计算架构融合应用已成为当前的主流。

一方面，传统金融机构因承载业务复杂、投产系统众多，对它们而言，采用云计算架构整体迁移策略的风险较大，技术和实施难度较大；另一方面，出于谨慎性考虑，传统金融机构在现有架构尚能满足大部分业务场景需求的前提下，为了规避潜在未知技术风险引发重大业务风险的可能性，采用云计算架构整体迁移策略的必要性也不充分。因此，传统金融机构使用云计算技术时，更倾向于采取"先新建系统后存量系统、先辅助及渠道系统后核心系统、先应用后数据库"的渐进式路线。

（三）部分金融机构开始扮演金融云服务商的角色

部分金融机构已不满足于单纯作为云计算技术用户，逐步开始扮演金融云服务商的角色，希望在云服务商竞争格局中谋得一席之地。

在向云计算架构转型的过程中，很多有实力的金融机构发现依托自身的技术积累优势、基础设施资源优势和对金融业务的深刻理解，不仅可以完成自身的转型，还可以把自身转型的成功经验以及成熟的云计算解决方案成果向同业机构开放输出，向其提供全面、专业、安全可靠的金融公有云或私有云创新服务。兴业银行、招商银行、民生银行、工商银行、光大银行、华夏银行、北京银行、平安银行等纷纷成立科技公司，提供包含 IaaS、PaaS、SaaS 的全方位云计算服务，银行领域的科技公司总注册资金已超过 37 亿元。

例如，兴业银行于 2015 年 11 月发起成立了兴业数金，在依托"银银平台"提供信息系统和金融服务输出的基础上，为中小银行、非银行金融机构、中小企业提供金融信息云服务。其中，兴业数金云计算平台针对不同类别的客户，构筑了银行级、金融级两大系列云计算平台的解决方案，提供服务器、存储、虚拟化等不同标准的私有云和公有云计算资源，可为用户提供 IaaS、PaaS 和 SaaS 三个层面服务类型的产品。招商银行于 2016 年 2 月成立了招银云创，并与 IBM 合作向城商行和农商行以及民营银行提供包括金融云容灾、金融云应用监控、金融云安全、金融云运维服务在内的金融云服务，当前以 IaaS 服务类型的产品为主。此外，包括四家国有商业银行在内的众多金融机构纷纷与腾讯、阿里、百度和京东等互联网企业展开深度合作，"云上金融"已成为合作协议的重要内容之一。

课堂讨论 4 - 1

兴业数金从自用平台扩展到为其他金融企业服务，你认为它在为中小金融企业提供金融云服务上有什么优势？

(四) 云计算技术有效助力金融监管

当前，金融监管要求日趋复杂，且变化更新频繁。一方面要求金融机构大量收集、存储和分析与其业务相关的数据；另一方面要求金融机构提升合规应对的及时性。在这样的背景下，必须依托云计算技术，才能保证金融监管方案具有足够的效力。事实上，当前产业界提供的监管科技产品，大部分确实是基于云计算平台推出的。云计算在监管合规自动化方面，提供了许多至关重要的技术支持。在金融监管中运用云计算具有很大的优势。比如：可以提供强大的数据分析引擎；易于实现跨中心的海量数据存储；具备数据冗余备份能力；支持按需支付服务费，有助于降低自动化监管合规工作的实施成本等。

三、云计算在金融领域的应用情况

(一) 银行业

银行系统最复杂，主管部门强监管，大型银行倾向选用私有云，而中小银行多选择行业云。银行业对服务可用性和数据持久性的要求较高，很多银行科技公司成为银行云的服务提供商，如：兴业银行、招商银行、建设银行、民生银行、工商银行、光大银行、华夏银行、北京银行、平安银行等纷纷成立科技公司，并对外提供金融云服务。

（二）保险业

保险业系统迭代快，重视开发运维一体化，私有云、行业云和公有云均有涉及。云计算服务商纷纷布局保险业，阿里云、腾讯云、百度云、华为云、青云、云栈科技等云计算服务商利用容器、微服务等新技术建立核心架构并提供上云方案，以实现保险业系统的快速迭代。

（三）证券业

证券业对交易系统的响应时延要求苛刻，要求系统上云不能显著影响交易速度。证券交易系统在数据库、操作系统和小型机等方面对传统部署方式依赖度较高，上云推进缓慢。但也有证券公司探索云平台建设，中信证券已经建设完成金融服务云平台，构建"平台＋服务"新型商业模式；招商证券利用混合云架构实现系统弹性与数据安全；国泰君安搭建金融云平台以提升灾备管理水平，赋能业务创新。证券交易所系统则相对复杂，对低延迟要求最高，因此上云程度较低。

（四）互联网金融业

互联网金融属于非传统金融领域，互联网属性强，公有云较多。在互联网金融方面，银行与信息通信技术服务商争相成立互联网金融公司。阿里巴巴成立蚂蚁集团，京东成立京东金融，腾讯扶持微众银行，为互联网金融企业提供定制化的云计算解决方案；民生银行、江苏银行、兴业银行、工商银行、浦发银行、北京银行、华夏银行等纷纷成立直销银行，进军互联网金融领域，利用"互联网＋云计算"为客户提供金融服务；苏宁、海尔、国美等纷纷成立消费金融公司，利用云计算技术为客户提供方便、快捷的在线支付手段。

知识拓展 4-3

平安云

平安云隶属于中国平安集团（以下简称"平安集团"），是由平安科技自主研发的金融行业云平台。平安云涵盖平安集团95％以上的业务公司，并以金融为起点，拓展到更广泛的医疗健康和智慧城市领域，作为平安服务的综合输出平台为多个行业提供IaaS、PaaS、SaaS的整套云服务。平安云的发展过程可概括为以下四个阶段。

第一阶段，内部云阶段。从2013年到2014年年初，快速发展的集团子公司对IT架构灵活弹性的要求越来越高，加之云技术的快速发展和广泛应用，催生了平安云。在初期，平安云的任务是支撑集团内部业务，满足弹性扩展、业务高峰及时响应等需求，是完全的"内部云"。

第二阶段，金融云阶段。2016年年初，平安集团开始探索将平安云从对内服务转变为对外服务，聚焦点即为金融云。

第三阶段，公有云阶段。2016年，平安集团推出的金融云为很多银行的业务提供了技术支持，2017年年中，平安集团对外发布了平安公有云。2017年年底，平安集团进一步加大对科技的投入，在医疗和智慧城市等多个方向发力，平安云也成为这些方向上最重要的支撑。

第四阶段，生态云阶段。2018年，平安云成为平安集团两大重要战略之一。依托平安集团在金融、医疗、智慧城市、房地产、汽车领域构建的五大生态，平安云持续向内外部发力，构建"云生态"。其中，在金融生态圈，平安云赋能金融壹账通，搭建起全球最大的金融科技 SaaS 云平台，已形成银行云、投资云、保险云、互金云等，服务近 3 000 家金融机构客户。

从银行业应用场景来看，平安云通过业务风控、智能网点服务、展业营销、智慧办公等业务场景，帮助银行实现场景化、数字化、规制化、智能化，完成数字银行转型。在智能网点服务方面，通过"云"实现不同银行之间的网点服务资源共享。客户可根据所要办理的业务种类，通过笔记本电脑、手机等联网设备，实时查询离自己最近、预计等待时间最少的网点，并实时了解网点业务资源。客户还可以通过联网设备进入网点排队系统，进行某些业务的预填单。在展业营销方面，平安云可用于一站式产品营销，即客户可通过统一的界面，从不同渠道（无论是网银、手机 App 还是其他渠道）查询到所有银行及其他金融机构发布的可购买的全部金融产品，并用持有的任何一张银行卡购买产品。

从投资业应用场景来看，平安云基于平安集团下属平安证券、平安信托等对投资行业业务场景的深刻理解和最佳实践，以及平安科技在人工智能、生物识别、大数据、云计算等领域的顶尖技术积累，为投资行业客户提供公有云、私有云、混合云的部署方案及定制化的解决方案。如针对客户端行情查询，通过应用云计算技术，有效整合数据中心，充分利用现有 IT 资源，提高行情查询信息系统的效率和性能。

从保险业应用场景来看，平安云在代理人移动展业、团体险移动展业、智能运营、智能客服、保险中介服务、产品线上销售等环节，为保险业提供从前端业务到后端客户服务的解决方案。

从互联网金融应用场景来看，平安云的典型应用场景包括渠道获客、营销客服、投融资管理、智能风控、开放型底层平台等。平安云基于云计算、大数据、人工智能等技术，为 P2P 网贷、第三方支付、众筹、金融网销等互联网金融业务，提供端到端的互联网金融全流程一体化解决方案。

任务四　金融业云计算应用面临的机遇与挑战

一、金融业云计算应用面临的机遇

云计算技术与金融业的深度融合是信息化时代下的必然选择。国内许多金融机构已经开始部署金融云的具体应用，根据中国信息通信研究院 2018 年对 391 家金融机构的调查，其中 41.18％的金融机构已经应用云计算技术，46.80％的金融机构有计划应用云计算技术，已经或准备应用云计算技术的金融机构占到调查机构的近九成，如图 4-2 所示。

（一）金融云快速发展的驱动因素

越来越多的金融机构开始部署云计算，金融业云计算的应用范围和应用规模都在不断扩大，这主要是得益于以下三方面因素的驱动。

图 4-2 云计算技术在金融行业的应用进展（N=391）

资料来源：中国信息通信研究院发布的《金融行业云计算技术调查报告（2018）》。

1. 政府和金融监管部门积极的政策引导

当前，金融业云计算应用的指导方针和顶层规划逐步清晰，中央和各金融监管部门陆续发布了相关指导意见，并制定和完善了相关行业标准，积极引导金融业有序推进云计算在信息系统建设方面的应用。我国的相关政策梳理见表 4-2。

表 4-2 中国金融业云计算相关政策梳理

时间	政策及相关标准	内容及意义
2015 年 1 月	《国务院关于促进云计算创新发展培育信息产业新业态的意见》	肯定了发展云计算的重要意义，支持云计算与互联网金融融合发展与创新应用，积极培育新业态、新模式
2015 年 7 月	《国务院关于积极推动"互联网＋"行动的指导意见》	提出要探索互联网企业构建互联网金融云服务平台；鼓励并支持金融企业利用云计算、互联网金融、大数据等技术手段，加快产品和服务创新
2017 年 6 月	《中国金融业信息技术"十三五"发展规划》	明确了"十三五"期间金融业建设云计算应用基础平台的工作目标及云计算应用研究的重点任务
2017 年 6 月	《中国银行业信息科技"十三五"发展规划监管白皮书》	提出银行业要稳步开展云计算应用，主动实施架构转型的工作任务
2017 年 9 月	中国银监会（现中国银保监会）牵头 16 家金融机构成立融联易云金融信息服务（北京）有限公司	主要解决单家金融机构实现不了或单家金融机构可实现但总体不经济、不集约的公共科技服务
2018 年 8 月（2020 年 10 月发布新版本）	《云计算技术金融应用规范：技术架构》	规定了金融领域云计算平台的技术架构要求
2018 年 8 月（2020 年 10 月发布新版本）	《云计算技术金融应用规范：安全技术要求》	规定了金融领域云计算应用在基本要求、扩展要求和增强要求三方面的安全技术要求
2018 年 8 月（2020 年 10 月发布新版本）	《云计算技术金融应用规范：容灾》	规定了云计算各参与方在衡量云计算平台容灾能力、开展云计算平台灾难恢复工作时应遵循的技术要求

续表

时间	政策及相关标准	内容及意义
2019 年 11 月	中国人民银行负责人表示：人工智能、区块链、大数据、云计算等 17 项金融行业标准已经立项	加快开展新技术金融应用的标准化研究，提升金融标准国际化水平
2021 年 7 月	《新型数据中心发展三年行动计划（2021—2023 年）》	指出要加速传统数据中心与网络、云计算融合发展，加速向新型数据中心演进
2022 年 2 月	《金融标准化"十四五"发展规划》	指出将推进金融科技标准研制和有效应用；将制定金融业上云指引，赋能中小金融机构信息基础设施集约绿色发展

资料来源：根据中国人民银行官网等网络资源整理.

2. 金融业信息系统技术架构转型的需要

云计算是金融机构在"互联网＋"时代背景下发展新业务的必然选择。从电子化时代进入互联网时代后，为了降低运营成本，提高运营效率和促进服务多样性，各类金融业务的主要渠道纷纷从线下转为线上；服务方式由柜台人工利用信息化软硬件办理转变为用户直接使用自助终端、桌面终端或移动终端全程自助办理。与此同时，依托移动互联网开发的新兴金融产品层出不穷，移动支付、互联网基金和理财产品销售等新业态令人眼花缭乱，在"唯快不破"的互联网思维影响下，各种应用产品开发、上线、迭代的速度越来越快。

金融服务方式的转变以及产品创新的加快带来了两个巨大挑战。第一个挑战是，部分业务请求量的波动不再呈现出一成不变的平稳模式，而是会出现短时激增的新模式，业务请求瞬时峰值可能达到难以想象又无法预测的高度，而峰值出现和消退也可能超级迅速。第二个挑战是，通过获取各类用户历史行为等数据，系统生成和积累的信息量较电子化时代显著激增，相应地对数据存储和计算能力的需求也显著增加。这些新变化和新挑战，使原有的大型机和小型机纵向扩展的技术架构难以为继，金融机构迫切需要云计算这种"横向可扩展"的技术来支撑分布式技术架构的转型，以便更灵活、更高效地调度和分配资源。

3. 互联网企业加大对金融云的投入

近年来，各大互联网企业对金融云产品的研发投入和技术服务支持力度持续提高，服务对象日益广泛，金融云产品已基本覆盖行业信息系统建设的各类技术需求，良性产业竞争格局初步形成。

互联网领军企业因在云计算领域的研发耕耘期更长，积累了较多的云计算应用经验，故其面向企业级市场推出的云计算产品相对丰富，在 IaaS、PaaS 和 SaaS 各个服务类型上都覆盖了较多产品。如阿里云、腾讯云各自推出了包括计算、存储、网络、安全、数据库等在内的几十款甚至上百款云计算产品和服务，并有针对性地推出了适合保险、银行、证券、互联网金融等各行业多类业务需求场景的总体技术解决方案。传统设备制造商相对而言则侧重于在 IaaS 领域发力。如华为推出的金融云解决方案，以云管平台、IaaS 服务目录、云操作系统、基础设施接入为核心，为用户提供应用系统快速部署、业务弹性扩容的整体解决方案。

（二）金融云的发展前景

1. 安全问题将成为云服务商之间竞争的主要领域

IT 系统的安全性和可靠性对金融业而言至关重要。也正是出于对安全性和可靠性的考虑，金融企业现阶段对云服务的发展普遍持谨慎态度，并没有盲目跟随。

从行业层面来看，云计算安全将成为云服务商之间竞争的主要领域。云服务商会不断加大对云安全产品的投入，提高产品的可用性、智能性、安全性，防范黑客的攻击。

从政府层面来看，政府会出台与云计算安全相关的法律法规，明确云服务商与用户之间的责任和义务，减少云服务商管理不当或者用户操作不当带来的数据安全问题。

2. 中小金融机构应用云计算的动力强劲

中小金融机构与实体经济的联系最为紧密，对小微企业的支持有目共睹，但这些机构自身资金实力薄弱，运营成本高企，其中 IT 成本居高不下是重要原因。随着云计算的发展，中小金融机构能够低成本地在云平台上获取和大型金融机构同等先进的基础设施服务。

此外，中小金融机构也可以借助云平台将自身不太擅长的业务外包给其他专业的公司或者接入应用程序编程接口，利用云平台上的资源提高对相关业务的处理效率。

3. 私有云和行业云共同发展

日前，国内金融业使用云计算技术主要采用私有云和行业云的模式。

技术实力和资金实力雄厚的大型机构偏向于私有云的部署方式，可以将核心业务系统、重要敏感数据部署到私有云上。私有云对金融机构来说安全性更高，从而更有保障。

对于中小金融机构，由于它们的资金实力、技术实力偏弱，所以通常采取行业云的方式，即通过金融机构之间在基础设施领域的合作，通过资源等方面的共享，在业内形成公共基础设施、公共接口、公共应用等一批技术公共服务，用于对金融业外部客户的数据处理或为一定区域内的金融机构提供资源共享服务。

二、金融业云计算应用面临的挑战

金融业云计算应用在解决资源弹性适配、提升交付效率和降低复杂应用部署难度等方面发挥着重要的作用，但其中存在的风险也不容忽视。

要充分发挥云计算技术的各种优势，至少需要满足两个前提条件：一是云服务商要具备强大的云计算技术和服务能力，以及完善而严密的风险管理和内控体系；二是客户需要具备云服务模式下的风险认知与管理能力。云计算作为信息化发展的重大变革，在应用于对信息安全高度敏感的金融业时，既需要云服务商具备充足的技术服务能力，也需要金融机构和云服务商共同探索合作机制，以保障金融机构的业务连续性和数据安全。

（一）云服务商方面可能存在的风险

1. 云平台自身不够安全

技术研发能力不足、运营管理体系不健全、保障体系不完善、服务能力不足等原因可能造成云平台本身存在风险。比如，有些云服务商的技术研发能力不足，产品自身存在安全漏洞，或者无法及时修补云平台上各种软件的安全漏洞；有些云平台自身的安全防护措施不健全，导致云平台被攻击，造成信息泄露或系统瘫痪；有些云服务商使用开源或第三方云计算技术，核心技术研发能力薄弱，容易受第三方控制，难以实现可持续发展；有些云服务商售后服务体系不健全，缺少分级服务体系，无法及时为用户提供合适的技术服务，在用户遇到问题或故障时不能及时响应解决问题或排除故障等。

2. 风险管理体系不够健全

云服务商对风险没有建立有效的防范、应对、处置及恢复措施，一旦发生风险，将给用户带来巨大损失。比如，有些云服务商未能建立有效的风险管理体系，定期检查评估各项风险，对可能的风险缺少有效的认知和应对措施；有些云服务商缺少有效的应急管理体系，未开展有效的应急演练，缺少完备的应急预案和应急措施，当发生云平台故障或重大灾害时，不能有效应对、及时恢复，影响用户的业务连续性；有些云服务商的云平台的管理系统和控制后台缺少有效的灾难备份措施，发生故障后容易造成难以恢复数据的损失，影响用户使用；有些云服务商缺少充分的数据中心和基础设施能力，当云平台发生故障时，既不能快速修复故障，也无法提供备用的基础设施等。

3. 金融业服务经验不足

金融业对业务连续性要求非常高，形成了一整套金融信息科技监管要求。云服务商在为金融客户提供服务时，不仅要满足云计算应用的一般性技术和风险防范要求，还要结合金融业的业务特点、监管要求等进行相应的适配。在实际应用中，有些云服务商由于金融业服务经验不足，无法全面准确理解金融业的需求，在服务时容易出错，给金融机构造成不必要的损失。比如对金融业务权限了解不深，使得权限设置不当，做不到"最小授权"，或者对离职换岗人员未能及时解除权限，造成"越权操作"等风险隐患；对某些金融业务和金融风险的相关性认识不足，没有建立相应的预警机制，导致相应的内部或外部风险出现；对风险处置的要求认识不到位，在出现重大故障时未能按照金融监管部门的要求及时报告，可能导致金融风险加大或蔓延。

4. 云计算服务规模效应所带来的潜在聚集性风险

互联网巨头投入巨资建设计算机集群和数据中心时，这些设施不仅成为它们业务运营的基础，也给金融业初创公司提供了低成本的云服务。随着云计算服务的商品化，规模越大、越成熟的服务商"马太效应"越来越盛，容易吸引较多的金融客户使用其产品，其在维护金融稳定中的角色也日益重要。这类平台一旦出现风险事件，容易引发系统性风险和灾难性影响。

（二）金融机构对云计算认知或管理不当可能造成的风险

1. 缺乏对公共云计算部署模式责任边界的正确认识

有些金融机构想当然地认为，只要购买了云服务，一切责任都应该由云服务商承担，对可能的故障缺乏应对预案和冗余技术保障手段，未能建立有效的业务连续性管理框架和安全防护架构。

2. 缺乏建立有效权限管理机制的意识

金融机构购买云服务后，大量的管理工作势必通过线上开展。如果未能有效管理各种权限，轻则导致资源误买，造成浪费；重则导致资源破坏或数据泄露，严重影响信息安全。

3. 缺少云计算专业知识储备

有些金融机构对云服务的技术特性缺少了解，不会设计合适的系统架构，不会进行正确的运维操作，自身控制和监测云平台的手段有限，遇到技术问题时只能被动应对。有些金融机构对自身系统和数据的控制管理能力较弱，出现故障后无法快速恢复，出现性能瓶颈时难以快速调整架构。一些金融机构通过应用云计算，在逐渐摆脱对传统软硬件国际服务商的技术依赖的同时，往往又过于依赖单一的云服务商。

模 块 小 结

1. 根据美国国家标准与技术研究院（NIST）对云计算的定义，云计算是一种无处不在、便捷且按需对一个共享的可配置计算资源（包括网络、服务器、存储、应用和服务）进行网络访问的模式，它能通过最少量的管理以及与服务商互动实现计算资源的迅速供给和释放。

2. 云计算有五个基本特征：按需自助服务，无处不在的网络接入，划分独立资源池，快速、弹性，可量化服务；三种服务模式：基础设施即服务（IaaS），平台即服务（PaaS），软件即服务（SaaS）；四种部署模式：私有云，社区云，公有云，混合云。

3. 云计算不是一种全新的网络技术，而是一种新的数据密集型超级计算模式和服务模式，它融合运用了多项信息与通信技术，是传统技术"平滑演进"的产物。云计算的关键技术包括虚拟化技术、分布式技术和云计算平台管理技术三大类。

4. 云计算在金融领域的应用有如下特点：不同类型的金融服务机构对云计算应用的服务类型和部署模式的选择存在较明显差异；新兴金融机构与传统金融机构在云计算应用策略上存在差异；部分金融机构开始扮演金融云服务商的角色；云计算技术有效助力金融监管。

5. 金融云快速发展的驱动因素有三个：政府和金融监管部门积极的政策引导；金融业信息系统技术架构转型的需要；互联网企业加大对金融云的投入。金融云的发展前景包括三个特点：安全问题将成为云服务商之间竞争的主要领域；中小金融机构应用云计算的动力强劲；私有云和行业云共同发展。

6. 金融云的发展面临两方面的挑战：一是云服务商方面可能存在的风险；二是金融机构对云计算认知或管理不当可能造成的风险。

模 块 测 评

一、单选题

1. 2006 年 8 月，（   ）首席执行官首次在搜索引擎大会上提出云计算的概念。

A. 微软   B. 谷歌   C. 苹果公司   D. 亚马逊

2. 美国国家标准与技术研究院（NIST）将云计算总结为三种服务模式：IaaS、PaaS和（   ）。

A. BaaS   B. NaaS   C. SaaS   D. TaaS

3. （   ）指的是通过网络将复杂的数据计算处理程序分解成无数个小程序，然后通过多台服务器组成的系统处理和分析这些小程序，并将得到的结果返给客户。它也是云计算的重要基础技术之一。

A. 虚拟化　　　　　B. 分布式　　　　　C. 云计算　　　　　D. 网格式

4. 由于金融机构云系统包含重要的敏感数据，因而我国传统金融机构在使用云计算技术时，对（　　）的接受程度相对而言落后于其他行业。

A. 公有云　　　　　B. 私有云　　　　　C. 混合云　　　　　D. 以上都是

5. 下列有关金融业云计算技术的描述，不正确的是（　　）。

A. 云计算与金融业的深度融合是信息化时代下的必然选择

B. 传统金融机构云应用的广度和深度将进一步提升

C. 现阶段金融机构的核心业务系统大部分都已经上云

D. 云计算赋能中小金融机构将是未来金融云的发展趋势

6. 下列有关金融业运用云计算所面临挑战的描述，不正确的是（　　）。

A. 云计算技术本身存在一些本源性风险

B. 金融业对云计算的部署应用有着更高的要求和标准

C. 金融业部署云计算面临资金方面的困难

D. 金融业部署云计算可能因云计算专业技术缺乏而产生风险

二、多选题

1. 云计算的特点包括（　　）。

A. 按需自助服务　　　　　　　　B. 无处不在的网络服务

C. 独立划分资源池　　　　　　　D. 快速、弹性

2. 云计算是运用多项信息与通信技术后的一种新的计算模式和服务模式，其基础技术包括（　　）。

A. 虚拟化技术　　　　　　　　　B. 大数据技术

C. 分布式技术　　　　　　　　　D. 云计算平台管理技术

3. 云计算的部署模式包括（　　）。

A. 公有云　　　　　　　　　　　B. 私有云

C. 社区云　　　　　　　　　　　D. 混合云

4. 云计算在金融领域的应用价值包括（　　）。

A. 降低金融机构的 IT 成本　　　 B. 高扩展性和低可靠性

C. 自动化运维　　　　　　　　　C. 支撑大数据与人工智能等技术

5. 下列关于云计算在金融领域应用的描述，正确的是（　　）。

A. 传统大型金融机构出于安全考虑，对上云比较谨慎

B. 新兴金融机构可能天然就部署在云上

C. 传统金融机构上云一般遵循"先新部署业务后传统业务，先核心业务后辅助业务"的顺序

D. 部分金融机构在满足自用的同时开始扮演云服务商的角色

三、判断题

1. 云计算真正实现了按需计算，从而有效地提高了人们对软硬件资源的利用效率。（　　）

2. 在云计算体系中，可以将服务器实时加入现有服务器群中，从而提高云处理能力。（　　）

3. 云计算只提供计算服务，不提供存储服务。（　　）

4. 云计算是一种按使用量付费的模式，提供可用的、便携的、按需的网络访问，进入可配置的计算资源共享池，与服务商进行很少的互动。（　　）

5. 金融机构在部署云计算时，一般会先从内部核心系统开始，然后逐步向外围辅助系统扩散。（　　）

6. 相较于传统大型金融机构，中小金融机构上云的动力更强。（　　）

四、简答题

1. 什么是云计算？云计算有哪些特征？

2. 简述云计算的三种服务模式。

3. 简述云计算的四种部署模式。

4. 简述云计算的基础核心技术。

5. 谈谈你对云计算金融应用未来发展趋势的看法。

综合实训

实训内容：云计算在银行、证券、保险、金融科技等金融领域的应用案例分析。

实训目的：认识和了解云计算在金融领域的实际应用和可能存在的风险。

实训步骤：

1. 4～6 名同学为一组，收集一个云计算在银行、证券、保险、金融科技等金融领域的应用案例。

2. 请对案例进行分析，说明云计算在具体应用中起到了什么作用，给企业带来了哪些好处。

3. 结合实际案例，请分析金融企业在运用云计算的过程中可能出现一些什么样的风险，以及应如何做好风险防范工作。

模块 五

人工智能及其应用

学习目标

● **知识目标**

1. 了解人工智能的发展历程及在金融发展中面临的机遇和挑战；
2. 熟悉人工智能的类型及在金融领域的四大应用场景；
3. 掌握人工智能的概念及主要的五种基础技术。

● **技能目标**

1. 能够区分弱人工智能、强人工智能和超人工智能；
2. 能够根据所学知识判断人工智能主要基础技术的类别。

● **素养目标**

1. 从人工智能看创新引领新时代科技强国建设，深刻感受科技创新释放的能量，体会科技对经济发展、社会进步等各方面产生的重大深远影响；
2. 通过学习人工智能在金融领域面临的挑战，培养学生的风险意识和安全意识。

思维导图

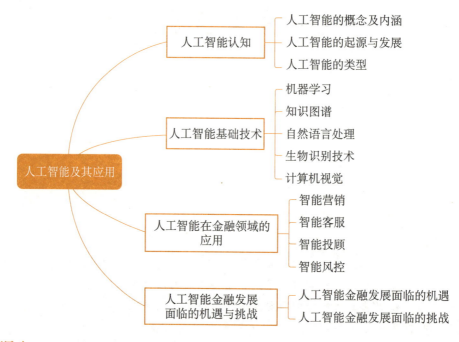

人工智能及其应用
- 人工智能认知
  - 人工智能的概念及内涵
  - 人工智能的起源与发展
  - 人工智能的类型
- 人工智能基础技术
  - 机器学习
  - 知识图谱
  - 自然语言处理
  - 生物识别技术
  - 计算机视觉
- 人工智能在金融领域的应用
  - 智能营销
  - 智能客服
  - 智能投顾
  - 智能风控
- 人工智能金融发展面临的机遇与挑战
  - 人工智能金融发展面临的机遇
  - 人工智能金融发展面临的挑战

案例导入

人工智能会取代人类吗？

1997年，IBM一台名为"深蓝"的超级计算机战胜了国际象棋世界冠军加里·卡斯帕罗夫，人类不敌机器的消息顿时震惊全球。

2011年，IBM另一台名为"沃森"的超级计算机在美国智力竞赛节目《危险边缘》中以三倍的巨大分数优势力压另两位人类选手，夺得这场人机大战的冠军，机器战胜人类再次成为公众瞩目的焦点。

2016年3月和2017年5月，谷歌DeepMind公司的AlphaGo连续打败围棋世界冠军李世石和柯洁，在人类最复杂的棋类游戏上开打的人机大战，依旧是机器获胜。

这些机器的背后都有一个共同的名字：人工智能。

那么，人工智能是什么？人工智能会取代人类吗？人工智能对人类的生产生活有哪些影响？人工智能是如何赋能金融的？带着这些问题，我们开始本模块的学习。

任务一　人工智能认知

一、人工智能的概念及内涵

人工智能（artificial intelligence，AI）一词最初是在 1956 年达特茅斯会议上就"用机器来模仿人类学习以及其他方面的智能"这一论题而提出的。之后，研究者们发展了众多理论和原理，人工智能的概念随之拓展。2004 年，约翰·麦卡锡（John McCarthy）在论文中给出了人工智能的定义："人工智能是制造智能机器，特别是智能计算机程序的科学和工程。"按照这一定义，人工智能是指利用计算机控制的机器人或软件所呈现的任何模拟人类的智能行为，是通过研究人类大脑如何思考以及人类在尝试解决问题时如何学习、决定和工作，然后将研究结果作用于智能软件和机器的开发，以实现智能软件和机器会听（语音识别、机器翻译等）、会看（图像识别、文字识别等）、会说（语音合成、人机对话等）、会思考（人机对弈、定理证明等）、会学习（机器学习、知识表示等）、会行动（机器人、自动驾驶汽车等）。

人工智能涉及计算机科学、心理学、哲学、语言学、认知科学、数学、神经生理学、仿生学、社会结构学、信息论等学科，可以说几乎涵盖自然科学和社会科学的所有学科，已远超计算机科学的范畴。鉴于此，在学科范畴上，人工智能是自然科学、社会科学、技术科学和思维科学交叉的一门边缘学科。

思政课堂

从 AI 看创新引领新时代科技强国建设

科技是国家强盛之基，创新是民族进步之魂。从 2020 年"提高科技创新支撑能力"，到 2021 年"促进科技创新与实体经济深度融合"，再到 2022 年"实施科技体制改革三年攻坚方案，强化国家战略科技力量"。翻阅政府工作报告，科技创新一次又一次被赋予更高的期望。如今，我国已转向高质量发展新阶段，AI 等关键技术的创新正成为建设创新型国家的核心要素和依靠力量。

在新一轮的科技革命和产业革命中，AI 技术作为重要的驱动力量在产业端深入落地，成为各行业实现高质量发展的基石，进一步增强了中国的科技创新竞争力。一批有技术、有产品、重创新的新时代 AI 企业紧跟科技发展趋势，面向世界科技前沿、面向经济主战场、面向国家重大需求，坚持自主创新，敢于开辟新领域、探索新路径，充分发挥在科技强国建设中的主体作用。

习近平总书记指出，要把握新一代人工智能发展的特点，构建数据驱动、人机协同、跨界融合、共创分享的智能经济形态。中国 AI 企业正顺应科技发展趋势，承担建设者的使命，进一步加大核心技术攻关，加深并推动人机协同等操作系统的应用，深入行业、赋能行业，加速数字技术和实体经济深度融合，推动科技的高质量发展。

二、人工智能的起源与发展

"一台会思考的机器"这一构想最早可以追溯到古希腊时期，火神的故事就提到过智能机器人与人工生物的概念。在 17 世纪，布莱士·帕斯卡（Blaise Pascal）萌生了有智能的机器这一想法，发明了人类历史上第一台机械式计算器，戈特弗里德·莱布尼茨（Gottfried Leibniz）在此基础上进行了改进，使计算器能够进行乘除运算，人工智能的思想萌芽由此诞生。在 19 世纪，英国数学家乔治·布尔（George Boole）和德·摩根（De Morgan）提出了"思维定律"，可谓是人工智能的开端。1934 年，英国科学家查尔斯·巴贝奇（Charles Babbage）设计了第一台"计算机器"，它被认为是现代电子计算机的前身，也是人工智能硬件的前身。1946 年，美国物理学家约翰·莫克利（John Mauchly）和工程师约翰·埃克特（John Eckert）等人共同开发了世界第一台电子计算机"ENIAC"，电子计算机的问世使人工智能的研究真正成为可能，使得在技术上可以创造出机器智能。

人工智能经历了 70 余年的发展，大致可以划分为五个阶段，如表 5-1 所示。

表 5-1　人工智能发展历程

阶段	时间	概况	事件
起步期	1950 年至 20 世纪 60 年代末	人工智能的概念提出，并取得了一批研究成果，人工智能出现第一次发展浪潮	1950 年，图灵发表了《机器能思考吗?》，提出了"图灵测试"； 1956 年，达特茅斯会议召开，标志着人工智能的诞生； 1956 年，艾伦·纽维尔（Allen Newell）、赫伯特·西蒙（Herbert Simon）等创建了第一个运行的 AI 软件程序 The Logic Theorist； 1958 年，麦卡锡组建了世界上第一个人工智能实验室，并于同年发明了人工智能界第一种最广泛流行的语言——Lisp； 1965 年，费根鲍姆（Feigenbaum）等人成功研制了第一套有效进行工作的专家系统 DENDRAL； 1968 年，美国斯坦福国际咨询研究所成功研发世界上第一台智能机器人 Shakey
反思期	20 世纪 60 年代末至 70 年代	开始提出一些不切实际的人工智能研发目标，且均落空，受到了大量的批评。人工智能的研究经费被大幅削减，发展进入低谷	1966 年，美国科学院的语言自动处理咨询委员会发布了一个题为《语言与机器》的报告，全面否定了机器翻译的可行性，并建议停止对机器翻译项目的资金支持； 1969 年，马文·明斯基（Marvin Minsky）出版了《感知器》一书，成为反对神经网络研究项目的论据，人工智能主要流派的连接主义和符号主义进入低谷； 1970 年，计算机能力突破没能完成大规模数据训练和复杂任务； 1973 年，詹姆斯·莱特希尔（James Lighthill）在发布的人工智能报告中提出"迄今为止，人工智能的研究没有带来任何重要影响"，结果英国政府大幅度削减了对人工智能研究的资金支持
突破期	20 世纪 80 年代初至 80 年代中期	标志性的 Lisp 机器商业化，第五代计算机开始研制，人工智能出现第二次发展浪潮	1980 年，卡内基·梅隆大学设计出 XCON 专家系统； 1981 年，日本开展第五代计算机项目，旨在制造出能够与人对话、翻译语言、解释图像，并能像人一样进行推理的机器； 1982 年，霍普菲尔德神经网络被提出； 1984 年，Common Lisp 诞生，Lisp 的发展进入标准化时代； 1986 年，BP 算法的出现使大规模神经网络的训练成为可能

续表

阶段	时间	概况	事件
低迷期	20 世纪 80 年代中期至 90 年代中期	多个研究项目发展不顺利，且人工智能缺乏实际和商业应用，人工智能研究进入低迷期	1987 年，美国召开第一次神经网络国际会议，宣告了这一新学科的诞生； 1990 年，人工智能计算机 DARPA 没能实现； 1991 年，日本开展的第五代计算机项目失败
蓬勃期	21 世纪初期至今	大数据、云计算等技术的发展，推动了深度学习技术的应用和普及，人工智能技术迅速发展并产业化，人工智能进入第三次发展浪潮	1997 年，IBM 制造的"深蓝"超级计算机击败了人类国际象棋冠军卡斯帕罗夫； 2006 年，"大数据＋深度学习"成为人工智能领域最受重视和最成功的方法，带动整个人工智能领域快速发展； 2011 年 IBM 的"沃森"超级计算机在美国智力竞赛节目中战胜了人类冠军； 2015—2017 年，谷歌 DeepMind 公司的 AlphaGo 击败了各种冠军； 2018 年，阿里巴巴语言处理 AI 在斯坦福大学的阅读和理解测试中超越了人类的智慧； 2020 年，DeepMind 公司研制的 AlphaFold2 可以精准预测蛋白质的 3D 结构，被认为解决了生物领域 50 年来的重要难题

　　我国高度重视和支持人工智能的发展，已成为全球人工智能投融资规模最大的国家。我国人工智能企业在人脸识别、语音识别、安防监控、视觉识别、智能家居等人工智能应用领域处于世界领先地位。2017 年 7 月，国务院发布《新一代人工智能发展规划》，将新一代人工智能放到国家战略层面进行部署，描绘了未来十几年我国人工智能发展的宏伟蓝图，面向未来打造我国人工智能先发优势。2021 年 7 月 8 日—10 日，"2021 世界人工智能大会"在上海成功举办，大会促进了全球人工智能创新思想、技术、应用、人才和资本的集聚和交流，推动了全球科技创新协同，描绘了全球人工智能健康发展、协同共治的崭新蓝图。

知识拓展 5－1

《新一代人工
智能发展规划》

三、人工智能的类型

　　按照不同的划分标准，人工智能可以分为多种类型。按学派分类，可以分为符号主义、连接主义和行为主义；按业务领域分类，可以分为信号领域、图像领域、语音领域、自然语义和自动化等。其中，最常用的分类方式是按照能力强弱，将人工智能分为弱人工智能、强人工智能和超人工智能，如图5-1所示。

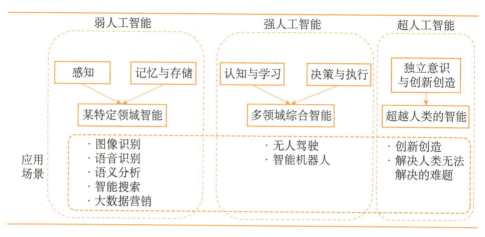

图5-1 人工智能分类与应用场景

资料来源：渤海证券研究所．人工智能时代开启，各领域应用加速落地，2017.

弱人工智能（artificial narrow intelligence，ANI），也称狭义的人工智能，是指不具备任何思维能力，只执行一组预定义的功能，如图像识别、语音识别等，仅擅长某个单方面的人工智能，超出特定领域则无有效解。例如 AlphaGo 只会下围棋，并不能执行其他任务。到目前为止，几乎所有基于人工智能的系统都属于弱人工智能。

强人工智能（artificial general intelligence，AGI），也称通用人工智能，它可以像人类一样应对不同层面的问题，还具有自我意识，能够进行思考、计划、抽象思维、理解复杂理念、自我学习和规划未来等操作，是一种类似于人类智能级别的人工智能。强人工智能的开发比弱人工智能要难得多。目前，人工智能国际主流界所持的目标也仅局限于弱人工智能，还很少有人进行强人工智能的研究。

超人工智能（artificial super intelligence，ASI）是指可以超越人类大脑的智力和能力、在各个领域均可以超越人类的人工智能，它可以解决人类无法解决的任何问题。目前，超人工智能仅停留在电影和科幻小说描述的假想情景中。

任务二 人工智能基础技术

人工智能主要包括五种基础技术：机器学习、知识图谱、自然语言处理、生物识别技术、计算机视觉，如图5-2所示。这五种人工智能基础技术已广泛应用于金融贸易、医药、诊断、政府、法律、物流、教育、出行等领域，对全球经济、社会进步和人民生活产生了极其深远的影响。

一、机器学习

（一）机器学习的概念

机器学习（machine learning，ML）是一门涉及概率论、统计学、逼近理论、系统辨

图 5-2　人工智能基础技术

识、神经网络、优化理论、凸分析、计算机科学、脑科学等多领域的交叉学科，是通过研究和构建一种特殊算法，让计算机模拟或实现人类的学习行为，从而获取新知识或新技能，并在获取后重新组织已有的知识结构，进而改善自身性能。机器学习是人工智能基础技术层的软件核心，是实现人工智能的必要手段。

（二）机器学习的分类

1. 根据学习模式的不同，机器学习一般分为监督学习、无监督学习和强化学习

监督学习（supervised learning）是指给算法一个带标签的数据集，机器经过数据训练来学习正确答案的计算方法。例如，想要让机器学会识别猫和狗，需要先准备大量打好标签的猫和狗的照片，算法就会通过大量学习，归纳猫和狗的通用规则，并通过这些规则学会在新照片中认出猫和狗。监督学习需要大量人工工作，通过标注来帮助机器学习，这种学习模式虽然效果非常好，但是成本很高。

无监督学习（unsupervised learning）不同于监督学习，无监督学习将给定的数据提供给算法时是没有任何标注的，所有的数据都一样，需要机器从给定的数据中摸索隐藏的规律。例如，还是给机器猫和狗的大量照片，只是不再给这些照片打任何标签，机器通过学习总结会把这些照片分为两类，一类是猫的照片，另一类是狗的照片，机器只是进行了分类，但是无法分辨哪只是猫、哪只是狗。

强化学习（reinforcement learning）介于监督学习和无监督学习之间，更接近生物学习的本质，它是智能体以"试错"的方式进行学习，在环境中采取一系列行为，从而获得最大的累计回报。通过强化学习，一个智能体应该知道在什么状态下采取什么行为才能获得最大的奖赏。以游戏为例，如果在游戏中采取某种策略可以取得较高的分数，那么就进一步"强化"这种策略，以期取得较好的结果。强化学习和监督学习、无监督学习最大的区别在于不需要将大量的数据提供给算法，而是算法通过不停地自我尝试来学会某些技能。

课堂讨论 5-1

谷歌的 AlphaGo 运用的是哪种学习模式？

2. 根据学习方法不同，机器学习分为传统机器学习和深度学习

传统机器学习是从一些训练样本（数据）出发，试图发现样本存在的规律和特征，从

而实现对未来数据行为或趋势的准确预测。传统机器学习的特征提取主要依赖于人工,针对特定的简单任务,由人工提取特征会简单有效,因此主要用于有限样本情况下的模式分类、回归分析、概率密度估计等,已经在现代社会的各个方面获得了广泛应用。

深度学习(deep learning,DL)是机器学习最重要的一个分支,目前表现最好的应用大部分都是深度学习。深度学习的出现引发了人工智能的第三次发展浪潮。

深度学习虽然是机器学习的一种,但与传统机器学习有很大区别,深度学习的特征提取并不依靠人工,而是由机器自动提取,它是利用深度的神经网络,学习样本数据的内在规律和表示层次,模拟人脑进行分析学习,模仿人脑的机制来解释数据,将模型处理得更为复杂,从而使模型对数据的理解更加深入,最终目标是让机器能够像人一样具有分析学习能力,能够识别文字、图像和声音等数据。

简单来说,深度学习的技术原理如下:首先,在机器中构建一个神经网络(输入层、输出层和多个隐藏层构成,见图5-3),并且随机初始化所有连接的权重;其次,将大量的数据情况输入该网络,由网络处理这些动作并且进行学习,如果某个动作符合指定的动作,将会增大权重,如果不符合,则会降低权重,机器通过这样的过程不断调整权重;最后,在成千上万次的学习之后,机器能够像人一样识别文字、图像或声音等数据,甚至超过人类的表现。例如,谷歌的 AlphaGo 就使用了深度学习技术,通过和自己反复下棋训练、一次次的学习、迭代算法,最终在人机大战中击败各种冠军。

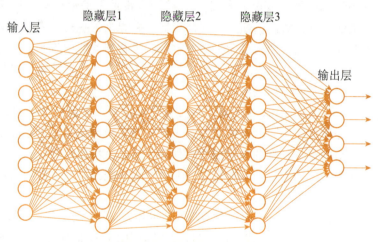

图 5-3 深度学习的神经网络

二、知识图谱

(一)知识图谱的概念

知识图谱(knowledge graph,KG)是人工智能重要的分支技术,在 2012 年由谷歌提出,是通过将应用数学、图形学、信息可视化、信息科学等学科的理论与方法与计量学引文分析、共现分析等方法结合,并利用可视化的图谱形象地展示学科的核心结构、发展历史、前沿领域以及整体知识架构达到多学科融合目的的现代理论。从本质上看,知识图谱是结构化的语义知识库,是一种由节点和边组成的图数据结构,以符号形式描述物理世界中的概念及其相互关系,它的基本组成单位是"实体—关系—实体"三元组,以及实体及其属性—属性值对（见图 5-4）。简单地讲，知识图谱就是把所有不同种类的信息连接在一起而得到的一个关系网络。图 5-5 显示了中国、美国和各自首都的关系，还有各种属性值（中国和美国的面积、人口、GDP 及各自首都的人口和面积）。

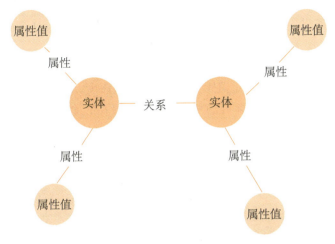

图 5-4　知识图谱的基本组成单位

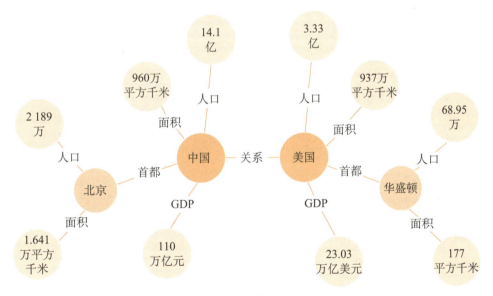

图 5-5　知识图谱示例

　　知识图谱在搜索引擎、可视化展示和精准营销方面有很大的优势，已成为业界的热门工具。知识图谱也广泛应用于人机问答交互和辅助进行数据分析与决策。知识图谱还可以帮助企业自动构建行业图谱，摆脱原始的人工输入，应用于文本分析、机器阅读理解、异常监控、风险控制等场景，实现真正的智能化和自动化。

实战训练 5-1

　　请模拟图 5-5，构建一个自己所熟悉领域的知识图谱。

（二）知识图谱的分类

知识图谱按照功能和应用场景，通常分为通用知识图谱和特定领域知识图谱。

通用知识图谱可以看成一个面向通用领域的"结构化的百科知识库"，强调知识的广度，其中包含了现实世界中的大量常识性知识，覆盖面极广，针对的使用者主要为普通用户。

特定领域知识图谱，又称行业知识图谱或垂直知识图谱，通常面向某一特定领域，可看成一个"基于语义技术的行业知识库"，强调知识的深度，通常需要基于该行业的数据库进行构建，针对的使用者为行业内的从业人员以及潜在的业内人士等。

三、自然语言处理

（一）自然语言处理的概念

自然语言处理（natural language processing，NLP）是人工智能的一个重要分支，是指利用人类交流所使用的自然语言与机器进行有效通信的技术，是一门集语言学、计算机科学、数学、统计学于一体的科学。

在理解自然语言处理的概念时，可以把它分成"自然语言"和"处理"两部分。"自然语言"比较好理解，是人类发展过程中形成的一种信息交流方式，包括口语及书面语，现在世界上所有的语种都属于自然语言，包括汉语、英语、法语等。"处理"则为计算机处理，而非人工处理（即不同自然语言之间的人工翻译），计算机通过特定的处理方式对自然语言进行"翻译"，从而使其对计算机而言可读并可理解。因此，自然语言处理简单来说就是计算机接受用户以自然语言形式的输入，并在内部通过人类所定义的算法进行加工、计算等系列操作，模拟人类对自然语言的理解，并返给用户所期望的结果。自然语言处理就是在机器语言和人类语言之间架起沟通的桥梁，以实现人机交流的目的。

自然语言处理有着十分广泛的应用场景，涉及领域较多，主要包括搜索关键词联想、机器翻译、机器阅读理解、社交媒体监控、聊天机器人、智能语音助理、语法检查程序、电子邮件过滤等。尤其是利用自然语言处理技术开发的智能客服，能够对语义进行分析，理解客户的需求，通过与知识库对接解决客户问题或转人工服务，广泛运用于金融机构的客户服务，有助于降本增效。

（二）自然语言处理的分类

自然语言处理的分类方式众多，最常见的是根据终极目标分为自然语言理解（NLU）和自然语言生成（NLG）两种。

自然语言理解（NLU）就是希望机器能够像人一样，具备自然语言理解能力，研究范围包括音系学、词态学、句法学、语义学和语用学等。尽管自然语言理解已广泛应用于信息服务系统和智能手机助手等领域，但由于语言具有多样性、歧义性、鲁棒性、知识依赖性以及语言在理解时需要联系上下文等难点，机器的自然语言理解能力还远不及人类，通用的、高质量的问答系统仍是较长期的努力目标。

自然语言生成（NLG）是将非语言格式的数据转换成人类可以理解的语言格式，如文章、报告等。如图5-6所示，首先确定生成文本的内容并合理组织文本顺序，随后根据已获取或学习的句子模型进行句子的聚合，加入一些连接词构成完整的句子，参考待生成目标语言的语法表达进行优化处理，最终生成输出任务。

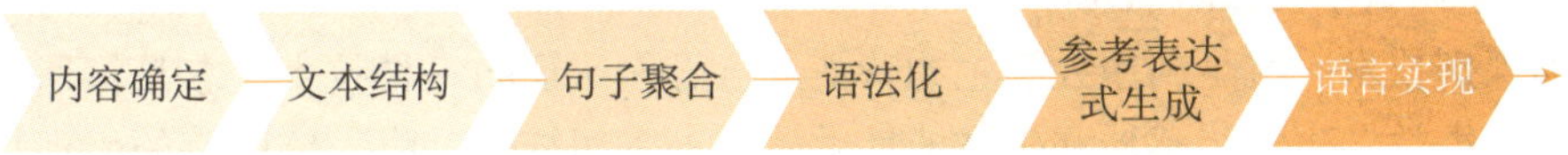

内容确定　—　文本结构　—　句子聚合　—　语法化　—　参考表达式生成　—　语言实现

图 5-6　自然语言生成的步骤

（三）自然语言处理的难点

微软创始人比尔·盖茨曾表示"语言理解是人工智能领域皇冠上的明珠"。可见，自然语言处理位于人工智能发展的核心地位，自然语言处理的进步将会推动人工智能的整体进步。但在自然语言处理的发展过程中，仍有很多制约因素。

1. 在词法、句法、语义、语音和语用等不同层面存在不确定性

人与人之间的自然语言交流除了需要以最快的速度理解对方话语的词法、句法、语义、语音外，还要结合上下文关系和谈话环境进行语言的分析。而自然语言处理迄今为止只限于分析一个孤立的句子，针对上下文关系和谈话环境对句子的约束和影响还缺乏系统研究，因此分析歧义、词语省略、语句二义、代词所指等问题尚无明确规律可循，需要加强语用学研究才能保证句子理解的准确性。

2. 数据资源的不充分使其难以覆盖复杂的语言现象

人在理解一个句子时不是单凭语法、句法，还要运用大量的生活知识和专门知识。但在自然语言处理中，这些知识无法全部存储在计算机里，因此一个自然语言处理系统只能建立在有限的词汇、句型和特定的主题范围基础上，完成自然语言理解和自然语言生成，一旦面对的是复杂的语言，就可能无法得出令人满意的结果。

3. 新的词汇、术语、语义和语法导致未知语言现象的不可预测性

语言是一个开放的集合，人类可以任意发明创造一些新的语言表达方式，但自然语言处理无法很好地"处理"这些新的、未知的语言现象。例如，随着词嵌入技术的发展，词嵌入成为自然语言处理的重要突破之一，使用预训练的词向量成为自然语言处理的主流，但如果数据中的词是一个新词，不在预训练好的词表里，系统生成的文本可能会不可预测，即使生成随机向量或零向量处理，也会存在一定的弊端，无法得到高质量的输出。

4. 语义知识的模糊性和错综复杂的关联性难以用简单的数学模型描述

在自然语言处理中，语义表示研究自然语言中词汇、短语、句子和篇章的意义表示，语义计算研究词汇、短语、句子和篇章间的语义关系。几乎所有自然语言处理任务，都要依赖输入语言序列的语义表示和语义计算。而语义知识的模糊性和错综复杂的关联性使得想要设计出高效鲁棒的语义表示和语义计算模型困难重重。

课堂讨论 5-2

你认为中文和英文，哪个在实现自然语言处理时更困难？为什么？

四、生物识别技术

（一）生物识别技术的概念

生物识别技术，就是利用人类生物特征进行身份认证的一种技术。它是指通过将计算机与光学、声学、生物传感器和生物统计学原理等密切结合，将人体固有的生理特征或行为特征收集起来并进行取样，运用图像处理和模式识别的方法提取特征进行数字化处理，转换成数字代码，并将代码组成特征模板存储于数据库中，在人们同识别系统交互进行身份认证时，识别系统获取其特征并与数据库中的特征模板进行比对，以确定是否匹配，从而确定身份。

生物识别技术涉及的内容十分广泛，包括指纹、掌纹、面部、虹膜、静脉、声纹、步态、笔迹等多种生物特征，其识别过程涉及图像处理、计算机视觉、语音识别、机器学习等多项技术。目前，基于生物特征，各大企业已经开发了带有指纹识别、人脸识别、虹膜识别、静脉识别、声纹识别等功能的产品，广泛应用于政府、军队、金融、教育、交通、电子商务、社会福利、公共安全等领域。

在市场需求和技术发展的双重推动下，生物识别技术在全球范围取得了快速的发展，全球生物识别市场规模从 2016 年的 126 亿美元上升至 2021 年的 286 亿美元，年均复合增长率为 17.8%。其中，指纹识别及人脸识别是应用最广泛的两项技术，市场份额占比约为 56.0% 和 21.1%，随着虹膜识别、静脉识别、声纹识别等技术进一步成熟发展，它们也具备较强的成长性，如图 5-7 所示。

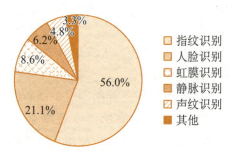

图 5-7　全球生物识别技术市场结构情况（按技术分）

资料来源：中商产业研究院.

（二）生物识别技术的特点

由于人体特征具有独一性，生物密钥无法复制，因此，生物识别技术相较于密码、动态口令、UKey 等传统的身份认证方式，具有更大的优势。

1. 方便性

生物特征是人体固有的特征，与人体是唯一绑定的，可以"随身携带与使用"，人们无须再携带大串的钥匙或保存大量密码。且生物识别技术借助现代计算机技术实现，很容易配合电脑和安全、监控、管理系统进行整合，实现自动化管理，使用起来更加便捷。

2. 安全性

相较于密码、智能卡、UKey 等认证方式，生物特征不易遗忘和复制，且不易伪造或被盗，利用其进行身份认证无须再设置和记忆众多密码，可以有效减少密码丢失泄露情况的发生。相较于动态口令的认证方式，利用生物识别技术进行身份认证可有效避免短信验证码被恶意拦截或被盗取的风险。

3. 可靠性

指纹、虹膜等生物特征通常不会随着时间等条件而改变，相较其他身份认证方式更具稳定性和可靠性。加之，随着生物识别技术的不断优化和成熟，生物识别准确率大幅提升，根据国际权威数据库 LFW 的数据，人脸识别的准确率高达 99.8%，指纹识别的准确率达 98%，虹膜识别的准确率达 99%。

（三）生物识别技术的分类

现今出现了许多生物识别技术，以下主要介绍应用相对较广的五种：指纹识别、人脸识别、虹膜识别、静脉识别和声纹识别。

1. 指纹识别

指纹识别是从指纹图像中提取指纹的特征值，形成指纹特征数据模板，并与人的身份信息相结合，存储于指纹识别系统中。在需要进行身份认证时，将采集到的指纹图像的特征值和存储在系统中的指纹特征数据模板进行模式匹配，计算相似度，从而得到匹配结果以鉴别用户身份。指纹识别的原理如图 5-8 所示。

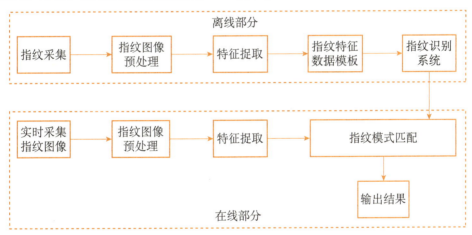

图 5-8 指纹识别的原理

由于指纹样本便于获取且具有唯一性，易于开发识别系统，因此，与其他生物识别技术相比，指纹识别早已在电子商务、安防、信息安全等产业中广泛应用，我国第二代身份证办理便实现了指纹采集，各大智能手机也都实现了指纹解锁功能。但指纹识别也存在一定的缺点：指纹的广泛性较差，某些人群的指纹特征很少（例如长期徒手工作的人，他们的指纹会有不同程度的磨损），很难成像，对该技术的应用有一定的影响；指纹受外界环境的影响较大，干湿环境或沾有异物，指纹识别功能都可能会失效；指纹采集时会在采集设备上留下用户的指纹印痕，这些指纹痕迹易于复制，安全性无法完全得到保证。

2. 人脸识别

人脸识别，又称人像识别，是利用和分析人体面部特征信息来实现身份鉴别的计算机技术。人脸识别技术首先会通过计算机图像处理技术从视频中检测出人脸的大小、位置，将五官定位，从中提取人像特征点，并利用生物统计学原理进行分析建模，构建人脸特征模板。然后利用已建成的人脸特征模板对被测者的面部进行特征分析。最后根据分析结果给出一个相似值，通过这个值判断是否为同一人。

人脸识别是一种易使用、非接触、难仿冒、稳定性高、结果直观的生物特征识别技术，具有极其广阔的应用前景，已形成完善的产业链。目前，人脸识别会受到光线、姿势、表情变化、识别距离等多方面因素影响，识别准确性受到很大的限制；另外，如果用户化妆或整容，对面部进行了一些改变，也会影响到人脸识别的准确性。这些都是人脸识别亟待突破的技术难题。

3. 虹膜识别

人眼由巩膜、视网膜、角膜、虹膜、瞳孔、晶状体等部分构成，虹膜位于巩膜和瞳孔之间，包含了非常丰富的纹理信息，虹膜在人8个月左右形成后，在人的整个生命历程中将保持不变，且每个人的虹膜纹理是不同的（即使是同卵双胞胎或同一人的左右眼，也不相同），这些决定了虹膜特征的唯一性，也决定了身份识别的唯一性。因此，可以将虹膜特征作为身份识别的对象。虹膜识别就是应用计算机对虹膜纹理特征进行量化数据分析，以完成身份识别。在识别过程中，先通过红外摄像头捕捉识别者虹膜的数据图像，接着对虹膜进行定位、特征提取并创造512字节的iriscode（虹膜代码），然后与数据库中的库存数据进行对比，最后做出身份判断，如图5-9所示。

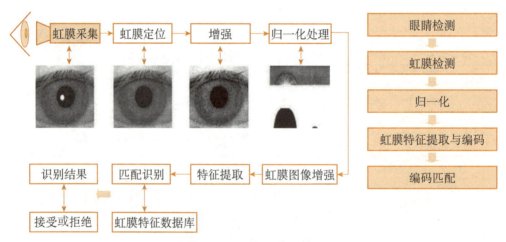

图5-9　虹膜识别的原理

虹膜识别被公认为是精度最高的生物识别技术，其错误率约为1/1 500 000，准确率是指纹识别的30倍，准确性甚至超过了DNA鉴定。此外，虹膜识别还具有唯一性、稳定性、不可复制性、可升级性、便捷性等特点，在综合安全性能上具有绝对优势，在金融、医疗、社保、安检、安防、门禁、监狱等领域已有所应用。

目前，还很难将图像获取设备小型化，且设备造价过高，导致虹膜识别系统应用普及度还较低，无法大规模推广，有待进一步改进和提升。

4. 静脉识别

静脉识别主要是利用静脉血管的结构来进行身份识别，由于人的静脉纹络千差万别，因此可以作为身份验证的对象。静脉识别的工作原理是依据人类静脉血液可吸收红外线光的特质，使用红外线感应小型照相机获取手指、手掌、手背静脉图，然后运用先进的滤波、图像二值化、细化手段对数字图像提取特征值，并存储在计算机系统中。在进行静脉比对时，实时采集静脉图并提取特征，采用复杂的匹配算法同存储在计算机系统中的静脉特征值进行匹配，从而完成身份鉴定。

由于静脉血管属于皮下组织，不同于表皮的指纹，静脉血管不会磨损，不易受外界环境的影响，较难伪造，可实现非接触式信息采集，因此，具有高度防伪、简便易用、快速识别、高度准确、安全可靠五大特点。和虹膜识别一样，由于采集方式受自身特点的限制，静脉识别产品还难以小型化且制造成本高，加之人的静脉仍可能会随着年龄和生理的变化而改变，永久性尚未得到证实，静脉识别技术的运用还不广，目前主要是在门禁控制系统中有所应用。

5. 声纹识别

声纹识别是通过分析使用者声纹的特性来进行识别的技术。声纹识别通过设备测量和记录声音的波形及变化，并进行频谱分析，经过数字化处理后做成声纹模板并存储，使用时将现场采集到的使用者声纹同存储的声纹模板进行匹配，以识别该使用者的身份。

与其他生物识别技术相比，声纹识别具有如下优势：声纹提取可在不知不觉中完成，使用者的接受度较高；获取语音的成本低廉，仅需一个麦克风即可，具有高经济性；可以实现远程身份确认；声纹辨认和确认算法复杂度较低等。这些优势使得声纹识别成为第五大生物识别技术。

声纹识别也存在一些缺点，比如传感器和人的声音可变性较大，对识别准确性有一定的影响；在存在环境噪声或多人混合说话的情形下，人的声纹特征不易提取，对识别有所干扰等，这些因素均造成声纹识别的精确度较低。目前，声纹识别主要用于一些对身份安全性要求还不太高的场景，比如现在比较热门的智能音箱。

五、计算机视觉

(一) 计算机视觉的概念

计算机视觉（computer vision，CV）也称机器视觉，是一门包含计算机科学和工程、物理学、图像处理、信号处理、应用数学、统计学、认知科学及神经生物学等多领域学科的综合学科。它是利用图像传感器采集物体的图像信息，然后利用信号转换技术将图像信息转变为数字图像，并利用计算机程序和算法来模拟人的判别标准以理解和分析图像，从而达到看懂图像内容的目的。

目前，计算机视觉主要集中于应用研究，其应用前景非常广阔，在人脸识别、公共安全、农业、工业、智慧医疗、无人机、无人驾驶、图片识别等领域均有涉及，具体应用场景如表5-2所示。

表5-2　计算机视觉的应用场景

应用场景	细分应用场景
人脸识别	考勤、门禁、身份认证、人脸解锁、人脸检测跟踪、人脸对比、人脸匹配、人脸关键定位、人脸属性分析等
公共安全	商品识别与定位、行人属性分析与跟踪、道路车辆行为分析、人流密度分析等
农业	农产品品质检测、作物识别与分级、农副产品出厂质量监测、植物生长监测、病虫害探测与防治、自动化收获等
工业	产品外观检测、产品缺陷检测、产品质量检测、产品分类、部件装配、工业相机、工业视觉测量、工业控制等

续表

应用场景	细分应用场景
智慧医疗	病变筛查、图像配准技术、辅助治疗、慢性病筛查、新药研发等
无人机	位姿估计、高度探测、地标跟踪、视觉测距、障碍检测与规避、定位与导航等
无人驾驶	车辆与物体碰撞预警、交通标识识别、车道偏离预警、车距检测、行人检测等
图片识别	商品识别、场景识别、人物属性分析、图片鉴黄、以图搜图等
其他	3D视觉、图像及视频处理、图像自动美化、文字读取、高速录入、AI摄影等

（二）计算机视觉的主要任务

计算机视觉是基于大量不同的任务，并将其组合在一起以实现高度复杂的应用。计算机视觉包含图像和视频两大研究内容，涉及四大主要任务：图像分类、目标检测、图像分割和目标追踪。

1. 图像分类

图像分类是计算机视觉最基础的任务之一，也叫图像识别，主要通过算法识别图像中的物体类别。即向机器输入一张图像，然后从已有的固定的分类标签集合中找出一个匹配的分类标签，最后把分类标签分配给该输入图像。典型的应用包括人脸识别、相册根据人物自动分类等。

虽然图像分类研究已有很多，也相对成熟，但还面临较多的细分问题的挑战：如属同类别物体的识别，视角变化和大小变化，图像遮挡、背景干扰、光照条件下的物体识别与分类等，这些问题还需继续探索。

2. 目标检测

目标检测任务是给定一张图像或一个视频帧，要求计算机算法找出其中所有目标的位置，用一个矩形框框出每一个目标，并给出每个小目标的具体类别。从任务难度来看，目标检测比图像分类增加了一个定位的功能，即需要先找到所有目标的位置，然后进行图像分类的处理。

通过图5-10，我们可以看到，在这张密集的图像中，通过计算机视觉系统检测出了大量不同的对象，包括人、汽车、自行车、信号灯等。在目标检测中，一些对象有一部分在图像外，甚至彼此重叠或过于相似，这让人类去识别有时极其困难，而目标检测已能实现较高精度的定位和分类。目前，目标检测已广泛应用于机器人导航、智能视频监控、工业检测、航空航天、人群计数等诸多领域。

图5-10　目标检测结果

3. 图像分割

图像分割是将图像分成一个个像素组，并对每个像素组进行标记和分类，分类的依据包括像素的灰度值、颜色、频谱特性、空间特性或纹理特性等。

图像分割主要有语义分割和实例分割两种。语义分割是在语义上理解图像中每个像素组的类别，如行人、道路、建筑物等，它会为图像中的每个像素组分配一个类别，但不会对属同一类别的对象进行区分。实例分割不但要进行像素级别的分类，还需在具体的类别基础上区分不同的实例，确定它们之间的界限、差异和关系。如图 5 - 11 所示，图像中共有五人，语义分割的结果都是人，而实例分割的结果却是不同的人。

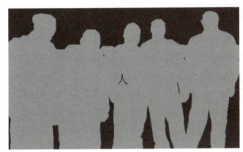

图 5 - 11 语义分割和实例分割示意

4. 目标追踪

目标追踪是针对视频的研究任务，是指在动态连续的视频序列中，追踪随着时间不断移动的对象，并建立该对象的位置关系，以得到完整的运动轨迹和运动趋势。按照追踪目标数量的多少，可分为单目标追踪与多目标追踪。前者在视频中追踪的目标是唯一的，后者则同时追踪视频中的多个目标，得到这些目标的运动轨迹。

目标追踪已广泛应用于移动机器人、智能视频监控、体育赛事转播、无人机、自动驾驶等领域。但由于目标追踪会受到形态变化、尺寸变化、光照强度变化、目标快速运动、被遮挡或短暂消失等情况干扰，还需不断提升追踪算法的性能。

任务三 人工智能在金融领域的应用

近年来，人工智能和金融深度融合，人工智能技术广泛应用于金融各领域，赋能金融业务链，提升金融产品和服务质量，降低风险成本，加速推进金融数字化、智能化转型，全面引领智能金融的快速发展，更加有效地服务实体经济。

目前，人工智能已基本实现对银行、证券、保险等垂直领域主要场景的全覆盖，形成了包括智能营销、身份识别、智能客服、智能风控、智能合规、智能运营、智能核保、智能理赔、智能投顾、智能投研等创新应用（见图 5 - 12），深刻改变了传统金融业务的运作模式，更好地满足客户便利化、高效化、个性化的金融需求。下面围绕智能营销、智能客服、智能投顾、智能风控四大应用场景进行阐述。

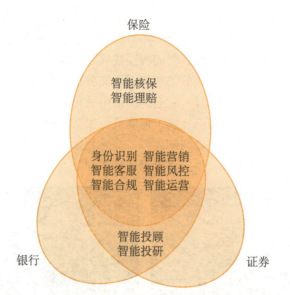

图 5 - 12   人工智能在银行、证券、保险三大行业的应用场景

一、智能营销

智能营销，也称为精准营销，是指利用人工智能、大数据、物联网、移动互联网、机器学习等现代科学技术，在可量化的数据基础上分析客户的消费模式和特点，建立客户画像，构建知识图谱，深挖客户潜在需求，并以此来划分客户群体，实现智能化获客和精准营销。

相较于传统的营销方式，智能营销有以下四个方面的特点。

（一）精准定位目标客户，洞察客户潜在需求

智能营销能够利用知识图谱、自然语言处理等人工智能技术和大数据技术对客户的性别、年龄、受教育程度、消费习惯、行为习惯、社交特征等进行数据分析，帮助金融机构在自身存储的大量客户信息中挖掘高价值目标客户，并整合全渠道客户数据，建立更为精准的目标客户画像，以在此基础上洞察客户真实的潜在需求，实现精准的营销定位。

（二）满足客户个性化需求，实施定制化营销策略

智能营销将权力高度集中于客户手中，主要以客户个性化、碎片化的需求为中心，通过基于机器学习和知识图谱建立的智能推荐系统，实施定制化营销策略，为不同的客户提供有针对性的、个性化的营销内容，以满足客户的动态需求。

（三）业务环节线上化、自动化，助力营销降本增效

随着移动互联网时代的到来和发展，业务办理线上化和自动化已是大势所趋。金融营销涉及产品推荐，订单、合同的生成和管理，销售人员行为管理，客户信息管理等众多业务环节，对移动端的依赖性较强。智能营销能够实现销售业务环节的线上化、自动化，提升客户黏性，实现销售管理的清晰化和数据整理的便利化，有利于解放金融机构人力资源，助力营销降本增效。

（四）实现对客户全生命周期的管理，有效提升客户体验

智能营销能够构建从问询、购买、支付到服务的全流程管理模式，贯通售前、售中和

售后环节，优化和再造流程，最大限度地实现客户价值和满足客户个性化需求，实现对客户全生命周期的管理。智能营销还能将营销环节和生产、供应、销售、服务等环节的价值链进行串联，通过技术驱动和效率提升，给客户提供更全渠道、一致化的创新体验。

　　未来，智能营销在金融领域将继续深挖数据价值，加强与第三方服务商的通力合作，不断优化关键技术，搭建智能营销平台，积极向跨领域、高融合的人机合作工作方式转变，进一步提高金融服务的效能，助力金融业可持续发展。

二、智能客服

　　智能客服是一个能用语音或文字进行智能应答的客户服务系统，也被称为"对话机器人"。智能客服是利用语音识别、自然语言处理、知识图谱、计算机视觉、大数据处理、机器学习、数据挖掘等技术，在大规模知识库处理基础上发展起来的一种自动应答引擎。智能客服能识别客户提出的问题，覆盖金融机构主要客服场景，进行标准化自动应答，有效解放人工客服，已成为金融机构和客户沟通交流最便捷、最高效的服务模式。

　　相较于传统的人工客服，智能客服可以有效整合多渠道的客户服务中心，24 小时在线，实现会话转接和人机操作同步执行，并能通过自学习能力实现智能知识库的优化和完善，帮助客户在最短的时间内定位和解决问题，从而能够大幅降低人工成本，提高客服的工作效率和有效性，提升客户体验，有效解决人工客服存在的运营成本高、操作烦琐、反馈周期长、工作效率低等问题。据权威机构统计，智能客服在金融领域的应用已经能够解决 85%的常见问题，而其成本仅为人工客服的 10%，能极大地促进金融企业"降本增效"目标的实现。人工客服和智能客服的对比见表 5-3。

表 5-3　人工客服和智能客服的对比

指标	人工客服	智能客服
工作效率	2～3 人/分钟	15～20 人/分钟
反馈时间	长	短
自主性	较强	较弱
并行服务人数	少于 4 人	多于 100 人
成本	较高	形成规模后较低
发展方向	专注于特定需求场景，提供转化率高的服务	覆盖流程化服务并构建更大的知识库

资料来源：前瞻产业研究院．

　　智能客服通过网上客户端、手机 App、微信、微博、短信等渠道，以知识库为核心，基于庞大的业务数据信息，运用自然语言处理技术解析语义逻辑，并在知识图谱技术的加持下，智能搜索知识库获取精准答案，还可以通过自学习能力对知识关联形成推理问答，为客户提供高质量、全天候的服务。目前，智能客服已广泛应用于银行、证券、基金、信托、保险等各大金融领域，众多国内外知名金融机构都开发了自己的智能客服系统，以提升运营效率，降低服务成本。

　　银行业通过智能语音机器人和文字客服实现智能应答，每个银行的日均服务量高达几十万次，约占整体服务量的 91%，大大节约了人工座席的成本；还通过智能外呼系统在产品营销、大额支付确认、风险预警与交易确认、逾期催收、信息通知、问卷调查、回访满意度等业务场景中代替人工完成对话，实现快速洞察客户需求。此外，智能语音导航系统用人机语音交互替代菜单按键式交互，广泛应用于 ATM、手机 App 和营业网点等，导航准确率达 90% 以上，优化了银行工作流程，提升了客户体验感。证券业、基金业、信托业通过利用智能客服系统为投资者提供在线应答、在线开户、业务咨询、业务办理等服务，部分公司的智能客服系统已能解决 80% 以上的常见业务问题，降低了客户服务的运营成本。保险业则将智能客服系统广泛应用于保险产品推荐、续保通知、产品筛选、保险续期回访、报案登记等多种业务场景，尤其是外呼回访成功率和智能语音问题解答准确率均接近真人水平，能够帮助保险公司节约 70%～80% 的人工客服成本，助力保险营销、承保、理赔各业务环节。

知识拓展 5-2

国内首个智慧型服务机器人交行"娇娇"隆重登场

在交通银行服务大厅，身着白色服装、系着交通银行丝巾的"娇娇"，在大堂中自由移动，大大的眼睛，憨态可掬而又略显萌态的样子引来众多客户围观。"娇娇，我们合个影可以吗？""来吧，我等着，一定要用美图秀秀哦！""娇娇，我要存款 50 万。""土豪，我愿意和你做朋友。"经过简单而又亲切的交流后，"娇娇"会马上进入大堂经理的"角色"，熟练、准确地向客户指引、介绍银行的各类业务。在语言交流过程中，"娇娇"能准确回答客户的各种问题，其丰富的知识储备、风趣的问答方式、专业的服务能力赢得了客户的好评，客户纷纷称之为合格的"大堂实习经理"。

交通银行智慧型服务机器人"娇娇"自 2015 年底推出以来引起了社会各界的强烈反响。"娇娇"是在交通银行指导下，由南京大学旗下的江苏南大电子信息技术股份有限公司牵头整合国内外智能机器人产业链相关企业战略合作共同完成。随着"娇娇"全面服务于广大客户，交通银行也成为国内首家大规模采用智能机器人的银行，率先走到了中国银行界乃至世界银行业智能化的前列！

交通银行智慧型服务机器人的面世，不仅展现出战略联盟的实力，也标志着智慧型服务机器人成为国内首个大规模运用于银行业的实体机器人，成为国内首个全面获准进入金融领域的智慧型服务机器人。

三、智能投顾

近年来，随着人们投资理财需求的增加和高科技信息技术在金融领域的应用，智能投顾受到国内外人士的广泛关注，已成为金融业数字化转型和科技创新的热点。目前，在国际上对智能投顾还没有统一而权威的界定，国际证监会组织（IOSCO）认为智能投顾是通过智能工具所提供的投顾服务，通常始于向投资者提出一系列问题，然后根据投资者的回答生成对应类型，从而将投资者与投资组合进行匹配；美国证券交易委员会（SEC）认为智能投顾是基于网络算法的自动化投资咨询程序，该程序通过分析客户的投资目标、投资期限、收入和资产情况、风险承受能力等信息，制定符合客户要求的投资组合，并为客户提供账户管理服务。2018 年，中国人民银行、中国银保监会、中国证监会、国家外汇管理局四部委联合发布的《关于规范金融机构资产管理业务的指导意见》规定运用人工智能技术开展投资顾问业务及资产管理业务的机构必须取得相应的牌照资质，这被视为我国关于智能投顾的首次法律界定。概括来讲，智能投顾是指运用人工智能、大数据、云计算等技术，根据投资者的财务状况、风险偏好和收益目标等，结合金融投资理论搭建数据模型和后台算法，为客户自动生成个性化的理财建议，并对投资组合持续跟踪和动态调整。

智能投顾诞生于 2008 年，2010 年、2011 年相继成立的两家智能投顾公司 Betterment 和 Wealthfront 标志着智能投顾进入大发展时期。Statista 数据显示，2021 年全球智能投顾管理的资产规模达 1.43 万亿美元，客户数近 3 亿，预计到 2026 年管理的资产将超 3 万亿美元，客户数将超 5 亿。2015 年，智能投顾进入我国并大规模兴起，持续保持高增长态势；2022 年，我国智能投顾管理的资产总额超 6 600 亿美元，覆盖人群达到 1.03 亿。

目前，我国的智能投顾市场主要有两类：一是传统金融机构，其利用强大的客户群和产品资源优势打造智能投顾平台，如工商银行的"AI 投"、招商银行的"摩羯智投"等；二是互联网金融企业，以互联网企业和高科技企业为代表，具有强大的流量和技术实力，相继推出智能投顾服务，如蚂蚁集团的"蚂蚁聚宝"、京东金融的"京东智投"、蓝海财富的"蓝海智投"等。

知识拓展 5－3

2020 年我国前 20 家
智能投顾平台

相较于人工投顾，智能投顾具有以下四个优势：

第一，提供高效便捷的投资咨询服务。智能投顾全流程互联网化，操作简单便捷，能够 7×24 小时随时响应客户需求并对投资组合实时监控，提供不间断的智能化财富管理专属服务。

第二，投资门槛低、平均费率低、透明度高。智能投顾平台覆盖包括高净值客户在内的大多数类型投资者，以中产阶级和低净值普通客户为主，投资门槛极低，甚至可以实现零门槛；管理费率在 0.25%～0.5%，边际成本随着客户的增多而不断下降；对金融产品选择范围和收取的费用明细等信息充分披露，且客户可获取实时的账户诊断报告，全流程公开透明。

第三，克服投资主观情绪化，使投资更客观。智能投顾根据算法决定投资策略，基于数据模型控制风险，提出最优资产组合比例方案，不受主观因素影响。

第四，提供多样化的资产配置服务和个性化的财富管理服务。智能投顾可同时对多类型资产进行配置，配置范围广，分散度高；还能为客户提供个性化的风险测评服务，依托大数据和云计算技术，提供个性化的财富管理服务和丰富的定制化场景。

智能投顾和人工投顾的比较见图 5-13。

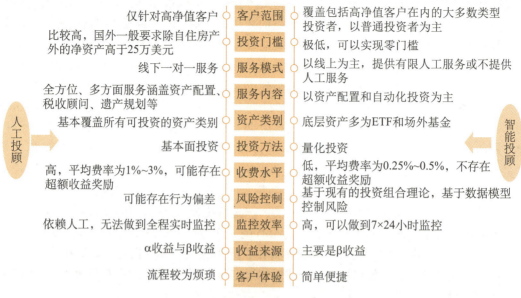

人工投顾		智能投顾
仅针对高净值客户	客户范围	覆盖包括高净值客户在内的大多数类型投资者,以普通投资者为主
比较高,国外一般要求除自住房产外的净资产高于25万美元	投资门槛	极低,可以实现零门槛
线下一对一服务	服务模式	以线上为主,提供有限人工服务或不提供人工服务
全方位、多方面服务涵盖资产配置、税收顾问、遗产规划等	服务内容	以资产配置和自动化投资为主
基本覆盖所有可投资的资产类别	资产类别	底层资产多为ETF和场外基金
基本面投资	投资方法	量化投资
高,平均费率为1%~3%,可能存在超额收益奖励	收费水平	低,平均费率为0.25%~0.5%,不存在超额收益奖励
可能存在行为偏差	风险控制	基于现有的投资组合理论,基于数据模型控制风险
依赖人工,无法做到全程实时监控	监控效率	高,可以做到7×24小时监控
α收益与β收益	收益来源	主要是β收益
流程较为烦琐	客户体验	简单便捷

图 5-13 智能投顾和人工投顾的比较

资料来源:清华大学金融科技研究院,等. 智能投顾发展现状及趋势研究报告 (2020).

随着金融和科技的深度融合,金融业的智能化不断加深,智能投顾将依托自身低成本、高效率、透明化、理性化、多样化的优势,通过"人+机器",满足投资者差异化的投资需求,逐步覆盖更多的长尾客户,成为财富管理的"标配"。

四、智能风控

风险管理是金融活动的核心,随着互联网金融的出现,基于人工智能、大数据等新技术的智能风控已成为金融机构风险管理的新方向。根据智研咨询的预测,预计到 2027 年,中国智能风控行业市场规模将达到 327.0 亿元,智能风控行业市场规模巨大,是未来金融科技的重要发力点。

智能风控主要是依托高维度的大数据、云计算和人工智能技术构建全面的智能金融风控模型,对风险进行及时有效的识别、预警和防控,最终应用于客户识别、反欺诈、反洗钱、贷前审批、授信定价、贷后监控、逾期催收、保险理赔等金融风险管理业务流程,从而提高金融机构的风控能力。

目前,智能风控在银行、证券、保险等行业已经有了长足的发展,已广泛应用于大型风控场景,依托智能风控技术与传统风控模型互补,实现风险管理全流程的智能化、自动化。

(一)智能风控在银行业中的应用

智能风控在银行业中的应用主要体现在信贷风险的控制上,智能风控可以覆盖包括贷前、贷中、贷后的信贷业务全流程(见表 5-4)。以消费信贷为例,贷前通过智能风控系统,应用知识图谱、机器学习、大数据、生物识别等技术,将非结构化数据建立联系,形成金融风控的知识图谱,全面覆盖静态、动态及关系网络等信息,建立人脸识别、反欺诈等模型，实现全自动化审核和评估、身份认证、反欺诈、征信和授信环节，降低人力成本；贷中依靠智能化手段实现信贷交易风险判定、信贷资金流向动态实时监控、异常行为预警和告警止损，有效预防和控制欺诈交易等贷中风险威胁；贷后利用机器学习处理多维弱变量数据，动态监控信贷执行情况，识别有逾期征兆的客户，精准估计违约风险，及时优化调整风险管理和催收策略，打造信贷风控闭环，确保贷款安全，降低信用风险，促进信贷业务稳健发展。

表 5-4　智能风控在信贷各阶段的应用

	注册审核	身份认证	反欺诈	征信	授信
贷前	在高维、非结构化、高度分散的数据环境下，知识图谱等技术的应用可以加速筛选，甚至完全实现自动化审核和评估，有效降低风险	应用生物识别等技术，实现身份自动化识别并精准拦截	基于高维变量和丰富的应用场景构建反欺诈模型，同时动态优化反欺诈规则，提高欺诈案件识别率	随着大数据征信和央行征信不断融合，数据来源正以多元性、完整性和高可获得性为目标发展	结合维度相对完整的征信数据，授信流程实现自动化、便捷化和差异化
	信用评分	风险定价	审批	交易监控	交易反欺诈
贷中	随着大数据技术对征信体系的补充，信用评分模型实现差异化和智能化	智能化手段在实现线上与线下相结合的同时，通过个性化定价提升边际收益	智能审批可以综合前面流程中的多维数据、差异化定价模型实现自动化审批	智能化交易监控可以实现实时监控反馈，及时调整风控策略，优化模型，防控风险	利用机器学习等技术构建反欺诈模型，可以识别可疑交易、降低欺诈损失
	贷后监控		存量客户管理	催收	
贷后	通过扫描借款人的新增风险，帮助金融机构动态监控借款人的信息变更，及时发现不利于贷款按时偿还的问题，相应调整催收策略，解决坏账隐患		在存款客户和贷款客户之间交叉营销，是金融机构常见的管理过程，主要核心目标是提高客户价值	传统金融机构的催收分为内催和委外催收两种，成本高、效果差。智能技术有望赋能催收产业实现智能化、科技化、合规化	

资料来源：亿欧智库.2018中国智能风控研究报告.

（二）智能风控在证券业中的应用

智能风控在证券业的应用主要体现在对异常交易行为和违规账户的实时侦测上。通过运用知识图谱、自然语言处理、生物识别、深度学习、大数据等关键技术，对客户交易进行低延迟实时计算，提取特征指标（如下单次数、下单频率、每单报价、持有标的、总资产、资金与持仓信息等），并通过特征指标对高频交易客户进行群体划分，建立客户画像体系，输出客户所属类别，进而对可能存在异常交易和违规账户的情况自动报警，再由人工处置。目前，国内大多券商均已建立智能风险管理信息系统，除了能实现风险计量与监控的自动化，还全面覆盖市场资讯获取、风险展示、报表生成等功能，实现了证券业的质效提升。

（三）智能风控在保险业中的应用

智能风控在保险领域的应用主要体现在保险风险定价和反保险欺诈上。保险公司可以结合投保人和被保险人的生活习惯、年龄、健康状况、财产状况、投保经历、标的特点等基础信息，运用大数据和人工智能技术，建立客户画像，挖掘投保人的保险偏好，个性化定制保险产品，并提供差异化的风险定价，满足客户个性化、定制化、场景化的保险需求；保险公司还可借助欺诈交易监控系统，通过运用生物识别、图像识别、视频识别检测、视频追踪等技术，进行欺诈侦测，有效识别保险标的和被保险人的真实状态、理赔图片 PS 和重复索赔等欺诈点，提高欺诈识别率，降低欺诈风险，减少理赔成本。

任务四　人工智能金融发展面临的机遇与挑战

一、人工智能金融发展面临的机遇

在国家顶层设计和规划的推动下，人工智能技术将不断赋能金融业，对金融市场、金融机构、金融服务、金融监管等方面产生重大影响，对传统的金融生态体系进行重构。随着人工智能技术的完善，人工智能在金融领域的应用会进一步加快，必将为金融业数字化转型升级带来新的机遇。

（一）人工智能助力金融场景化

人工智能与金融领域的深度融合，衍生出身份识别、智能客服、智能营销、智能投顾、智能风控等金融应用场景，使得人们获取金融服务变得更加便捷。未来，人工智能会继续拓宽金融业务边界，在购物、就医、出国、旅游、购房、购车等各个场景中，根据客户需求提供贷款、投资、理财、保险等金融服务，助力普惠金融的发展。此外，随着人工智能的发展与金融场景化的深入，金融机构的前台功能会逐渐减弱，网点经营与服务将会"大撤退"，金融机构将依托人工智能、大数据、区块链等技术，大力发展场景化金融、互联网金融，构建竞争力更强、普惠性更高、便捷性更优的现代金融体系。

（二）人工智能推动金融个性化

未来，金融领域的发展将更加围绕"以客户为中心"的理念。随着人工智能技术不断创新突破和深度赋能金融领域，金融机构可以基于个体客户信息数据分析客户消费行为、信用等级、资金能力、投资方向等，建立单一客户画像，搭建精细化的产品模型，产品不再服务于客户群，而是针对个体客户实时设计，并提供个性化的后续服务，真正实现金融服务"以客户为中心"，满足客户个性化的金融需求。

（三）人工智能促进金融智能化

目前，金融业正借助人工智能从自动化向智能化升级，尤其是神经网络的发展带动了新一轮的算法革命，加之数据治理方案的不断完善，为金融机构实现智能化分析决策提供基础，提高了机器智能对金融环境的自主学习能力，减少了人工干预，打造自动化金融交易体系，驱动行业发展。未来，还会出现服务家庭客户的智能化金融终端，与金融机构的人工智能平台对接，利用人工智能模型和算法预测家庭客户的金融需求，匹配相应的金融产品和服务，促进金融业向智能化演进。

二、人工智能金融发展面临的挑战

任何新技术的应用都具有两面性，人工智能在加快金融变革、催生金融创新、提高金融效率的同时，也必将给金融生态带来全方位的挑战。

（一）人工智能在监管上面临的挑战

在当前的金融监管体系中，监管对象往往是法人和自然人，由于人工智能在应用过程中使投资账户的所有者和经营者相互分离，导致监管对象趋于复杂化，很难对其进行监管。智能代理虽可以从技术层面对内控程序加以控制，但对具体代理行为的监管边界及责任主体，目前的监管法规均未涉及，使得对智能代理违法行为难以认定、责任主体难以界定，进而加大了监管难度。

（二）人工智能在防范潜在风险上面临的挑战

目前，人工智能还处于弱人工智能阶段，主要是监督学习的应用，只能取代比较简单的重复性工作，还无法应对复杂场景下的决策，存在技术风险挑战，在金融应用中仍存在风险隐患；加之人工智能的很多模型和算法是在"黑箱"状态下运作，只有结果，没有对结果的合理解释，导致人工智能或机器学习衍生出的很多模型可解释性差、不透明，技术风险较大。

在现阶段，人工智能技术还不成熟，可能会带来金融风险。金融领域对人工智能的应用过分依赖于软硬件平台和网络环境，这些软硬件平台和网络环境缺乏严格的测试管理和安全认证，可能存在漏洞，一旦被攻击者利用或操纵，会篡改或窃取系统数据，破坏人工智能产品及应用，甚至可能导致金融客户产生重大的财产损失，造成恶劣的社会影响。

人工智能在金融领域的应用产生的"尾部效应"和"网络效应"会导致未来金融机构更加依赖第三方，增加了金融体系的复杂性。如果这些第三方高科技企业提供的人工智能服务在金融细分市场占有很高的份额，会成为金融不稳定的风险因素，一旦这些企业出现重大问题，可能会扩大风险的传染性和影响面，诱发更大的"羊群效应"，带来系统性风险。

（三）人工智能在数据隐私保护上面临的挑战

随着生物识别、自然语言处理等人工智能技术广泛应用于金融系统，用户在使用相关系统、软件时，会将个人信息设置其中，一旦系统被侵入，很容易造成用户信息的泄露。IBM 发布的《2020 年数据泄露成本报告》显示，数据泄露的平均总成本为 386 万美元（约合人民币 2 521 万元），数据泄露无论对企业还是对个人，都会造成极其严重的后果，数据隐私保护正面临着严峻的挑战。

案例分析 5-1

"人脸识别"不容滥用

近期，某人脸识别短视频 App 因存在安全隐患而遭下架，一些企业也因违规采集并使用消费者面部信息而被调查。企业滥用"人脸识别"技术，伤及的究竟是消费者还是自身？

很多新生事物犹如一把双刃剑，在法律框架内、道德约束下正确运用可利国利民，若为利益所驱使、为金钱所摆布，"人脸识别"又可摇身一变，成为损害消费者权益的幕后帮凶。一是当面部特征的可复制遇上刷脸支付，消费者的"钱袋子"将无险可守，财产安全无从维护；二是当面部信息的可识别遇上大数据算法，消费者对商家"大数据杀熟"将毫无察觉，公平交易无从谈起；三是当有关企业无意构建保护人脸数据资源的"护城河"，消费者的个人隐私将存在安全风险，肖像权、名誉权无从保障。但因相关侵权行为极具隐蔽性，不少消费者对不良商家的"暗箱操作"并不知情，对权益受损"后知后觉"，对权益维护难以溯源。滥用"人脸识别"高危害性与高隐蔽性并存，不但背离了借助新兴技术推动经济社会发展的初衷，还令本应便民利民的"人脸识别"明珠蒙尘。这所伤及的不只是消费者的"钱袋子"，还消解着消费者对相关企业的信任，拂了企业稳健可靠的"面子"，断了企业开拓进取的"路子"，毁了企业长远发展的"里子"。

资料来源：经济日报.

问题：你认为该从哪些方面减少"人脸识别"被滥用的现象发生，从而保护消费者的合法权益和个人信息的数据安全？

分析提示：可以从企业经营者、消费者、监管者等不同主体角度进行分析。

总之，人工智能在金融领域的应用已成为必然的趋势，金融机构和监管机构要根据金融业的特性，在积极推动技术优化、抢占人工智能发展高地的同时，还要重视人工智能给金融领域带来的冲击和挑战，做好风险防范工作，保证金融业与人工智能技术融合的蓬勃发展。

模 块 小 结

1. 人工智能是指利用计算机控制的机器人或软件所呈现的任何模拟人类的智能行为。

2. 人工智能的发展经历了起步期、反思期、突破期、低迷期和蓬勃期。

3. 按照能力强弱，人工智能可以分为弱人工智能、强人工智能和超人工智能。

4. 根据学习模式的不同，机器学习可分为监督学习、无监督学习和强化学习；根据学习方法的不同，机器学习可分为传统机器学习和深度学习。

5. 知识图谱按照功能和应用场景，分为通用知识图谱和特定领域知识图谱。

6. 自然语言处理主要包括自然语言理解和自然语言生成两种。

7. 应用相对较广的生物识别技术主要有指纹识别、人脸识别、虹膜识别、静脉识别和声纹识别。

8. 计算机视觉是基于大量不同的任务，并将其组合在一起以实现高度复杂的应用。计算机视觉涉及四大主要任务：图像分类、目标检测、图像分割和目标追踪。

9. 人工智能已基本实现对银行、证券、保险等金融垂直领域主要场景的全覆盖，形成了包括智能营销、智能客服、智能投顾、智能风控等诸多创新应用。

10. 人工智能助力金融场景化、个性化、智能化，但在监管、防范潜在风险、数据隐私保护上给金融生态带来了挑战。

▰▰▰▰▰▰▰▰▰▰▰▰▰▰▰▰▰▰ **模 块 测 评** ▰▰▰▰▰▰▰▰▰▰▰▰▰▰▰▰▰▰

一、单选题

1. "人工智能"这个概念的提出者是（　　）。

A. 查尔斯·巴贝奇　　　　　　　B. 赫伯特·西蒙

C. 约翰·麦卡锡　　　　　　　　D. 艾伦·图灵

2. 人工智能共经历了（　　）发展浪潮。

A. 1 次　　　　　B. 2 次　　　　　C. 3 次　　　　　D. 4 次

3. （　　）是人工智能基础技术层的软件核心，是实现人工智能的必要手段。

A. 生物识别技术　　B. 机器学习　　　C. 自然语言处理　　D. 计算机视觉

4. 以下哪项不属于生物识别技术的特点？（　　）

A. 方便性　　　　　B. 安全性　　　　　C. 可复制性　　　　D. 可靠性

5. 以下哪项不属于计算机视觉的主要任务？（　　）

A. 图像分类　　　　B. 图像分割　　　　C. 目标追踪　　　　D. 图像生成

6. （　　）又被称为"对话机器人"。

A. 智能客服　　　　B. 智能理赔　　　　C. 身份识别　　　　D. 智能营销

7. 工商银行推出的智能投顾品牌是（　　）。

A. 摩羯智投　　　　B. 智投魔方　　　　C. AI 投　　　　　D. 财智机器人

二、多选题

1. 下列哪几项被认为是 21 世纪的三大尖端技术？（　　）

A. 人工智能　　　　B. 基因工程　　　　C. 空间技术　　　　D. 纳米科学

2. 按学派分类，人工智能可分为（　　）。

A. 符号主义　　　　B. 行为主义　　　　C. 连接主义　　　　D. 主观主义

3. 以下关于通用知识图谱的说法，正确的是（　　）。

A. 面向通用领域

B. 强调知识的深度

C. 使用者一般为行业人员和潜在业内人士

D. 以常识性知识为主

4. 自然语言生成的步骤包括（　　）。

A. 内容确定　　　　B. 句子聚合　　　　C. 阅读理解　　　　D. 语言实现

5. 计算机视觉包含哪两大研究内容？（　　）。

A. 音频　　　　　　B. 视频　　　　　　C. 文字　　　　　　D. 图像

6. 以下哪些人工智能应用场景是银行、证券、保险三大领域共有的？（　　）

A. 智能营销　　　　B. 智能投顾　　　　C. 智能合规　　　　D. 智能核保

7. 下列关于智能投顾的说法，正确的是（　　）。

A. 投资门槛极低，甚至可以实现零门槛

B. 以普通客户为主

C. 收益来源主要是 α 收益和 β 收益

D. 平均费率为 1‰～3‰

三、判断题

1. 谷歌 DeepMind 公司的 AlphaGo 属于强人工智能。（　　）

2. 根据学习方法的不同，机器学习分为传统机器学习和深度学习。（　　）

3. 1956 年，达特茅斯会议召开标志着人工智能的诞生。（　　）

4. 深度学习的特征提取需要依靠人工。（　　）

5. 通过虹膜识别无法识别出同卵双胞胎。（　　）

6. 图像分割又称图像识别。（　　）

7. 智能营销将权力高度集中于营销者手中，以实现降本增效的作用。（　　）

四、简答题

1. 人工智能的发展大致经历了哪几个时期？

2. 什么是弱人工智能、强人工智能和超人工智能？

3. 人工智能有哪些基础技术？

4. 人工智能可应用于金融领域的哪些主要场景？

5. 简述人工智能金融发展面临的机遇与挑战。

综合实训

实训目的：认识和了解人工智能在金融领域的应用。

实训内容：以小组为单位，调查不同金融主体应用人工智能的场景与对人工智能的研发。

实训步骤：

1. 筛选 5～6 个具有代表性的不同类型的金融主体，如银行、券商、保险公司、基金公司、信托机构等，了解它们应用人工智能的场景。

2. 收集并整理不同类型金融主体参与人工智能研发的相关资料。

模块 六

区块链及其应用

学习目标

● **知识目标**

1. 了解区块链的产生和定义，区块链在金融领域的典型应用、发展机遇及挑战；

2. 熟悉区块链技术的发展历程以及技术架构；

3. 掌握区块链的技术特征和分类、基本结构及其特点。

● **技能目标**

1. 能够在实训平台根据实验说明完成区块链特征、分类、基础技术的实训操作，并从实训中进一步体会相关知识点的内涵；

2. 能够区分不同类型区块链的特征和应用。

● **素养目标**

认识中国人民银行推出央行数字货币带来的好处，以及对推动人民币国际化的战略意义。

思维导图

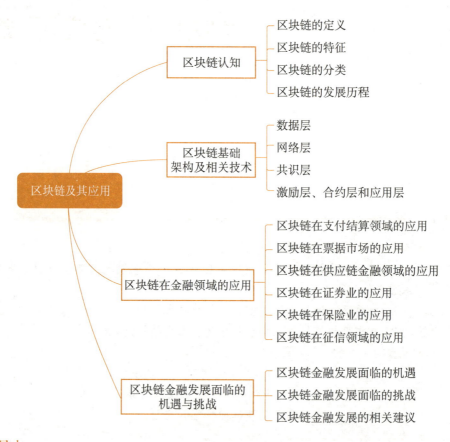

案例导入

隐藏在比特币背后的底层技术

2008 年 10 月 31 日，一个化名中本聪的神秘人物在密码朋克上发表了一篇论文，题为"比特币：一种点对点的电子现金系统"（第一版比特币白皮书）。中本聪在论文中详细描述了如何创建一个不需要建立在交易双方相互信任基础上的去中心化电子交易体系。三个月之后，中本聪在芬兰的一台小型机上挖出了比特币系统的第一个区块——创世区块，并获得 50 枚比特币作为奖励，由此拉开了比特币这种加密数字代币的财富传奇序幕。

中本聪在设计比特币系统时，将比特币总量限制为 2 100 万枚，目前已经有一半在市场上流通，预估最后一枚比特币将在 2140 年前后被挖出。随着比特币的市场接受度越来越高，加之挖矿的难度越来越大，比特币的价格一路走高。2022 年 3 月，一枚比特币的最高价格突破了 48 000 美元。

对以比特币为代表的数字代币，不同的国家有不同的态度，有的表示肯定，有的直言打击。比特币到底将走向何方，我们不得而知，这还有待市场进一步检验。不过，比特币的真正价值不在于其本身，而是背后的底层技术——区块链技术。虽然各国对数字代币的观点不同，但对于区块链技术，各国都在加紧研发和部署。区块链也被看作第二代互联网，被认为将带来可比肩信息重构的巨大变化，也就是"价值重构"。

什么是区块链？区块链又为何有这么大的魅力？让我们一起来掀开区块链的神秘面纱。

任务一　区块链认知

一、区块链的定义

要了解区块链的概念，就要先了解什么是比特币。2009 年，不受中央银行和任何金融机构控制的比特币诞生了，作为目前世界上应用区块链技术最成功的项目，比特币自诞生之初就充满了传奇色彩并引发很多争议，同时伴随着价格大幅涨跌，比特币越来越频繁地出现在公众视野之中。比特币是一种数字货币，它由计算机生成的一串串复杂代码构成，新比特币通过预设的程序制造。与法定货币相比，比特币没有一个集中的发行方，而是由网络节点计算生成，谁都有可能参与制造比特币，并且可以在全球任意一台接入互联网的计算机上进行买卖。任何人无论身在何方，都可以挖掘、购买、出售或收取比特币，而且在交易过程中他人无法辨认其身份信息。

简单来说，比特币是一种通过密码编码，经过复杂算法产生的去中心化、点对点交易的数字货币。去中心化保证了比特币的安全与自由，也是比特币的最大特点。在比特币系统中，每 10 分钟就会通过矿工（参与记账的节点）产生一个区块，这个区块是一份账单（相当于账本中的一页），其中记录的是 10 分钟内全球发生的所有交易的信息。比特币系统会永久地保存自创世区块以来的所有有效区块，其中每一个区块都被打上了时间戳，并通过由计算机算法生成的哈希指针来告诉人们哪个区块是某个区块的上一个区块，这样比特币系统严格按照时间顺序将所有区块组成一条长长的数据链，因此得名区块链。

那么区块链到底是什么？简单来理解，区块链（block chain）可以看作"区块"和"链"的组合，其中区块是组成区块链的基本单元结构，每一个区块都被打上时间戳，每个区块当中存放的就是这个区块生成期间的所有交易信息，然后众多的区块按照时间先后顺序排列，并通过加密的方式，形成一个可信的、不可篡改的、全员共有的链条，其结构如图 6-1 所示。

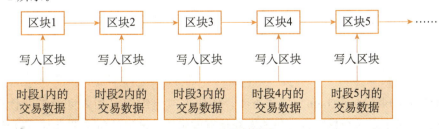

图 6-1　区块链结构

具体来讲，区块链的定义可以归纳如下。狭义来讲，区块链是一种将数据区块按照时间顺序相连的具有链式数据结构的数据库，同时也是用密码学方法保证不可篡改和不可伪造的分布式账本。广义来讲，区块链是利用块链式数据结构来验证与存储数据、利用分布式节点共识算法来生成和更新数据、利用密码学方法保证数据传输和访问的安全、利用由自动化脚本代码构成的智能合约来编程和操作数据的一种全新的分布式基础架构和计算方式。

知识拓展 6-1

白话区块链

二、区块链的特征

区块链具有以下技术特征。

第一，去中心化。区块链采用分布式存储和计算方式，不存在中心化的硬件或管理机构，链上的所有数据都是由具有维护功能的节点共同维护，系统中的每个节点均存储一套完整的数据，任一节点或多个节点受到攻击也很难影响整个系统的安全稳定。

第二，安全性（不可篡改性）。区块链上的数据一旦经过验证并被打包到链上区块中，就会被永久地存储起来，除非能同时控制系统中超过 51% 的节点，否则单个节点对数据库的修改是无效的。

第三，独立性。区块链上节点之间的交易通过协商一致的规范和协议来控制，一旦触发交易条件，交易由系统强制执行，无法进行人为干预。

第四，开放性。一方面是信息开放透明，系统中除了各方的隐私信息被加密外，区块链上的所有数据对所有人公开，任何人都可以通过公开的接口查询区块链数据和开发相关应用；另一方面是过程开放透明，即系统中的数据块由整个系统中所有具有维护功能的节点共同维护，任何人都可以扮演这些具有维护功能的节点，权属转移记录由集体维护，整个过程透明可追溯。

第五，匿名性。由于节点之间无须相互信任就能进行交易，因此交易对手无须通过公开身份的方式让对方对自己产生信任，在交易过程中只需要提供交易所需的信息，其他信息可以保护起来。

三、区块链的分类

（一）公有链

公有链（public blockchain）公开透明，任何人或组织都可加入区块链并读取数据，也可以在公有链上发送交易，且交易能够获得有效确认，链上的每个节点都可以竞争记账权。公有链是最早出现的区块链应用类型，典型应用有比特币、以太坊等。

公有链去中心化程度最高，通常被认为是完全去中心化，任何人都可以自由参加和退出，且链上数据默认公开，任何人都可以获取。但是由于参与记账的节点多，公有链的记账效率较低。如：比特币目前平均每 10 分钟产生 1 个区块，且一般需要 6 个区块，也就是 1 个小时才能确认该区块的安全，这样的交易速度无法满足大多数企业级的应用需求。另外，在公有链上，为了获得打包记账权，节点需要付出算力进行挖矿，这会带来算力、电力资源的浪费。

（二）联盟链

联盟链（consortium blockchain）部分公开，是指某个群体或组织内部使用的一种区块链，对加入的组织有一定的限制和要求。一般情况下，联盟链内部指定多个预选节点为记账人，每个区块的生成由所有预选节点共同决定。例如：多家金融机构建立了某个联盟链，其中每家金融机构都运行一个节点，而且每个区块生效都需要获得一定比例的金融机构（预选节点）的确认。联盟链的典型应用有超级账本项目、R3 区块链联盟等。

相较于公有链，联盟链的优势在于以下几个方面。

一是交易效率提升。联盟链交易只需由几个授权节点验证就可以，无须全网所有节点确认，交易效率大大提升。

二是节点之间的连接更稳定。如果出现故障可以通过授权节点追溯，由人工参与修复。

三是对数据的保护更好。联盟链数据读取权限受到限制，可以实现对隐私数据的更好保护。

四是运作机制更为灵活。可以根据实际需要修改规则、追溯还原某笔交易，出现差错时进行修改操作更为容易。

（三）私有链

私有链（private blockchain）完全封闭，是指链上数据写入权限由某个机构控制的一种区块链，参与节点的资格会被严格限制。由于参与节点有限和可控，相较于公有链，私有链往往可实现更快的交易速度、更好的隐私保护、更低的交易成本，并且不容易被恶意攻击。

公有链、联盟链、私有链的对比如表 6-1 所示。

表 6-1　三种类型区块链的对比

对比项目	公有链	联盟链	私有链
参与者	任何人	联盟成员	公司内部或个人
记账人	所有参与者	联盟成员协商确定	自定
中心化程度	去中心化	多中心化	中心化
优势	完全解决信任问题；访问门槛低	交易成本相对更低；运作机制较为灵活；联盟成员的隐私数据受到保护	隐私保护力强；交易速度快；不容易被攻击；交易机制更灵活
劣势	交易效率低；存在隐私保护问题；可能被攻击；需要合理设计激励机制	不能完全解决信任问题；可能存在联盟成员联合欺诈问题	接入节点受限，不能完全解决信任问题
处理效率	低	中	高

四、区块链的发展历程

学者梅拉尼·斯万（Melanie Swan）总结了区块链的三个应用阶段。

一是区块链1.0——数字货币阶段。以比特币为典型代表，产生了各类与转账、汇款和数字化支付相关的、基于密码学的虚拟货币应用，实现了可编程货币。比特币在受到狂热追捧的同时，也出现了价格剧烈波动、挖矿产生巨大能耗、政府监管态度不明等问题，但可编程货币的出现，让价值在互联网中直接流通、交换成为可能。

二是区块链2.0——智能合约阶段。通过加载智能合约（利用程序算法替代人执行合同，智能合约一旦设立，将无须中介参与而自动执行，并且没有人能阻止它执行），区块链的应用从数字货币拓展到金融领域，实现了股权、债权和产权的登记、转让等金融应用。

三是区块链3.0——智能社会阶段。区块链的应用范围进一步扩大，在社会管理、医疗、教育、慈善、溯源、物流等方面均有所落地。

三个阶段的总结如表6-2所示。

表6-2　区块链的应用阶段划分

阶段	特征	应用场景
区块链1.0	数字货币	支付、转账、汇款等货币应用场景
区块链2.0	智能合约	股票、债券、贷款、金融衍生品等金融领域
区块链3.0	智能社会	数字政务、数字存证、医疗、养老、旅游、法律、食品安全、版权、电子签约等

任务二　区块链基础架构及相关技术

从技术的角度，区块链的组成架构呈金字塔状，由各个技术层叠加而成。完整的区块链包含数据层、网络层、共识层、激励层、合约层、应用层六个层次，如图6-2所示。但这些技术层并不都是区块链的必要组成部分，判断一个网络服务是否为区块链，要看它是否同时运用了数据层、网络层和共识层这三层技术。

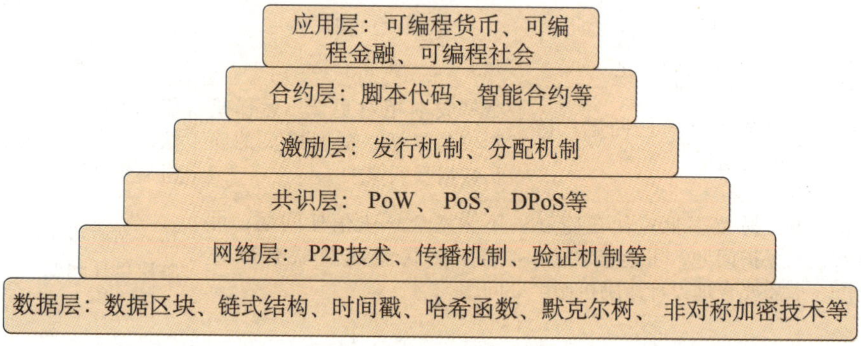

应用层：可编程货币、可编程金融、可编程社会

合约层：脚本代码、智能合约等

激励层：发行机制、分配机制

共识层：PoW、PoS、DPoS等

网络层：P2P技术、传播机制、验证机制等

数据层：数据区块、链式结构、时间戳、哈希函数、默克尔树、非对称加密技术等

图6-2　区块链技术架构

一、数据层

区块链的数据层主要是通过一定的算法和机制对数据进行处理，这些基本的算法和机制保障了区块链中数据节点之间的强关联性，从而使区块链具备了防篡改的特性。这些技术包括加盖时间戳、不对称加密等。

(一) 区块的构成及相关技术

区块链由"区块"和"链"两部分构成，其中区块是基本组成单元。每一个区块的大体架构基本都包含区块头和区块体两部分，如图 6-3 所示。区块头中记录了该区块的结构化数据，包括父区块哈希、默克尔根、时间戳、难度值和随机数。区块体中包含了经过验证的、区块创建过程中产生的所有交易信息。

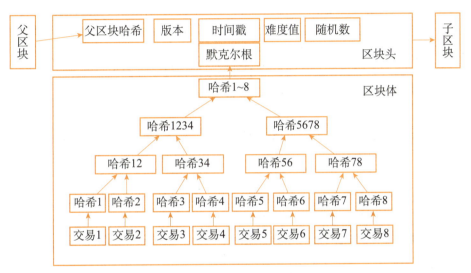

图 6-3　区块链基本结构

1. 父区块哈希

父区块哈希是前一区块的哈希值。通过在区块头中封装前一区块的哈希值，可以将区块按前后顺序以链式结构连接起来，增加了防篡改的特性。所谓哈希（hash）值，是通过哈希函数运算得来的。哈希函数，一般称为散列函数、杂凑函数，是把任意长度的输入文本，通过散列算法转换成具有固定长度的输出，输出结果是由字符和数字组成的字符串，这个字符串就是输入文本所对应的哈希值。

哈希函数具有以下三个特点：

一是不可逆。同样的输入一定会得到同样的哈希值，但是在得到哈希值的情况下没办法还原出输入。在区块链中运用该技术也保证了数据的加密性，因为你永远无法通过哈希值知道它背后的输入。

二是无冲突。输入只要改动一点点，哈希值就会完全不一样，且没有任何规律。这也决定了区块链防篡改的技术特征，任何改动都会造成哈希值发生巨大的变化。

三是固定输出。输入文本无论长短，输出的哈希值长度都是一样的。这使得区块链具有节省空间的特性，保证了区块链的空间够用。

2. 时间戳

通俗地讲，时间戳记录了该区块产生的时间，精确到秒。通过为每一个区块加盖时间戳，可以增强区块的防篡改特性。

3. 默克尔根

默克尔（merkle）树大多是二叉树。所谓二叉树，就是两个叶子节点的信息形成一个更高层次节点的信息，通过两两不断组合，最后会形成一个根哈希，代表这棵默克尔树的"顶端"。在图 6-3 中，区块体就是一棵默克尔树，每一个交易会对应形成一个哈希值，如图中的哈希 1、哈希 2……这些哈希值两两配对，形成了哈希 12、哈希 34 等这些子节点，这些节点再次两两配对，如此循环，最终形成了一个根哈希，即哈希 1~8，这一哈希值作为该区块所有交易信息的默克尔根存储在区块头中。

默克尔树的一个显著特点是任何一个底层交易数据的一点点改变，都会改变该交易的哈希值，再通过逐级向上传导，最终改变默克尔根的值，因此只要默克尔根的值没有发生改变，我们就可以确信其中所包含的交易信息没有发生改变。比特币区块链系统运用的就是这种二叉树，这一方面保证交易数据的不可篡改性；另一方面也提高了区块链的运行效率，因为区块头中只需要包含默克尔根值就可以，而不需要封装所有交易信息。

4. 难度值

区块头中记载的难度值代表挖出该区块的难度。难度值越长，代表挖出该区块的难度越大。

5. 随机数

矿工挖矿的过程就是争夺区块记账权的过程，那么如何才能检验矿工挖到了该区块的正确哈希值呢？随机数就是答案，矿工通过不断碰撞，如果找到了正确的随机数，就代表挖到了矿。在密码学中，随机数是一个只能使用一次、任意或非重复的随机数据。

（二）非对称加密

数据加密的基本过程就是对原来为明文的文件或数据按某种算法进行处理，使其变成不可读的密文，只有在输入相应的密钥之后才能显示出明文，通过这样的途径来达到数据无法被非法窃取的目的。该过程的逆过程是解密，即将密文转为原来数据的过程。

1. 对称加密

对称加密产生的是一个密钥，加密和解密都用到这个密钥。如图 6-4 所示，发送方要将一个信息发送给接收方，这个信息就是明文，在发送之前用一个密钥对其进行加密，接收方接到密文，再用同一个密码解密看到明文。

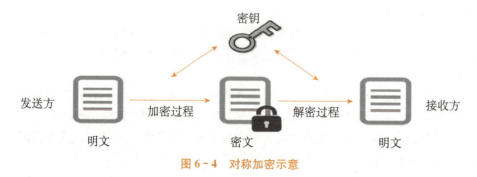

图 6-4　对称加密示意

对称加密的优点是算法公开、计算量小、加密速度快、加密效率高。其缺点是密钥的管理和分发存在困难，不够安全。信息发送前发送方和接收方就要商定并保存好密钥，一旦有一方泄露，信息就不再安全。而且每次对信息进行加密都需要使用不同的密钥，这会加大双方的密钥管理负担。

2. 非对称加密

非对称加密就是在信息加密和解密过程中需要两个密钥：公钥和私钥。加密时使用的公钥是全网可见的、公开的，解密时使用的私钥只有信息拥有者才知道，加密过的信息只有拥有相应私钥的人才能解密。

如图 6-5 所示，发送方用公钥对明文进行加密，生成密文后发送给接收方，接收方用自己的私钥解密获得明文。需要注意的是，这里的公钥是接收方的公钥，发给谁就用谁的公钥。如果用一个简单的例子来打个比方，就好像是我们要给对方银行账户转账，那么公钥就是对方的账户，私钥就是对方自己的密码。

图 6-5　非对称加密示意

非对称加密的最大优点是安全性高。非对称加密使用一对密钥，一个用来加密，一个用来解密，而且公钥是公开的，私钥是自己保存的，不需要像对称加密那样在通信之前要先同步密钥。因此，非对称加密算法更安全，密钥越长就越难破解。在区块链技术中普遍使用的就是非对称加密技术，该加密技术的应用提高了区块链的安全性。

二、网络层

区块链网络层的作用是实现节点之间的信息交流、传递和验证，包括 P2P 网络、传播机制和验证机制。

（一）P2P 网络

P2P（peer-to-peer）网络在区块链技术中叫对等网络。所谓的对等，指的是网络中节点的权限、地位、职责都是相等的，不存在强中心。

在 P2P 网络环境中，彼此连接的多台计算机处于对等地位，各台计算机有相同的功能，无主从之分。一台计算机既可作为服务器，设定共享资源供网络中其他计算机使用，又可以作为工作站。也就是说整个网络不依赖集中的服务器，也没有专门的工作站。网络中的每一台计算机既能充当网络服务的请求者，又对其他计算机的请求做出响应，提供资源、服务和内容。

在区块链中加入 P2P 网络，使得区块链中的每一个节点是完全对等的，从而达到去中心化的目的。

（二）传播机制

传播机制就是信息传播的形式、方法及流程等，是由传播者、传播途径、传播媒介及接收者等构成的统一体。对于区块链来说，传播者就是链上交易的发起人；传播途径是P2P组网机制，通过分布式网络来完成信息的传播；传播媒介就是区块链网络中的多个节点，交易信息需要通过每一个节点的验证和打包才能最终确认；接收者就是接收该信息的区块链地址。

区块链的传播是有一定规律的，如图6-6所示，当其中一个节点进行数据传输时，先将数据传给与自己相连的几个节点，这几个节点接收到信息之后，再传输给与自己相连的节点，按照这种传输模式，将数据传输到全网。例如A要给B转账，如果按照传统的中心化记账方式，银行就会作为记账中心，对A账户的余额减记，对B账户的余额多记。如果是通过区块链系统进行转账，那就是通过P2P组网记账，通过在相邻的节点之间不断传播，最终确认交易。

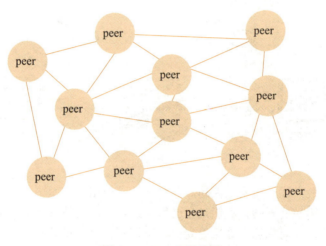

图6-6　P2P组网传播

（三）验证机制

数据验证是区块链中极为重要的一环。如何确保交易没有被篡改？如何证明一笔交易的发起人不是别人？在区块链网络中，一旦有新的交易产生，所有有权记账的参与节点都要进行验证。某个参与者接收到新的交易或区块后对其正确性进行验证，验证通过后传播到自己的临近节点。如果验证不通过，则需立即抛弃，不再往下传播。对新交易的验证主要基于区块链事先达成的各种验证协议，涉及交易的格式和数据结构、输入输出、数字签名的正确性等。

在验证过程中，对交易信息的哈希值进行验证是一项重要内容。哈希函数的特性保证了如果交易发生一点点的变更，哈希值将发生巨大的变化，因此可以通过验证哈希值来检验交易信息是否被篡改。

三、共识层

区块链是一个去中心化的记账体系，到底由谁来记账？不同的记账节点之间如何达成共识？它们又如何维护区块链的统一？这是共识层要解决的问题，也是所谓的共识机制。对记账方式的选择将会影响整个系统的安全性和可靠性。在这里，我们介绍工作量证明机制（Proof of Work，PoW）和权益证明机制（Proof of Stake，PoS）两种共识机制。

（一）工作量证明机制

工作量证明机制可以简单地理解为一份证明，证明你做过一定量的工作，通过查看结果就能知道你具体完成了多少指定的工作。获得记账权的概率就取决于矿工的工作量在全网的占比，如果占比达 30%，那么获得记账权的概率也就是 30%。所以，只有提高工作量，才能提高竞争力，这样才更有可能获得记账权。

目前，在全球范围内，90% 以上的公有链（如比特币）都是采用 PoW 共识机制。其优点主要表现在两个方面：一是去中心化，将记账权公平分配到每一个节点，节点用于挖矿的矿机性能越好，对挖矿贡献的工作就越多，获得的收益就越多；二是安全性高，破坏系统需要投入极大的成本，如果想作弊，需要打败大多数人的算力（51% 攻击）。其缺点主要包括挖矿会造成大量资源浪费、达成共识的周期较长等。

（二）权益证明机制

权益证明机制也称股权证明机制，类似于把资产存在银行里，银行会依据你所持有资产的数量和时间分配相应的权益。PoS 共识机制通过评估你持有代币的数量和时长来决定你获得的记账权，这就类似于股票的分红机制，持有股权越多的人就能获得更多的分红。

与 PoW 相比，PoS 具有以下优势：一是在一定程度上缩短了达成共识的时间，这是由于不需要依靠算力碰撞出答案；二是减少了电力资源的浪费；三是防作弊，更难进行 51% 攻击，因为拥有 51% 的币才能进行攻击，网络受到攻击损失最大的还是节点自己。

PoS 共识机制中投票的权重取决于持有 token（代币）的多少，也就是说每个节点链接到一个地址，这个地址所持有的代币越多，生产出下一个区块的概率就越大。从本质来说，还是需要挖矿，没有从根本上解决商业应用的痛点。

当然，除 PoW、PoS 外，还有 DPoS、PBFT 等其他共识算法，不过各种共识算法都各有利弊，在应用中要根据实际的需求和场景选择合适的共识算法。

知识拓展 6 - 2

DPoS 共识算法

DPoS 共识机制的基本思路类似于"董事会决策"，即系统中的每个节点可以将其持有的股份权益作为选票授予一个代表，希望参与记账并且获得最多票数的前 N 个代表节点将进入"董事会"，按照既定的时间表轮流对交易进行打包结算并且生产新区块。如果说 PoW 和 PoS 分别是"算力为王"和"权益为王"的记账方式，DPoS 则可认为是"民主集中式"的记账方式，它不仅能够较好地解决 PoW 浪费能源和矿池对去中心化构成威胁的问题，也能够弥补在 PoS 中拥有记账权的参与者不希望参与记账的缺点，其设计者认为 DPoS 是当下最快速、最高效、最去中心化和最灵活的共识算法。

在 DPoS 共识算法下，用户通过抵押一定数量的权益成为记账候选人，其他用户利用投票结果来确定记账候选人的排名，得到最多票数的几个节点拥有某个时段的记账权。投票排名会在一段时间后更新，重新选择出块者。在 DPoS 共识算法下因为共识节点数量较少，节点间的通信速度快，可以快速完成区块打包、广播以及验证，显著提升系统性能，增强平台应用的可用性。在 DPoS 共识算法下参与记账的节点大幅减少，因此其是通过牺牲去中心化为代价来实现性能的提升。

四、激励层、合约层和应用层

数据层、网络层、共识层是构成区块链技术的核心，只要具备这三层技术，我们就认为构成了区块链系统。激励层、合约层和应用层则是根据区块链的具体应用，进行相应的搭载和设置。

(一) 激励层

在公有链中，没有中心负责对整个网络中的交易进行记账，同时链上的每个节点也没有绝对的权利和义务来帮助其他节点记账，如何确保链上的节点不断挖矿和打包记账？这是激励层要解决的问题。在公有链中，为了让整个系统朝着良性循环的方向发展，一般会给予按照规则参与记账的节点一些经济激励，包括发行机制和分配机制。而在私有链中，则不一定需要进行激励。

比如在比特币系统中，如果你获得最新区块的记账权，就会获得一定数量的比特币作为奖励。在 2009 年比特币诞生的时候，每打包记账一个区块将获得 50 枚比特币。比特币总量是 2 100 万枚，当挖出 1 050 万枚比特币时（2 100 万的 50%），赏金会减半，也就是打包一个区块会获得 25 枚比特币，当挖出 1 575 万枚比特币时（新产出 525 万枚，1 050 万的 50%），赏金再减半，为 12.5 枚。虽然赏金数量在减少，但是随着剩余的比特币不断减少，资源的稀缺性导致大家对其越发追捧，参与挖矿的人也就越多，从而保持了比特币系统的活力。

(二) 合约层

合约层是区块链可编程特性的基础，封装了各类脚本代码、算法机制和智能合约。通过脚本的编写和智能合约的加载，可以满足各种特殊场景的应用需求。区块链 1.0 的代表比特币就具有脚本编写的功能，通过脚本控制可以保证区块链系统中每笔交易的归属、去向和唯一花费等。但这种脚本编写不允许节点进行独立应用的部署。

区块链 2.0 就是通过在区块链系统加载智能合约，最大限度地完善了合约的独立部署。智能合约（smart contract）至少可以追溯到 1995 年，由尼克·萨博（Nick Szabo）提出，他给出的定义是：智能合约是一套以数字形式定义的承诺。智能合约允许在没有第三方参与的情况下进行互联网可信交易，这些交易可追溯且不可篡改。

智能合约负责将区块链系统的业务逻辑、商业逻辑以代码形式实现、编译和部署，完成既定条件的触发和自动执行，以最大限度减少人工干预。我们以支付宝作为类比，如果直接在网上购物，那么买方可能担心付款后收不到货物，卖方可能担心发货后收不到货款，为了解决买卖双方的不信任问题，支付宝出现了。买卖双方交易后，货款先进入支付宝，卖方看到买方已经付款就开始发货，等买方确认收货后，支付宝将货款打给卖方。通过这样一个机制解决了双方的不信任问题。智能合约的加载与之类似，只不过是由代码编写的智能合约履行支付宝的职能。通过编写智能合约并将其加载到区块链中，一旦某个预定的条件（时间、事件、行为等）达到，就会触发相应的响应，无须人工干预，自动化执行，且无法篡改。

（三）应用层

应用层封装了区块链的各种应用场景和案例。区块链1.0、2.0、3.0分别开启了区块链技术具体应用的三个阶段。区块链1.0开启了可编程货币阶段，为构建一个全新的、去中心化的数字支付系统提供了可能。区块链2.0开启了可编程金融阶段，区块链的应用从货币领域扩展到了具有合约功能的金融领域，成为驱动金融业发展的强大动力。区块链3.0开启了可编程社会阶段。在这个阶段，区块链的应用不再局限于金融领域，而是扩展到身份认证、审计、仲裁、投标等社会治理领域和工业、文化、科学、技术等产业领域，整体提高了社会管理效率，完善了社会治理方式。

思政课堂

央行数字货币未来可期

借助2022年北京冬奥会，数字人民币完成了全球首秀，成为各方关注焦点。俄罗斯专家赞叹，数字人民币展示了中国在金融领域的创新成就，亦将载入史册。

如今，数字货币正成为全球金融发展的大趋势。截至2022年3月，已有110多个国家和地区在不同程度上开展了央行数字货币相关工作。美联储近几年一直从多个角度研究发行央行数字货币的潜在益处与风险。2021年7月，欧洲中央银行宣布启动数字欧元项目，并表示希望在5年内使数字欧元成为现实。俄罗斯央行计划于2022年测试数字卢布，同时确定该国数字货币下一步发展的路线图。尼日利亚政府于2017年开始研究发行数字货币，2021年"e奈拉"的推出使尼日利亚成为首个正式启用数字货币的非洲国家，同时成为全球率先发行数字货币的国家之一。

与传统支付相比，央行推行数字货币的好处显而易见。首先，能够降低成本、提高效率。数字货币既继承了现金点对点支付、即时结算、方便快捷的优点，又弥补了现金在数字化流通和多渠道支付上的缺点，极大地降低了发行和交易的成本，并且还能追踪交易，减少非法活动如避税、洗钱等。

其次，提升普惠金融水平。数字货币不依赖实体网点和人工服务，能以较少的人工投入实现较大的服务容纳量。以尼日利亚为例，据世界银行统计，该国约3 800万人尚无银行账户，占成年人口的36%，如果能将"e奈拉"向所有手机使用者推广，将极大地增强该国金融的包容性，并促进社会转移支付更直接有效地实施，从而提升民众福祉。

最后，提升货币政策效用。一方面，推行数字货币有助于扩大货币政策空间。另一方面，推行数字货币有利于提高央行监测货币流动和组织市场的能力，在支持小微企业等方面减少中间环节的损耗，进一步提高货币政策调控的有效性。

随着数字经济迎来巨大风口，各国纷纷开始加快研发数字货币，以应对未来的国际经济竞争。对中国而言，未来数字人民币的发展可以大力发挥国家背书、央行发行等核心竞争优势，探索易使用、可持续、广连接的支付渠道，推动更大规模的落地应用，赋能实体经济高质量发展，同时开展跨境支付和国际合作试点，积极对外寻求合作伙伴，多措并举加快人民币国际化的步伐。

资料来源：中国经济网.

任务三　区块链在金融领域的应用

一、区块链在支付结算领域的应用

支付结算是交易最核心的环节，创新目标在于提升效率，并通过优化交易结构和方式，使得交易更加安全有效。由于区块链技术具有可追溯、去中心化等特点，所以即使是在信息不对称的环境中也能建立开展经济活动所需的信任环境，实现价值转移，从而能够对传统的中心化支付结算模式进行一定程度的革新。事实上，区块链技术已经成为不少国家和地区进行支付结算系统改造升级的备选技术方案。

(一) 在传统银行支付领域

在现有的支付结算系统中，都需要选择中心行作为中介，由中心行负责交易双方之间的结算问题，其中还包含开户行、对手行、结算中心等。而使用区块链技术能够让交易双方实现端到端的支付，同步结算，使程序简单化，让业务处理更加高效，大幅节省了结算成本。为满足监管要求，也可以智能合约的方式将监管规则写入系统中，以实现监管全程化、自动化。

(二) 在跨境支付领域

跨境汇款涉及境内外多家银行和支付机构、跨境法律法规、汇率波动等诸多复杂问题，传统跨境汇款业务存在中间环节多、流程复杂、耗时长、到账时间不确定、资金无法追踪、成本较高等问题。

基于区块链技术的去中心化、可溯源等特性，尤其是在跨境支付结算领域的实用性和适配度上，这种去中心化的支付结算方式被誉为"最完美的跨境支付解决方案"，其结算流程安全、高效、快速，可以大幅提升客户体验。

相较于传统跨境汇款，应用区块链技术的跨境汇款有诸多优势，如表6-3所示。

表6-3　应用区块链技术的跨境汇款与传统跨境汇款的比较

指标	传统跨境汇款	应用区块链技术的跨境汇款
时间	短则几分钟，长则需要几天	几分钟甚至几秒钟实时到账
便捷性	银行下班时间无法到网点办理	全天候在互联网环境下办理
成本	手续费和汇率较高	手续费更低，部分场景能享受汇率优惠
安全性	在非透明环境下可能遭遇汇款丢失问题	跨境汇款有关信息全流程、全环节在链上可追溯、可监测
透明性	有关参与方很难获得全过程信息，交易不透明	全过程透明，并根据权限向有关参与方公开

课堂讨论 6-1

你认为基于区块链技术的去中心化的支付结算方式为什么会被誉为"最完美的跨境支付解决方案"？在具体应用过程中，你认为可能会面临哪些风险？

二、区块链在票据市场的应用

票据的特点决定了票面信息和交易信息必须具备完整性和不可篡改性。与一般的金融交易相比，票据交易的金额一般较大，因此安全性要求更高。区块链基于由密码学加持的安全性、完整性和不可篡改性等特性，可在一定程度上满足票据交易的这些需求，从而有助于在技术层面防控票据业务风险。

具体而言，将区块链技术运用于票据市场时，区块链技术在票据真实性、票据操作违规、票据信用风险三大痛点的解决上大有可为。

（一）有效保证票据的真实性

区块链技术的分布式架构和不可篡改等特性，有助于解决票据真实性和信息不透明等问题。当参与方需要检验票据是否已经被篡改或转让时，区块链技术就可以提供无可争议的一致性证明。数据的不可篡改性和时间可追溯性，使得区块链网络中的票据真实性极易鉴别，且交易一旦完成，将不会存在赖账现象，从而避免了纸票"一票多卖"、克隆票、假票及电票打款背书不同步等问题。

（二）减少票据业务的违规操作

利用区块链技术，通过形成时间戳实现每一张票据信息的不可篡改和追根溯源，这种全新的连续"背书"机制能够反映票据在整个生命周期的权利转让过程，有效压缩违法违规交易的生存空间。面对商业银行内控管理缺失、员工合规意识淡薄、机构严重违规经营、票据中介鱼龙混杂等问题，建立区块链票据平台，通过智能合约将票据准入标准、业务流程规划等编程写入票据平台，形成具有市场约束力的共识协议，可有效规范市场秩序。

（三）规避票据业务的信用风险

数字票据以区块链为技术基础，运用非对称加密和时间戳技术，可实现对票据所有参与者信用信息的有效、可信收集，并对信用风险进行实时评估，提高信用风险管控能力。

三、区块链在供应链金融领域的应用

供应链，是指围绕核心企业，融合供应商、物流商、分销商、商家、最终用户构建的产供销功能网链。供应链金融，是指以核心企业为依托，以真实贸易为前提，运用自偿性贸易融资的方式，通过应收账款质押、货权质押等手段封闭资金流或控制物权，向供应链上下游企业提供的综合性金融产品和服务。供应链金融以核心企业为出发点，重点关注围绕核心企业上下游的中小企业融资诉求，通过供应链系统信息、资源等的有效传递，实现了供应链上各个企业的共同发展、持续经营。

传统供应链金融基本靠线下和人工，包括核实贸易背景、核实企业信用情况、确认应收账款等，运行效率低，成本非常高，并且面临的风险也较大。区块链技术防伪造、防篡改、可追溯、透明可信和高可靠性的典型特征，使其运用于供应链金融场景有着独特的优势。与传统供应链金融相比，其优势比较见表 6-4。

表 6-4   应用区块链的供应链金融与传统供应链金融的比较

指标	传统供应链金融	应用区块链技术的供应链金融
审批时间	金融机构不掌握供应链上中小企业的经营状况，融资审批时间长	金融机构实时穿透掌握借款人的真实情况，利用信用流转等方式，大幅缩短融资审批时间
融资成本	手续费高	高效审批，降低手续费
工作效率	需借款人提供各类单证和资信材料，金融机构离线逐笔审批	全线上实时操作，自动简便
信息验证	人工验证，表单烦琐	区块链保存各层交易过程
透明性	交易信息不透明，容易产生信用风险	数据上链后无法篡改，真实性验证可追溯
风险	资产难确权，信用风险高	依靠并有效利用核心企业资信，风险得以降低

案例分析 6-1

蚂蚁金服区块链赋能供应链金融

2019 年 1 月，蚂蚁金服供应链金融平台"双链通"（企业级联盟链）上线，以核心企业应收账款为依托，以供应链各参与方的真实贸易为背景，让核心企业信用在区块链上逐级流转，将商流、物流、资金流、数据流、信用流"五流合一"，解决"中小微企业处理'应收账款'，没有其他抵/质押资产，传统金融机构难以触及"的难题，促使很多中小微企业获得平等高效的普惠金融服务。

传统模式至多为供应链上 15% 的中小微企业提供服务，而从蚂蚁金服应用区块链的实践来看，85% 的中小微企业能享受到融资便利。按照公开数据，蚂蚁金服开放式的信用流转网络在试点阶段实现了借款人 1 秒钟获得 2 万元贷款，这源于借款人通过层层流转拿到素未谋面的"甲方的甲方的甲方"的付款承诺，蚂蚁金服依据这个付款承诺征信和发放贷款。

问题：蚂蚁金服为何能通过上线"双链通"，提升对中小微企业贷款的覆盖率和效率？

分析提示：阿里巴巴在供应链金融领域本身就有巨大优势，优势主要在于掌握大量网商交易数据、行为数据，了解其交易习惯、经营状况、资金流动等核心信用信息。再通过上线区块链，蚂蚁金服就可以更实时、全面、准确地掌握借款企业的真实情况，有利于扩大贷款覆盖范围，且通过线上操作大幅提高了审批效率。

四、区块链在证券业的应用

证券市场历来是一国金融体系的重要组成部分。传统的证券发行及交易，涉及主体较多、流程烦琐、环节复杂，区块链作为证券市场革新的重要技术支撑，在证券发行及交易、证券登记结算、股权确认等方面可以发挥重要的作用，对提升证券市场运行效率、创新证券交易模式等有着重要的现实意义。

（一）区块链在一级市场的应用

在发行审核阶段，通过应用区块链技术，多个参与机构可以在依靠区块链搭建的公共平台上共享数据，这样不仅可以提高发行审核效率，还缩短了发行的整个生命周期，可以在没有任何人工干预和中介介入的情况下创建和迭代整个审核流程。

在发行上市阶段，通过运用区块链技术，可在一定程度上解决信息不对称、流程复杂、效率低下等行业痛点。一是有效缓解信息不对称。通过区块链技术扩大信息披露的范围，所有与投资决策有关的信息，如企业管理层信息、财务信息、经营状况与中介机构尽职调查报告等，全部上链，供所有参与主体查询参考，大大提升信息的透明度。二是弱化证券承销机构的作用。可以通过组建联盟链，把发行活动部署到区块链上，实现点对点的发行，弱化证券承销机构的作用，降低承销费用。三是简化业务流程。发行人可利用区块链和智能合约自主办理证券发行，自行确定发行窗口、节奏，将烦琐的业务流程自动化，增强发行的便捷性和灵活性，从而降低成本、提升效率。

（二）区块链在二级市场的应用

其一，降低银货对付（将证券交割和资金交收联系起来的机制，通俗地说就是"一手交钱，一手交货"）违约风险。证券交割和资金交收被包含在一个不可分割的操作指令中，同时成功或同时失败，以此实现银货对付并避免因一方违约而另一方受损的局面。

其二，分布式账本保障系统安全。证券结算不再完全依赖证券登记结算机构，每个结算参与人都有一份完整的账本，任何交易都可在短时间内广播或传送全网，分布式账本可保证系统数据的安全性，降低登记结算机构网络安全风险。

其三，减少中介参与，简化结算流程，实现"交易即结算"。传统证券冗长的结算流程导致更久的资金占用和更多的风险敞口，基于区块链的分布式登记结算系统可提高结算效率。

其四，智能合约将传统证券转变为智能资产，实现了股票分红派息、股东投票、股票禁售限制等操作的程序化、在线化，提高股东履责效率。

五、区块链在保险业的应用

区块链与保险业具有广泛协作的基础，这源于二者均有显著的涉众性和社会性。保险作为社会化互助制度安排，核心是处理个体与集体的关系，即解决"一人为大家，大家为一人"的再分配关系。区块链的最大亮点在于能够更加公平、透明、高效地处理个体与集体的关系。

现代保险是建立在信用基础上的，但传统的信用建立与维护成本较高，同时保险业还存在消费陷阱多、行业透明度低、险金支付手续烦琐、理赔速度慢等问题。区块链为保险信用重构提供了技术路径。

一是对传统保险的再造，即针对传统保险的痛点和难点（如隐私保护、信息安全等），提出基于区块链的全新解决方案。例如，通过区块链有效解决投保人信息披露过程中产生的信息失真问题，保证保险人获取真实有效的信息。另外，每笔保险交易过程都被记录在区块链的各个节点中，再次交易时保险人可以追溯以往的交易记录，利用区块链的共识机制确保真实性，提高投保人的违约成本。再比如，可以在理赔阶段加载智能合约，一旦满足赔付条件，将触发理赔程序，自动拨付保险金，提高合约执行速度，并且所有相关参与方都可以实时访问信息、检查流程，在减少人工操作交易成本的同时，使得理赔流程透明化，规避道德风险，减少保险欺诈。

二是利用区块链技术，开展保险业务业态创新，如相互保险等。

六、区块链在征信领域的应用

市场经济的本质是信用经济，市场经济发达的国家无不重视信用体系建设，征信业高度发达，在促进经济繁荣与保障经济稳定方面起着重要的作用。我国现代征信业是改革开放的产物，从企业和个人与金融机构往来的信贷征信起步，目前已经形成以中国人民银行征信中心为主、以市场化征信机构为辅的多元化格局，"政府＋市场"双轮驱动的发展模式有力地驱动了我国征信业的快速发展。

尽管我国征信业自改革开放以后获得了飞速的发展，但与国外长达数百年的征信体系建设成果相比，我国征信业的发展仍处于"初级阶段"，面临着诸多影响行业发展的困境，如信息不对称、数据孤岛、信息安全与隐私保护等问题。将区块链技术运用于征信业，可在保证交易数据真实性和安全性的基础上，提高征信数据交易的效率，为解决目前我国征信业所面临的问题提供新思路。

任务四　区块链金融发展面临的机遇与挑战

一、区块链金融发展面临的机遇

金融业具有风险大、多方交易、信任基础薄弱等特征，目前是区块链技术应用最广、落地最多的领域。区块链技术的应用有望促使金融服务模式发生巨大变革。结合目前区块链金融的发展实际来看，未来区块链技术可能从以下几个方面改进金融服务体系，打造金融服务新模式。

一是降低特定金融业务的整体信任风险。以传统的场外交易（OTC）为例，该业务场景的痛点在于交易双方没有可信的权威节点充当中介，无法实现同步实时交割，只能由交易双方自行承担信用风险。如果交易各方建立联盟链，通过智能合约将交易规则写入系统，再加上区块链中每个节点都可以验证账本内容，且账本不可篡改，就能确保交易的可靠性和安全性。即便出现违约情形，也可通过智能合约实现自动违约补偿，有望降低整个业务场景的信任风险。

二是降低特定金融交易的复杂度及成本。以跨境支付转账交易为例，跨境业务往往存在到账周期长、费用高、交易透明度低等问题。如果各国商业银行和其他金融机构建立联盟链，借助区块链去中心化和不可篡改的特点来实现去中介化交易，则有望缩短跨境交易周期、降低费用。如果通过加密传递技术，控制交易细节仅对参与交易的各方可见，可消除参与者对客户流失的潜在顾虑，同时通过硬件等技术手段支撑较高的交易吞吐量，基于区块链协议的跨境支付转账技术方案有望实现大规模应用。

三是提升共享特定金融信息的便利性。以供应链金融场景为例，该业务场景的痛点在于商品从原材料供应到销售的全流程缺乏透明的跟踪机制，无论是监管部门、金融机构还是终端客户，都无法对商品生产情况或销售情况进行监督，较难控制商品质量和信贷安全性。即便应用物联网技术全面广泛地收集进货信息和销售信息，也很难直接将获得的繁杂信息全部送至某个可信的权威节点进行存储。通过辅以区块链技术，在准确收集商品流转信息后，可以基于共识机制就近上链存储，促使金融信息高效流动，从而实现价值和信息的共享。

二、区块链金融发展面临的挑战

目前，区块链技术在金融领域的应用已初见成效，在支付结算、银行征信、票据市场、供应链金融、保险、证券等领域均有多样化的应用场景，但由于技术性能、安全隐患、政策监管等问题，区块链在金融领域的应用仍面临一定的挑战。

（一）区块链技术层面目前尚存在问题

区块链底层技术目前尚存在一些问题和风险，如51％攻击、分叉、智能合约安全性等，对部分金融应用场景在安全、性能等方面的要求尚难以完全满足。

首先，区块链技术在性能效率方面存在局限性。区块链采用分布式记账技术，也就是说每发生一次交易所有节点都要进行一次数据的记录，这在提高安全性的同时必然会带来效率的下降，而金融业务需求的增加将导致系统处理量以更大的幅度增加，将进一步导致系统性能和运行效率的下降。

其次，在金融业务中搭载智能合约可能会带来一些新的风险。智能合约一旦载入区块链系统便无法修改，但是在智能合约设计之初，可能因为技术人员对金融业务的逻辑理解有误、对可能出现的问题把握不到位、在程序设计上出现疏漏等，导致交易出现错误，而且由于区块链的不可篡改性，一旦发生损失，还无法及时止损，这将可能严重影响金融业务的运行及系统的稳定。

知识拓展 6 - 3

51％攻击

51％攻击，就是一名恶意矿工控制了全网大部分算力（至少51％），然后进行强制交易。所谓算力，就是矿工的计算能力。在 PoW 共识机制下，区块链中的节点依靠工作量来获得打包记账权，工作量是单位时间内所付出的计算资源。如果发生51％攻击，就会破坏区块链去中心化的特征，同时会让区块链网络处于其他攻击风险之中。

拥有51％的算力能做什么呢？举一个简单的例子来说明，张三向李四购买了一杯咖啡，需要支付5枚数字货币，但是张三通过区块链支付成功后，数字货币不会立即进入李四的账户中，这笔交易会先放在资金池中，等待矿工打包记账和验证。假如张三在整个区块链网络中拥有51％的算力，而且他不想支付，这时因张三拥有的算力占比达51％，他拥有优先的打包记账权（这只是一个大概率事件，不代表一定能获得记账权），他可以把从张三到李四的交易改成张三到张三的交易，再将篡改后的交易广播到整个区块链网络，这样5枚数字货币就又回到了他自己的账户，张三完成了一次不用支付货币就能得到咖啡的交易。

2018年5月，一名恶意矿工获得了比特币黄金（BTG）网络至少51％的算力，临时控制了BTG区块链，成功从交易所窃取超过388 200枚比特币黄金，价值高达1 860万美元。

算力越大，越有可能获得打包记账权，因此很多时候不同节点会联合起来形成"矿池"，以获得更大的利益，只要"矿池"总算力足够大，达到全网的51％，就可能破坏整个区块链系统，导致安全问题。

（二）资源消耗过大

现阶段，基于PoW共识机制的区块链系统（如比特币），需要消耗大量的算力来产生新的区块。剑桥大学替代金融研究中心的研究显示，截至2021年5月10日，在全球范围内，比特币挖矿的年耗电量大约是149.37太瓦时（1太瓦时为10亿度电），这一数字已经超过马来西亚、乌克兰、瑞典的耗电量，十分接近耗电量排在第25名的越南。挖矿在消耗大量电能的同时，也会加剧二氧化碳的排放。据统计，在全球范围内，2020年挖矿产生的二氧化碳达6 900万吨，占全球二氧化碳总排放量的1％。耗费如此多的能源去挖掘没有实际价值的虚拟货币是否有必要值得深思。我国对虚拟货币挖矿的整治力度也不断加大。2021年5月21日，国务院金融稳定发展委员会召开了第五十一次会议，会议明确提出打击比特币挖矿和交易行为。这是国务院金融稳定发展委员会首次针对比特币公开发声，"打击"的态度鲜明有力。

（三）钱包安全存在隐患

在区块链金融应用中，资产管理的安全性是一个不容忽视的问题。区块链技术本身没有中心化的处理机构，用户是通过公开地址和密钥来宣布资产的所有权，一旦密钥丢失，由于区块链具有不可篡改性，用户将无法通过修改交易记录拿回资产。在数字货币运行当中，盗币现象就经常发生。如：2017年7月，BTC-e交易所6.6万枚比特币被盗，价值9.9亿美元；2018年9月，日本交易所Zaif宣布遭黑客攻击，被盗的资金价值总计70亿日元（约合4.3亿元人民币）；2019年5月，币安热钱包7 000枚比特币被盗。这些案例为持续升温的区块链市场敲响了警钟，让人们不得不审视区块链技术存在的安全隐患。

（四）数据的隐私与安全问题

（1）给监管反洗钱等带来挑战。以区块链作为底层技术支撑金融交易，交易双方无须公开身份，只要符合区块链上的规则，通过加密算法双方就可以进行交易，这减少了用户隐私泄露的风险，加速了价值的流通，但同时也给反洗钱、反恐怖融资等监管工作带来了困难。

（2）隐私数据的保护要求。区块链上的每一个节点都有一份记录所有交易数据的完整账本，这使得攻击者只要攻破某一节点就能获得所有的交易信息，数据安全性风险增加。在金融领域，因政策和行业的特殊性，对数据的隐私保护、权益保障等有着极高的要求，如何在账本共享的情况下实现数据交互全流程的安全性与隐私保护，是亟待解决的一个问题。

（3）数据存储的安全要求。随着区块链技术在金融领域的应用越来越广泛，通过区块链技术收集到的数据也将呈几何级数增长，如何对这些海量数据进行存储、由谁来负存储的主体责任和监管责任、如何保证这些数据的安全等问题，都是区块链技术应用发展需要解决的问题。

（五）相关标准及法律法规尚不健全

区块链在应用层面尚缺乏统一的标准。目前，机构纷纷自建区块链技术平台，不同平台之间的跨链对接、数据迁移等问题反映出区块链金融业态的兼容性和扩展性较差。因此，在关注区块链技术与金融业的产用衔接的同时，要强化区块链金融相关标准的建立，要在技术标准、评价体系、安全要求、监管原则等方面予以明确，以提升区块链技术在金融领域的应用水平和效率。

三、区块链金融发展的相关建议

（一）从业机构层面

在从业机构层面，一方面需加强区块链底层技术研究，要结合自身技术基础与发展定位，深入研究制约区块链金融应用的"卡脖子"难题，切实提高技术可靠性，加强"链上"金融业务风险抵御能力；另一方面要注意选择合适的应用场景，不同金融场景对区块链安全、性能、功能等要求也不尽相同，并不是所有业务都适合应用区块链，也不是所有数据都要"上链"。金融业要根据不同业务特点，选择恰当的应用场景，不能为了"上链"而"上链"，要确保区块链在金融领域的落地接地气、服水土。

（二）政策监管层面

在政策监管层面，一方面要加快完善区块链金融监管的相关政策和标准，在规范区块链应用发展的同时将技术滥用"关进牢笼"，促进区块链金融安全、健康、良性发展；另一方面要强化科技监管，充分利用包括大数据、云计算、人工智能、区块链等在内的监管科技加强监管能力建设，提升区块链金融甚至整个金融系统的风险识别、防范和化解能力。

另外，监管机构要坚持合理、适度、有效监管，应理性看待区块链创新与应用，应用区块链在本质上并未改变金融业务的属性，只是进一步提升了金融服务的质量和效率，"听之任之"和"一棒子打死"都不可取。在监管过程中既不能忽视监管的灵活性，又要防止创新失控、过度投资等乱象的发生。

（三）行业组织层面

在行业组织层面，一方面要发挥好桥梁纽带作用，为政、产、学、研、用等各方搭建信息交流平台，积极开展区块链在金融领域的应用热点、难点问题研究，推动相关技术标准、应用规范等出台；另一方面要加大对公众的宣传教育力度，引导公众正确、理性、客观认识区块链及其应用，强化公众的风险识别能力和自我保护意识，防止公众陷入相关非法金融活动。

（四）国家层面

在国家层面，要进一步加强对区块链底层技术的研发和技术落地应用的扶持力度，强化知识产权保护，打造以区块链金融为代表的金融科技创新产业链和生态体系。一方面要加强对区块链金融创新的扶持力度，打造一批应用场景丰富、技术领先、熟悉金融规律的区块链金融龙头企业；另一方面要加大人才培养力度，培养一批既懂区块链底层系统架构设计又懂金融业务运作逻辑和风险防范内在关联、兼具技术和运营管理能力的复合型人才，为区块链金融发展提供充足的智力支持。

模 块 小 结

1. 区块链可以看作"区块"和"链"的组合，其中区块是组成区块链的基本单元结构，每一个区块被打上时间戳，每个区块当中存放的就是这个区块生成期间的所有交易信息，然后众多的区块按照时间先后顺序排列，并通过加密的方式，形成一个可信的、不可篡改的、全员共有的链条。

2. 区块链具有如下技术特征：去中心化、安全性（不可篡改性）、独立性、开放性、匿名性。

3. 区块链有公有链、联盟链、私有链三类。公有链是指任何人或组织都可以随时进入系统读取数据、发送可确认交易、竞争记账的一种区块链。联盟链部分公开，是指某个群体或组织内部使用的一种区块链，对加入的组织有一定的限制和要求。私有链完全封闭，是指链上数据写入权限由某个机构控制的一种区块链，参与节点的资格会被严格限制。

4. 区块链的发展可分为三个应用阶段：一是区块链1.0——数字货币阶段；二是区块链2.0——智能合约阶段；三是区块链3.0——智能社会阶段。

5. 区块的技术架构可分为：数据层、网络层、共识层、激励层、合约层、应用层。其中数据层、网络层、共识层是核心，是判断一个应用是否是区块链的标准。

6. 区块链由"区块"和"链"两部分构成，其中区块是基本组成单元，区块大体上包含区块头和区块体两部分。区块头中包含的信息有：父区块哈希、时间戳、难度值、随机数、默克尔根，区块体中封装的是这一区块生成时间段内的交易信息。

7. 共识机制解决的是由谁记账以及不同的记账节点如何达成共识的问题。工作量证明机制（PoW）是通过付出的工作量来竞争记账权，付出的工作量越大，取得记账权的概率越大。权益证明机制（PoS）是根据持有数字资产的数量和时间来分配记账权，与PoW相比，缩短了达成共识的时间，减少了资源浪费，但还是需要挖矿，没有从根本上解决效能问题。

8. 智能合约是一套以数字形式定义的承诺，加载智能合约使得区块链中的区块具有了独立的可编程功能，正是由于加载智能合约，区块链发展进入了可编程金融阶段。

9. 金融业具有风险大、多方交易、信任基础薄弱等特征，目前是区块链技术应用最广、落地最多的领域。目前区块链技术主要应用于支付结算、票据业务、供应链金融、证券、保险、征信等业务领域。

10. 将区块链技术应用于金融领域将有助于打造金融服务新模式：降低特定金融业务的整体信任风险、降低特定金融交易的复杂度及成本、提升共享特定金融信息的便利性。

11. 区块链在金融领域的应用仍面临一定的挑战。如：区块链技术层面目前尚存在问题、资源消耗过大、钱包存在安全隐患、数据的隐私与安全问题、相关标准及法律法规尚不健全等。这需要从业机构、政府、行业组织、国家等层面协同配合，共同推动。

============================== 模 块 测 评 ==============================

一、单选题

1. 比特币是由（　　）设计的。

A. 徐小平　　　　　B. 中本聪　　　　　C. 乔布斯　　　　　D. 比尔·盖茨

2. 关于哈希值，下列说法正确的是（　　）。

A. 哈希值通常用由字符和数字组成的字符串来表示

B. 改变明文中任意一个字母，得到的哈希值有可能相同

C. 哈希值有一定的规律，通过哈希值可以推断出明文

D. 每次哈希计算得到的哈希值长度是不固定的

3. 区块的基本结构包括（　　）。

A. 区块头、区块体　　　　　　　　B. 难度值、时间戳

C. 默克尔根、随机数、交易信息　　D. 交易信息、区块头

4. 区块头中不包括（　　）。

A. 父区块哈希　　B. 难度值　　C. 时间戳　　D. 交易数据

5. 比特币使用的共识算法是（　　）。

A. PoW　　　　B. PoS　　　　C. DPoS　　　　D. Pool

6. 下列关于智能合约的描述，错误的是（　　）。

A. 合约参与方有关权利和义务的一套承诺

B. 一套数字形式的计算机代码

C. 智能合约不具有强制性，可以选择执行或不执行

D. 一旦达到触发条件，智能合约会被强制执行，且无法更改

二、多选题

1. 区块链可以分为（　　）。

A. 公有链　　　　B. 私有链　　　　C. 侧链　　　　D. 联盟链

2. 区块链的技术架构包含（　　）。

A. 数据层　　B. 网络层　　C. 共识层　　D. 激励层

D. 合约层　　F. 应用层

3. 下列关于区块链技术特点的描述，正确的是（　　）。

A. 去中心化，系统中的数据区块由所有参与记账的节点共同维护

B. 不可篡改性，信息一旦经过验证并添加至区块链，就很难篡改

C. 匿名性，支持交易对手进行匿名交易

D. 去信任化，交易双方无须相互信任就可以进行交易

4. （　　）是区块链系统必备的技术层次，也是我们判断一个网络服务是否是区块链的标准。

A. 数据层　　　　B. 网络层　　　　C. 合约层　　　　D. 共识层

5. 下列关于非对称加密的描述，正确的是（　　）。

A. 非对称加密在加密和解密过程中使用同一个密钥

B. 非对称加密的安全性相较于对称加密要高

C. 非对称加密需要在传送数据前交换密钥

D. 非对称加密需要两个密钥，一个是公钥，一个是私钥

6. 下列关于共识机制的描述，正确的是（　　）。

A. 共识机制解决的是由谁来记账的问题

B. 共识机制的选择会影响整个系统的安全性和稳定性

C. PoS 相较于 PoW 更环保，节省了算力

D. PoW 记账速度较快，且不会造成资源浪费

三、判断题

1. 每个区块都包含上一个区块的哈希值，这保证了区块数据的唯一性和不可篡改性。（　　）

2. 智能合约是甲、乙双方的口头承诺，在需要时可以更改。（　　）

3. 哈希值具有随机性，输入不同的内容得到的哈希值内容、长度都不同。（　　）

4. 公有链、联盟链、私有链三者之间中心化程度最低的是公有链。（　　）

5. PoW 共识算法是通过提高工作量来争夺记账权，在挖矿过程中会大量消耗电力，造成资源浪费。（　　）

6. PoS 是权益证明机制，通过节点持有的代币数量和时间来分配记账权，无须进行挖矿。（　　）

四、简答题

1. 简述区块链的技术特征。

2. 简述区块链的分类。

3. 简述区块链发展的三个阶段。

4. 简要说明区块头的组成。

5. 简述区块链技术应用于金融领域存在的挑战。

综合实训

实训内容：运用智盛区块链金融应用创新平台，完成区块链基础中的相关实验操作。

实训目的：认识并了解区块链的技术特征、分类和基本技术。

实训步骤：

1. 进入智盛区块链金融应用创新平台，点击链基础，进入各个板块的实验操作，只有完成上一个板块的实验操作才能解锁下一个任务。

2. 分别解锁区块链特点下的匿名性、开放透明性、溯源机制、不可篡改任务，按照实验说明完成实验操作，从中体会区块链的相关特点。

3. 分别解锁区块链分类下的公有链、联盟链、专有链任务，按照实验说明完成实验操作，从中体会不同类型的区块链的特点和区别。

4. 解锁基本技术中的时间戳、区块、默克尔树、链、区块高度、分叉任务，按照实验说明完成实验操作，从中体会相关技术的应用及特点。

模块 七

5G、物联网及其应用

学习目标

- **知识目标**
  1. 了解移动通信技术的各发展阶段，以及物联网的含义；
  2. 熟悉物联网关键技术；
  3. 掌握 5G 关键技术。
- **技能目标**
  1. 能够准确分析 5G 及物联网技术在金融科技中的作用；
  2. 能够合理判断 5G 及物联网技术在金融科技中的应用趋势。
- **素养目标**
  1. 通过学习 5G 自研技术发展历程，激发学生的自强自立精神；
  2. 通过学习 5G、物联网技术的应用场景，激发学生的创新意识。

思维导图

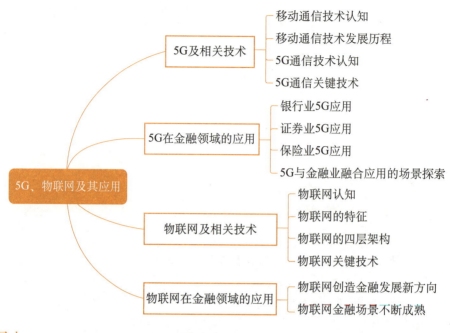

案例导入

5G 催化物联网应用加速落地，AIoT＋金融迎新机遇

"十四五"时期，我国进入新发展阶段，利用数字技术推动产业转型升级成为经济增长的新引擎。在此背景下，作为数字经济的核心技术之一，物联网赋能千行百业形成海量连接，并与人工智能、大数据、区块链等技术深度融合，向 AIoT（智能物联网）升级，通过泛在感知、可靠传递、智能处理助力产业数字化全面发展。

中国银行业协会首席信息官高峰表示，智能物联网已成为金融科技的核心技术之一，在金融业的应用价值越发凸显。一方面，智能物联网可显著提升金融服务实体经济的能力；另一方面，智能物联网可助力数字化场景的金融创新，未来智能物联网标准将引领金融场景生态建设。作为行业自律组织，中国银行业协会将继续深化与中国信息通信研究院及产业各方的合作互动，发挥金融与科技的纽带作用，共同促进金融科技产业的有序健康发展。

中国信息通信研究院云计算与大数据研究所所长何宝宏表示，"十四五"规划已将物联网列为数字经济重点产业，央行发布的《金融科技发展规划（2022—2025 年）》也提出了多项涉及物联网的重点任务，涵盖了金融科技网络基础设施、服务渠道、农村金融、供应链金融等领域，智能物联网将成为物联网在金融领域应用的主流。中国信息通信研究院将继续在政策支撑、标准建设、行业研究、生态构建等方面展开工作，联合产业各方共同推动"AIoT＋

金融"产业持续发展，促进金融业数字化转型。

你知道什么是 5G，什么是物联网吗？你认为 5G 与物联网将对金融领域产生怎样的影响？

任务一　5G 及相关技术

一、移动通信技术认知

通信（communication）指人与人或人与自然之间通过某种行为或媒介进行的信息交流与传递。

从古至今，人类的生活无时无刻不与通信息息相关，人类一直在沟通方式的创新上不懈地努力和探索。早在远古时期，人们仅能通过简单的语言、壁画等方式交换信息。电力的发明促使人类通信历史进入了新纪元。电报机和莫尔斯电码的使用开创了人类使用"电"来传递信息的先河，人类传递信息的速度得到极大的提升，从此拉开了现代通信的序幕。

移动通信（mobile communication）是现代通信方式的一种，是指双方中有一方或两方处于运动中的通信方式。1941 年，摩托罗拉研发出了第一款跨时代无线通信产品 SCR-300 供步兵单位在战场上使用，即对讲机。1973 年美国著名发明家马丁·库帕发明了第一代移动电话，1983 年"大哥大"进入了消费市场，人类通信自此正式进入无线移动通信时代。

随着对电磁波的研究深入、大规模集成电路的问世，移动电话被制造出来。在移动电话之后，科学家又开始了移动网络的规划。在移动网络部署中借鉴蜂巢结构进行基站布置，在相邻的小区使用不同的频率，在相距较远的小区采用相同的频率，这种布局既有效地避免了频率冲突，又可让同一频率多次使用，节省了频率资源。这一方案巧妙地解决了有限高频频率资源与众多高密度用户需求量之间的矛盾和跨越服务覆盖区信道自动转换的问题。1975 年，美国联邦通信委员会开放了移动电话市场，确定了陆地移动电话通信和大容量蜂窝移动电话的频谱，为移动电话投入商用做好了准备。1979 年，日本开放了世界上第一个蜂窝移动电话网。

现代移动通信以 1986 年第一代通信技术的发明为标志，经过 30 多年的爆发式增长，极大地改变了人们的生活方式，并成为推动社会发展的最重要动力之一。

二、移动通信技术发展历程

（一）第一代移动通信技术

第一代移动通信技术（1G）主要采用的是模拟技术和频分多址技术。由于受到传输带宽的限制，不能实现移动通信的长途漫游。第一代移动通信技术只是一种区域性的移动通信系统，主要用于提供模拟语音业务。

在第一代移动通信系统中，美国全入网通信系统技术（AMPS 制式的移动通信系统）在全球的应用最为广泛，它曾经在超过 72 个国家和地区运营，直到 1997 年仍有一些地方在使用。另外还有近 30 个国家和地区采用英国 TACS 制式的通信系统。这两个移动通信系统是世界上最具影响力的第一代移动通信系统。

（二）第二代移动通信技术

第二代移动通信技术（2G）主要采用的是数字的时分多址（TDMA）技术和码分多址（CDMA）技术。第二代移动通信技术的主要业务是语音，用于提供数字化的语音业务及低速数据业务。

自 20 世纪 80 年代以来，世界各国加速开发数字移动通信技术。其中采用 TDMA 多址方式的代表性制式有泛欧 GSM/DCS1800、美国 ADC 和日本 PDC 等数字移动通信系统。而 CDMA 技术具有容量大、覆盖好、语音质量好、辐射小等优点，但由于窄带 CDMA 技术成熟较晚，标准化程度较低，在全球的市场规模远不如 GSM 系统。目前窄带 CDMA 全球用户约 4 000 万，其中约 70％的用户在韩国、日本等亚太国家。

（三）第三代移动通信技术

第三代移动通信技术（3G）是在第二代移动通信技术基础上进一步演进的以宽带 CDMA 技术为主，并能同时提供话音和数据业务的移动通信系统，是有能力彻底解决第一代和第二代移动通信技术主要弊端的先进移动通信技术。第三代移动通信技术主要用于提供包括语音、数据、视频等丰富内容的移动多媒体业务。

（四）第四代移动通信技术

第四代移动通信技术（4G）集第三代移动通信技术与 WLAN 于一体，主要用于提供快速传输数据与高质量音频、视频和图像等服务。

第四代移动通信技术是在第三代移动通信技术基础上不断优化升级、创新发展而来，融合了第三代移动通信技术的优势，并衍生出了一系列自身固有的特征。第四代移动通信技术的创新使其与第三代移动通信技术相比具有更大的竞争优势。一方面，第四代移动通信技术在图片、视频传输上能够实现原图、原视频高清传输，传输质量与计算机画质不相上下；另一方面，利用第四代移动通信技术，在软件、文件、图片、音视频下载上速度最高可达到每秒几十兆比特流，这是第三代移动通信技术无法实现的，这种快捷的下载模式能够为人们带来更佳的通信体验。

（五）第五代移动通信技术

在全球第四代移动通信技术的部署方兴未艾之时，第五代移动通信技术（5G）的研发已拉开大幕，成为整个学术界和信息产业界最热门的话题之一，掀起全球移动通信领域新一轮的技术竞争浪潮。

第五代移动通信技术采用的是最新一代数字蜂窝网络，在这种网络中，供应商覆盖的服务区域被划分为许多被称为蜂窝的小地理区域。声音和图像的模拟信号在手机中被数字化，由模/数转换器转换并以比特流的形式传输。蜂窝中的所有 5G 无线设备通过无线电波与蜂窝中的本地天线和低功率自动收发器（发射机和接收机）进行通信。收发器从公共频率池分配频道，这些频道在地理上分离的蜂窝中可重复使用。本地天线通过高带宽光纤或无线回程与电话网络和互联网连接。与手机一样，当用户从一个蜂窝穿越到另一个蜂窝时，他们的移动设备将自动"切换"到新蜂窝中的天线。

第五代移动通信技术将增强移动设备体验和整个通信技术生态系统（包括增强型移动宽带 eMBB、海量机器类通信 mMTC、超可靠低时延通信 uRLLC 三大应用场景）体验，它标志着很多垂直领域如医疗、农业、汽车的融合和网络架构的改变，使其更简单、更高效。

课堂讨论 7 - 1

你认为 5G 通信技术给我们的生活带来了哪些变化？

三、5G 通信技术认知

（一）5G 行业定义

在移动通信技术的发展历程中，每一代移动通信系统都可以通过标志性能力指标和核心关键技术来定义，5G 关键能力比前几代移动通信技术更加丰富，面对多样化场景的极端差异化性能需求，5G 很难像以往一样以某种单一技术为基础形成针对所有场景的解决方案。此外，当前无线技术创新也呈现多元化发展趋势，除了新型多址技术之外，大规模天线阵列、超密集组网、全频谱接入、新型网络架构等也被认为是 5G 主要技术方向，均能在 5G 主要技术场景中发挥关键作用。

综合 5G 关键能力与核心技术，5G 概念可由"标志性能力指标"和"一组关键技术"来共同定义。其中，标志性能力指标为"Gbit/s 用户体验速率"，一组关键技术包括大规模天线阵列、超密集组网、新型多址、全频谱接入和新型网络架构。

（二）5G 标准制定

3GPP（第三代合作伙伴计划）是一个成立于 1998 年 12 月的通信行业国际标准化组织，其最初的工作目标是在为第三代移动通信系统（WCDMA，TD-SCDMA 及 CDMA2000）制定全球统一的技术规范。3GPP 目前正在开发 5G 通信标准技术，中国无线通信标准研究组于 1999 年加入 3GPP，随着中国厂商和运营商的发展，中国在其中的地位越来越重要。

根据 3GPP 早先公布的 5G 网络标准制定过程，整个 5G 网络标准分两个阶段完成：第一阶段启动 5G 标准 P15，2018 年 6 月完成初步工作，该阶段完成独立组网的 5G 标准 SA，支持增强移动宽带和低时延高可靠物联网，完成网络接口协议。第二阶段启动 5G 标准 R16，该阶段将完成满足 ITU（国际电信联盟）全部要求的完整 5G 标准。2020 年 7 月 3 日，3GPP 宣布 R16 标准冻结，标志 5G 第一个演进版本标准完成。R16 标准不仅增强了 5G 的功能，让 5G 进一步应用于各行各业并催生新的数字生态产业，还更多地兼顾了成本、效率、效能等因素，使通信基础投资产生更大的效益，进一步助力社会经济的数字化转型。

知识拓展 7 - 1

5G R17 第三版标准冻结

自强于行，坚定于梦

千百年来，人们一直在通过不同的方式传递信息。在古代，烽火狼烟、飞鸽传书、快马驿站等通信方式被人们广泛传知；第二次工业革命后，科技进步带动了电讯事业的发展，电报电话的发明让通信领域发生了翻天覆地的变化；之后，计算机和互联网的出现则使得"千里眼""顺风耳"变为现实……5G时代的到来将使人们的生活发生颠覆性的变革。

1987年，我国正式进入1G时代，"大哥大"的造型深入人心，但核心技术和标准被外企牢牢掌握；1994年，2G在我国落地，发送短信成为可能，手机也越来越平民化；2009年，工信部发放3G牌照，更高的带宽和更稳定的传输速度让移动互联走进现实，国产手机顺势而起；2013年，4G牌照如期而至，我国自主研发的TD-LTE标准实现了广泛的使用，催生了移动支付、短视频等全新业态。

移动通信技术发展的三十余年，也是我国逐渐加快追赶步伐的三十余年。从1G空白、2G跟随、3G突破到4G同步，我国通信行业实现跨越式的发展。如今，中国5G已走在世界前列，甚至在技术上实现领跑。《中国互联网发展报告2020》显示，从2020年开始，全球5G网络将有三分之一来自中国技术。

在全球5G发展进程中，我国在需求和关键指标、主流双工通信技术、网络架构和独立组网、基础性关键技术等多个技术领域实现了率先和主导。然而，实践也反复告诉我们，关键核心技术是要不来、买不来、讨不来的。2020年10月，习近平总书记在广东考察时指出：企业要发展，产业要升级，经济要高质量发展，都要靠自主创新。现在我们正经历百年未有之大变局，要走更高水平的自力更生之路。在百年未有之大变局下，我们要沿着更高水平的自主创新、自力更生道路，披荆斩棘，砥砺前行，实现"两个一百年"奋斗目标、实现中华民族伟大复兴的中国梦。

资料来源：根据人民网资料整理.

四、5G通信关键技术

5G技术创新主要来源于无线技术和网络技术两方面。

（一）5G无线关键技术

1. 大规模天线阵列

多输入多输出（multi input multi output，MIMO）技术已经在4G系统中广泛应用，面对5G在传输速率和系统容量等方面的性能挑战，天线数目的进一步增加仍将是MIMO技术继续演进的重要方向。巨大的阵列增益将能够有效地提升每个用户的信噪比，从而能够在相同的频谱资源上支持更多用户传输。在实际应用中，通过大规模天线阵列，基站可以在三维空间形成具有高空间分辨能力的高增益窄细波束，能够提供更灵活的空间复用能力，提高接收信号强度并更好地防止用户相互干扰，从而实现更高的系统容量和频谱效率，如图7-1所示。

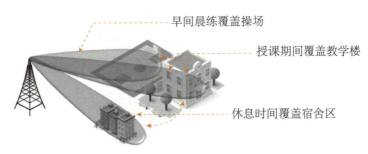

早间晨练覆盖操场

授课期间覆盖教学楼

休息时间覆盖宿舍区

图 7 - 1　大规模天线技术示意

2. 超密集组网

超密集组网将是满足未来移动数据流量需求的主要技术手段。超密集组网通过更加"密集化"的无线网络基础设施部署，可实现更高的频率复用效率，从而在局部热点区域实现百倍量级的系统容量提升，如图 7 - 2 所示。

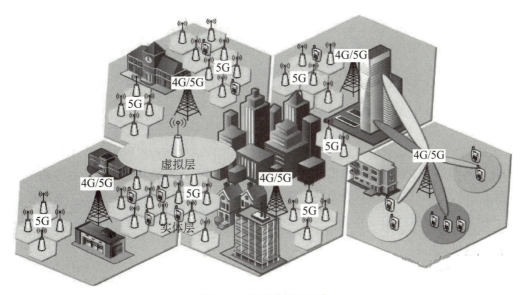

图 7 - 2　超密集组网示意

3. 全频谱接入

全频谱接入技术涉及 6G Hz 以下低频段和 6G Hz 以上高频段，其中低频段是 5G 的核心频段，用于无缝覆盖；高频段作为辅助频段，用于热点区域速率的提升。全频谱接入采用低频和高频混合组网，充分挖掘低频和高频的组合优势，共同满足无缝覆盖、高速率、大容量等 5G 业务新需求。

4. 新型多址技术

多址技术是指实现小区内多用户之间、小区内外多用户之间通信地址识别的技术。该技术主要通过多用户信息在相同资源上的叠加传输，在接收端利用先进的接收算法分离多用户信息，不仅可以有效提升系统频谱效率，还可成倍地增加系统的接入容量。

5. 新型多载波技术

载波技术是指利用载波传输信息的技术，主要方法是把表示信息的信号加到载波上，使载波的频率、幅度或相位发生相应变化（称为"调制"），由于经调制后的信号包含原信号信息，传到接收端后，经解调、滤波等一系列过程，原信号得以恢复。为了更好地支撑5G的各种应用场景，使其能更好地支持新业务、具有良好的可扩展性、同其他技术实现良好的兼容，业界提出了多种新型多载波技术。

6. 先进调制编码技术

先进调制编码技术是在不降低系统有效传输速率的前提下进行有效的编码和调制，是未来宽带移动通信系统的关键技术之一。5G包括多种应用场景，性能指标要求差异很大。例如，热点高容量场景对单用户链路的速率要求极高，这就需要在大带宽和信道好的条件下支持很高的频谱效率和码长；在密集部署场景，无线回传会广泛应用，这就需要有更先进的信道编码设计和路由策略来降低节点之间的干扰。先进调制编码包括链路级调制编码、链路自适应、网络编码三大领域。

（二）5G网络关键技术

1. 虚拟化技术

虚拟化技术是一种资源管理技术，是将通信系统各种实体资源，如服务器、存储等，予以抽象、转换后呈现出来，打破实体结构间的不可切割的障碍，使用户能够以比原本组态更好的方式来应用这些资源。利用网络虚拟化技术，可以在同一基站平台上同时承载多个不同类型的无线接入方案，完成接入网逻辑实体的实时动态功能迁移和资源伸缩，可以实现无线接入网内部各功能实体的动态无缝连接，便于配置用户所需的接入网边缘业务模式。

2. 网络切片技术

网络切片技术让运营商可以将公共网络划分为不同的专用虚拟网络，并为每个虚拟网络分配合适的资源，针对不同虚拟网络的用户和产品应用，提供与之匹配的总体功能和服务参数。一个网络切片将构成一个端到端的逻辑网络，按切片需求方的需求，灵活地提供一种或多种网络服务。网络切片是将5G时代多样化的网络特性高效应用于不同行业的关键技术。

任务二　5G在金融领域的应用

5G作为一种技术，它的商用将提高金融服务效率、降低金融业务成本，促进金融业发展和变革；同时它通过辅助其他各项新兴技术的落地，优化现有技术的应用过程，实现金融场景的再造，为金融业注入新的活力。

一、银行业5G应用

（一）升级银行金融服务体验

1. 5G技术推动银行网点创新变革

5G技术在一定程度上能够减少空间距离给服务带来的限制，减少现有银行网点的服务盲区。金融机构可采用VR或全息技术为客户呈现金融服务的立体影像，实现客户亲临现场的虚拟体验。随着全息技术的成熟，银行网点可以提供远程开户验证服务，进一步打破空间距离带来的业务服务障碍。另外，由于5G基站分布密集、覆盖范围广，银行的离行智能机具及敏捷网点在部署的过程中借助 5G 降低专线部署成本。

2. 5G 技术将优化客户贷款流程和简化申请材料

以往，银行在办理贷款业务时，基于主观信用体系，主要依靠工作人员的征信调查判断个人的财产状况、企业的实际经营情况和财务状况，从而给出信用评级。但客户需要提供种类繁多的过往材料，而且办理流程烦琐，大量人力、精力和时间被消耗。通过 5G 物联网，在未来银行可以利用多样化的相互关联的物品数据信息，实时掌握贷款客户的行为特征，提升授信模型的科学性和准确率。

3. 5G 技术将助力银行支付方式的拓展

3G 技术使得支付移动化，4G 技术更是使得移动支付从模式单一发展到选择丰富、贴心合意。密码支付、验证码支付、指纹支付、人脸支付等便捷化和多样化客户的支付体验，而二维码支付、条形码支付、POS 机支付则让移动支付迅速成为社会基础服务设施。由于网速和设备的局限，VR 支付商用市场化面临一定的阻碍，5G 技术将打破带宽和时延的限制。VR 上云后，数据传输、存储和计算功能将可以从本地转移到云端，辅助决策的支付数据将更加丰富，场景体验也因低时延而更加真实。

4. 5G 技术助力实现维度更广、可信度更高的金融信用评级体系

传统的金融信用体系依据客户的过往数据进行评级分析，缺乏有关客户的实时信息和资料。虽然互联网金融丰富了线上的大数据，在一定程度上解决了这个问题，但数据来源依然存在过多的主观性，造成信息不对称风险。在 5G 时代，万物互联得以实现，能从根本上解决这一难点。在物联网金融模式下，金融机构将从海量、多态、相互关联的物品数据中精确地识别企业或个体的自然属性，获取其行为特征，而不是局限于政府机构在档数据和孤立的数据源，从而使虚拟经济和实体场景得以相互连接，数据缺乏客观性的问题得以有效解决，互联网平台的数据造假现象得以有效防范，最终建立更全面实时的金融信用评级体系。而且通过互联网设备获取的信息数据，维度丰富、层次感强，银行可以更加深入地实时掌握企业或个人的资产情况，保障金融信用评级的高可靠性。因此，5G 能帮助银行建立客观的信用体系，实时掌握借款人的实体资产情况，尤其是中小微企业。市场上的金融产品供给更加丰富，金融服务价格下降，服务效率和覆盖率大幅提高，有效缓解了融资难、融资贵的问题，有利于普惠金融的发展。

(二) 探索银行金融新业态

1. 5G 助力实现动产融资

物联网的高度应用和物联终端的普及将会成为 5G 时代的趋势，海量连接的物品传感将可实现对动产的全程无遗漏感知并全程实时监管。通过大量物品特征的数字化，用户可借助互联设备管理自己的实体资产。对金融机构来说，动产流动性实时数据可被赋予不动产属性；对实体经济来说，金融机构可以放心为企业提供贷款。进一步实现资金流、信息流、实体流的三流合一，从而盘活动产，贷款风险和资金不确定性减小，最终降低融资成本。

2. 5G 让无人银行的建立和使用成为可能

无人银行可以依托 5G 高速网络加快走进大众的生活。在 5G 无人银行里，个人客户和企业客户可以自助办理各项业务，银行采用 5G 网络传输数据，业务办理将更加迅捷高效。客户除了能够办理贷款、缴纳水电气费，还可以借助接入的政务服务功能，打印证件照片和查询个人信息。过去无人银行主要就是简单的 ATM，基本只有存款、取款这些

简单功能。而5G无人银行将储户信息等资料存储在云端，办理业务的时延低至毫秒级别，客户完全感受不到数据上传下载时间。无须工作人员协调，客户可通过精心设计的智能化流程，自助操作完成业务办理，在业务办理过程中出现的业务咨询、业务审核、业务授权等均通过客户与银行人员之间的远程交互来实现。

二、证券业 5G 应用

（一）升级证券服务体验

1. 5G 提升 IPO 等规范化和透明化程度

传统 IPO 涉及的流程复杂，时间跨度大，过程信息不一定完整。相关信息由参与各方共同汇集，统一难度大，而且可能造成部分信息因佐证缺失而孤立。5G 低时延的数据传输和海量连接数据的收集，保证了数据样本更具有实效性和全面性，避免数据过于主观或信息不平衡。而且 5G 技术在应用场景中的高可靠性可增强区块链数据的稳定性和系统的可靠性。因此，5G 最终可提升 IPO 相关信息的可靠性、完整性和实效性，使上市的流程更加透明，避免拟上市企业出资不规范或不实等问题。

2. 5G 在证券领域的应用可以增强量化交易可操作性

量化交易虽然在信息处理上具有主观交易不可比拟的优势，但基于历史测试的量化投资策略在情势变迁时有时无法像人那样做出灵活的调整。并且现有交易系统依据的信息数据过于单一，还未结合智能语言处理和知识图谱读取。利用 5G 能够解决这一问题，及时检测数据是否失效和品种属性是否发生改变，使系统迅速把最新的情况纳入模型，从而及时做出调整和重新回测、优化、模拟，争取在最短的时间内扭转损失。同时，5G 还能辅助人工智能技术提升数据加工整合的效率和丰富被处理数据的类型，进而扩大交易系统依据的数据范围和种类。

因此，在量化交易的应用场景中，5G 能够促进信息获取的即时有效性，对信息造成的影响做出更及时、更理性、更全面的判断，部分解决量化交易现有的局限性问题。5G与人工智能的结合也推进了程序化交易应用，逐渐转向交易新阶段，即人工智能的语言处理、知识图谱时代。

知识拓展 7 - 2

什么是量化交易？

量化交易是指以先进的数学模型替代人的主观判断，利用计算机技术从庞大的历史数据中筛选能带来超额收益的多种"大概率"事件以制定策略，极大地降低了投资者情绪波动的影响，避免在市场极度狂热或悲观的情况下做出非理性的投资决策。简单来说，量化交易就是一种投资方法。

3. 5G 技术升级优化投资理财领域的智能投研业务

现有的智能投研数据存在较多问题，信息公开程度和透明度、上市公司披露的数据质量均无法和成熟市场相比，很多卖方报告都经过了包装，很难弄清重点和隐藏的真实内容。由于投研需要分析和理解年报、时事新闻、行业报告和法律公告等材料，涉及的数据种类形式繁多、数据量大，导致数据处理速度缓慢，达不到金融市场要求的高时效性。

5G 低时延的特点可加快人工智能批量完成相关文档工作，提升数据分析能力和研究报告输出效率。而且 5G 结合大数据技术实现全自动部署，海量数据为人工智能的研究和应用提供了很好的数据支持和基础。因此，5G 商用可带来技术上的飞跃，特别是随着人工智能和机器学习的成熟，投研将由自动化向智能化发展。同时投研报告的可信度和准确性将提高，智能投研企业逐渐发展成熟，拥有大量的用户和稳定的业务输出能力，最终转型为赋能类企业。

（二）探索证券新业态

5G 带来的新业务模式也将改变证券业的风险管理理念、模式和流程，增强风控能力。

首先，5G 通过海量机器类通信，帮助金融机构将与客户有关的数据进行汇聚分析，强化对风险的预判和防控能力，从而做到有效识别可疑信息和违法违规操作。其次，5G 结合大数据技术，从大量内部与外部数据中获取关键信息进行挖掘分析，并将结果反馈给金融机构。此模式降低了信息不对称及业务风险，同时还能对市场趋势进行预测，对欺诈风险进行鉴别和筛选，帮助金融机构实现有效的风险预警。最后，5G 辅助人工智能、移动互联网、物联网等先进技术，将风险管理嵌入企业生产经营流程，实时掌握客户的风险动态，为风险管理和风险经营提供决策支持和数据支撑。与此同时，结合质押企业的经营情况等数据，及时发现异常数据，并进行预警。

三、保险业 5G 应用

（一）升级保险服务体验

在 5G 推动下，家庭传感器和物联网设备便于用户及时了解家庭设备信息，并有效降低房屋出险概率。通过实时传感器，大量的物品特征将会数字化，用户可借助互联设备实现管理。在实际的应用场景中，安装了水监测设备的家庭可以在漏水变严重之前发现问题，同时保险公司通过电子邮件或短信提醒房主，从而可避免房主高额索赔的风险。安全摄像头和动作触发传感器将可及时识别入侵告警，降低财产损失风险。追踪设备基于位置能够协助防止盗窃和欺诈行为，使保险公司能够追踪。火灾探测器可以向房主和当地消防部门发出火灾警报信息，避免房屋受损，从而减少保险公司的赔偿支出。

保险公司通过 5G 海量连接获取更具体的汽车数据和更全面的路况信息，改善汽车保险服务体验。其作用主要体现为帮助保险公司根据驾驶行为灵活定价和主动预防危险的发生，减少保险赔偿支出。5G 技术在汽车保险场景中的应用使汽车拥有更加灵活的体系结构和新型系统元素。设备通过记录汽车行驶速度、里程、时间以及是否加速过快或紧急制动等因素，来监测驾驶员的驾驶习惯。根据各方面数据的分析结果，保险公司评估个人驾驶模式的安全程度来确定保费。在无人驾驶中运用 5G 技术时，由于它的超可靠、低时延特性，可以增强无人驾驶车的敏捷性和提高无人驾驶车对紧急情况的反应速度，有效降低事故发生概率，保障更安全的驾驶，从而减少保险赔偿支出。

（二）探索保险新业态

在工伤保险中，5G 赋能物联网，从而避免工伤保险索赔风险和降低工伤保险费率。5G 推动物联网的高度应用和物联终端的普及，通过穿戴设备和传感器，雇主可实时监测雇员的工作环境和身体状况，防止工伤发生。

在医疗保险中，随着 5G 在物联网的应用，人身上可以安装不同的传感器，对人的健康参数进行监测。保险公司可以通过收集重要数据，如体温、血压、心电图、血氧等健康参数来确定个人的真实健康状况。物联网数据分析中心根据个人总体健康状况分析报告来确定个人的真实健康风险和预期寿命，并在此基础上确定保费。保险公司还可长期监测个人健康状况，随着健康状况的变化，保险费率也随之改变。同时，在监测健康状况和疾病防控方面，保险公司可以根据穿戴设备中的数据建议个人改变生活方式，从而降低患病率、改善健康状况；健康数据还可以实时传送到相关的医疗保健中心，如有异常，医疗保健中心将及时提醒用户检查身体，从而更好地进行疾病防控。

总体来说，5G 在保险业的应用主要通过赋能物联网，通过物联网技术在各领域的创新变革，催生更多的保险创新服务。在 5G 物联网时代，保险业务创新形态多种多样：利用车联网对保险产品进行定价，在智慧化环境中深化环保检测方面的合作，在智能物流领域利用智能物联提高保险服务质量并进行保险产品创新，在智能家庭领域智能化管理用户的家庭风险，在智能医疗领域利用物联网加大与医疗机构的合作，随身穿戴助防意外事故的智能穿戴设备等。

四、5G 与金融业融合应用的场景探索

现阶段，各领域金融机构均在紧跟 5G 发展步伐，积极推进 5G 在金融领域的应用探索，应用场景多样。中国信息通信研究院云计算与大数据研究所相关报告显示，5G 在金融领域的应用多处于启动期和发展期，部分发展程度较高的业务仍需要进一步做好适配验证，如图 7-3 所示。

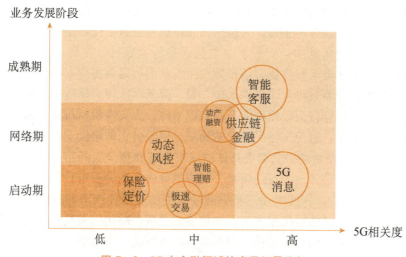

图 7-3　5G 在金融领域的应用场景分析

注：圆圈大小表示预期的市场空间。

任务三　物联网及相关技术

进入 21 世纪以来，感知识别技术发展迅速，信息从传统的人工生成的单通道模式逐渐演变为包含人工生成和自动生成的双通道模式。以传感器和识别终端为代表的信息自动

生成设备能够在开展对物理世界的感知、测量和监控时达到实时准确的效果。网络技术的综合利用使获取来自物理世界的信息成为可能。物理世界的联网需求和信息世界的扩展需求带来了一类新型网络——物联网（Internet of Things，IoT）。

一、物联网认知

物联网概念最早于 1999 年由美国麻省理工学院提出，早期的物联网是指依托射频识别（radio frequency identification，RFID）技术和设备，按约定的通信协议与互联网相结合，实现物品信息智能化识别和管理，进而实现物品信息互联而形成的网络。

随着技术和应用的发展，物联网的内涵不断扩展。现代意义上的物联网是一个基于互联网、传统电信网等信息载体，让所有能够被独立寻址（每一个数据可以作为独立的单元采用数据恢复技术）的普通物理对象实现互联互通的网络。

二、物联网的特征

物联网的特征可以概括为全面感知、可靠传递、智能处理。

（一）全面感知

物联网全面感知的特点体现在联网终端规模化和感知识别普适化两方面。

联网终端规模化是指"物品触网"，这使每一件物品均具有通信功能，成为网络终端。据测试，未来 5～10 年内，联网终端规模有望突破百亿大关。而作为物联网的末梢，自动识别和传感网技术近年来发展迅猛、应用广泛。仔细观察就会发现，人们的衣食住行都折射出了感知识别技术的发展。无所不在的感知与识别将物理世界信息化，使传统上分离的物理世界和信息世界实现高度融合，这就是感知识别普适化。

（二）可靠传递

物联网可靠传递的特点通过异构设备互联化得到了体现。硬件和软件平台差别巨大，各种异构设备（不同型号和类别的 RFID 系统、传感器、手机、笔记本电脑等）利用无线通信模块和标准通信协议，构建自组织网络。在此基础上，运行不同协议的异构网络之间可以通过"网关"互通，实现信息的网际共享和融通。

（三）智能处理

物联网智能处理的特点体现为管理处理智能化和应用服务链条化。

管理处理智能化是指为了向上层行业应用提供智能的支撑平台，物联网具有将大量的数据安全、高效地组织起来的能力。因此，数据存储、组织以及检索成为物联网应用的重要基础设施。为了更好地管理物联网的这些重要基础设施，各种决策手段被引入，包括运筹学理论、机器学习、数据挖掘、专家系统等。

应用服务链条化同样也是物联网应用的突出特点。以工业生产为例，从购买原材料、生产调度、节能减排、仓储物流，到产品销售、售后服务等各个环节，物联网实现全覆盖，物联网提高了企业的整体信息化程度。在这样的高速发展进程下，物联网将不只应用于某一行业，更会带动相关上下游行业，最终服务整条产业链。

三、物联网的四层架构

物联网的产业架构分为四层：感知层、网络层、平台层和应用层，如图 7-4 所示。

各层次既相对独立，又紧密联系。在应用层以下，相同层次上的不同技术互补，适用于不同情形，最终构成各层次技术的全面应对策略。根据多样的应用需求，不同层次提供各种技术的配置和组合，最终形成完整的解决方案。

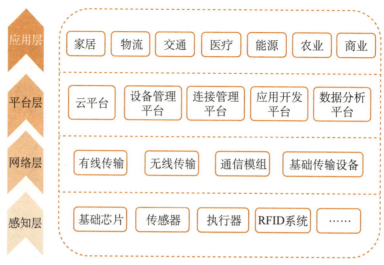

图 7-4 物联网的产业架构

（一）感知层

作为物联网的核心技术，感知层是联系物理世界和信息世界的纽带。感知层既包括RFID 系统、无线传感器等信息自动生成设备，也包括通过人工生成信息。多样化的信息生成方式是物联网区别于其他网络的重要特征。

（二）网络层

网络层的主要作用是把下层（感知层）设备接入互联网，供上层服务使用。互联网以及下一代网络组成了物联网的核心网络，而处在边缘的各种无线网络则提供即时的网络接入服务。

（三）平台层

平台层凭借高性能计算和海量存储技术，高效、可靠地将大规模数据组织起来，为上层行业应用提供智能支撑。

（四）应用层

最初为了实现计算机之间的通信而发明互联网，后来应用于以人为主体的个体之间的连接，现在正朝物物互联的目标前进。随着这样的发展路径，网络应用呈现出多样化、规模化、行业化的特点。

四、物联网关键技术

物联网相关技术大致可以分为三个层次：首先是传感网络，以二维码、RFID、传感器为主，实现"物"的识别；其次是传输网络，通过现有的互联网、广电网络、通信网络或下一代网络（NGN），实现数据的传输与计算；最后是应用网络，即输入/输出控制终端，可基于手机、PC 等终端进行。物联网核心技术包括 RFID、无线传感器网络、红外感应器、全球定位系统、Internet 移动网络、网络服务、行业应用软件。在这些技术中，又以底层嵌入式设备芯片开发最为关键，引领整个行业的上游发展。

（一）二维码及 RFID

二维码及 RFID 是目前市场关注的焦点，主要应用于需要对标的物（即货物）的特征属性进行描述的领域。

目前，二维码广泛应用于海关/税务征管管理、文件图书流转管理（国务院正在推行机关的公文管理采用二维码技术），已经普遍应用于车辆管理、票证管理（几乎包含所有行业）、支付应用（如电子回执）、资产管理及工业生产流程管理等多个领域。

RFID 是一项利用射频信号，通过空间耦合（交变磁场或电磁场）实现无接触式信息传递，并通过所传递的信息达到识别目的的技术。和传统的条形码相比，RFID 可以突破条形码需人工扫描、一次读一个的限制，实现非接触式和大批量数据采集，具有不怕灰尘、油污的特性；可以在恶劣环境下作业，实现长距离的读取，同时读取多个卷；还具有实时追踪、重复读取及高速读取的优势。这些特性让 RFID 具有极其广泛的应用范围。

（二）传感器

传感器作为现代前沿技术，被认为是现代信息技术的三大支柱之一。微机电系统（micro-electromechanical systems，MEMS）是由微传感器、微执行器、信号处理和控制电路、通信接口和电源等部件组成的一体化微型器件系统。MEMS 能够将信息的获取、处理和执行集成起来，组成具有多功能的微型系统，从而大幅提高系统的自动化、智能化和可靠性水平。

传感器的类型多样，主要有温度传感器、应变传感器、微震动传感器、压力水声、空气声等传感器。

（三）无线传感器网络

无线传感器网络（wireless sensor network，WSN）是由许多在空间上分布的自动装置组成的一种计算机网络，这些装置通过传感器协作来监控不同位置的物理或环境状况（比如温度、声音、振动、压力、运动或污染物）。WSN 由大量传感器节点组成，它能够实现数据的采集量化、处理融合和传输，综合了微电子技术、嵌入式计算技术、现代网络及无线通信技术、分布式信息处理技术等先进技术，能够协同地实时监测、感知和采集网络覆盖区域内各种环境或监测对象的信息，并对其进行处理。处理后的信息通过无线方式发送，并通过网络方式传送给观察者。

（四）近距离无线通信

近距离无线通信技术的范围比较广，只要通信双方通过无线电波传输信息，并且传输距离限制在较短的范围内，通常是几十米以内，就可以称为近距离无线通信。它支持各种高速率的多媒体应用、高质量声像配送、多兆字节音乐和图像文档传送等。低成本、低功耗和对等通信，是近距离无线通信技术的三个重要特征和优势。

近场通信（near field communication，NFC）实质上是脱胎于无线设备的一种"非接触式射频识别"及互联技术，是一种非接触式自动识别技术，它通过射频信号自动识别目标对象并获取相关数据，识别工作无须人工干预。NFC 适用于近距离识别，典型应用场景为扫码、刷卡等。

超宽带（ultra wide band，UWB）是一种无载波通信技术，主要利用纳秒级至微秒级的非正弦波窄脉冲传输数据。UWB 技术具有系统复杂度低、发射信号功率谱密度低、对信道衰落不敏感、截获能力低、定位精度高等优点，尤其适用于室内等密集多径场所的高速无线接入。有人认为 UWB 是无线电领域的一次革命性进展，认为它将成为未来短距离无线通信的主流技术。

（五）无线网络

常用的无线网络主要包括 Wi-Fi、ZigBee、WiMAX、3G/4G/5G 等。

（六）感知无线电

感知无线电技术是软件无线电技术的演化，是一种新的智能无线通信技术。通过检测空中信号占用频谱，并探知无线环境中的空闲频谱资源，选择可利用的频谱进行通信。

（七）云计算

云计算是一种将可伸缩、有弹性、共享的物理和虚拟资源池以按需自服务的方式供应和管理，并且提供网络访问的模式。简言之，就是本地计算量较大的任务可以通过网络，交由远方的服务器来计算。计算完成后，再将结果返回本地。这在本地设备是嵌入式系统的情况下时间和成本优势非常巨大。

（八）全 IP 方式

由于物联网要求"一物一地址，万物皆互联"，为解决物联网地址容量有限的问题，应尽快推动全 IP 方式（IPv6）的普及应用。

（九）嵌入式技术

嵌入式系统包括硬件和软件两部分。硬件部分包括处理器/微处理器（CPU）、存储器、外设器件、输入/输出端口、图形控制器等。软件部分包括操作系统和专门解决某类问题的应用程序，应用程序控制着系统的运作和行为，而操作系统控制着应用程序编写与硬件的交互作用。

当前，物联网正促进 5G、窄带物联网、云计算、大数据、人工智能、区块链和边缘计算等新一代信息技术向各领域渗透，从而引发全球性产业分工格局的重大变革。在组网方面，在全球范围内低功率广域网技术正快速兴起并逐步商用，面向物联网广覆盖、低时延场景的 5G 技术标准化进程加速。同时，工业以太网、短距离无线通信等相关通信技术快速发展，为人、机、物的智能化按需组网互联提供良好的技术支撑。在信息处理方面，信息感知、知识表示、机器学习等技术迅速发展，能极大地提升物联网的智能化数据处理能力。在物联网虚拟平台、数字孪生与元宇宙方面，云计算及开源软件的广泛应用能有效降低企业构建生态的门槛，推动全球范围内物联网公共服务平台和操作系统的进步。

任务四　物联网在金融领域的应用

目前，物联网作为金融科技的重要手段，成为金融机构在供应链金融市场上的重要核心竞争力。宏观上，物联网能促进产业物联网生态的发展，构建数字经济新图景；微观上，物联网能重塑银行传统信贷业务。

一、物联网创造金融发展新方向

（一）提升风控能力，拓宽业务范围

物联网和金融业务流程的整合，能够低成本、大规模地帮助银行提升对企业贷款在贷前/贷中/贷后的风控能力。通过应用物联网技术，金融机构可以更准确地了解企业的生产经营情况，从而减少对抵押物、核心企业兜底或第三方担保的要求。在此基础上，金融机构可为更多过去难以覆盖的"三农"、中小微企业提供融资服务，加速实现普惠金融。

（二）实现数据打通，增强分析能力

通过应用物联网技术，金融机构可建立动态风控体系及企业信用信息的共享机制。依托大数据和云计算技术，金融资产、数据资产等的价值属性能在认定其信用及唯一性的条件下形成。信用信息的共享与监督管理也使得企业的数据资产具有了实体属性，最终推动企业资产实体属性与价值属性的融合，提高企业信用可信度，赋能金融业发展。

（三）降低业务成本，提升管理效能

在供应链金融各场景中，物联网技术可以实现对供应链上产品的流转情况、数量与质量进行监测，实现产品全生命周期的监控和定位，进而保证整个供应链的融资安全。在此基础上，在企业授权的情况下，金融机构通过将物联网数据与企业经营数据、财务报表数据进行交叉验证，可极大地提升风控模型的可信度。

借助物联网感知、AI 边缘计算等技术，增强以物管物的能力，可在印章、发票、凭证等重要物件的管理流程中，实时感知和跟踪定位。同时，结合移动物联定位与机器人流程自动化等技术，实现资产使用过程中变化信息的自动感知和更新，替代人工操作实现业务全流程的自动化处理，提升运营管理效能。

（四）赋能信用体系，促进行业发展

金融业本质上是经营风险的行业，风险控制是金融发展和创新的关键。物联网让金融体系能在时间、空间两个维度上全面感知物理世界行为，追踪历史、把控现在、预测未来，让金融服务融合到物理世界运行的每一个环节中，有利于全面降低金融风险。

物联网金融可以结合生态特点、行业特点、区域特点，构建更加全面、客观、完整的信用体系，使得金融风控质量和效率明显提升。同时，从人、机、物的客观感知数据出发，物联网能够有效避免各类平台上的假数据问题。在数据覆盖范围上，物联网能采集行为轨迹、消费习惯、医疗数据、场景数据、设备运行数据等多元数据类型，这些都是传统金融难以覆盖的。通过将数据和实体连接，打造数字孪生新模式，物联网有效解决了数据的客观性和真实性问题。基于此将产生更好的信贷业务模式、信用评估规则和风险预警模型。

二、物联网金融场景不断成熟

物联网赋能产业与金融相融合，可实现底层数据采集、网络层数据回传、数据结构化处理、行业模型构建及产业金融应用输出等全链条的数字化服务，实现产业链、区块链、数字孪生链"三链合一"的业务模式，彻底穿透产业与金融之间的信息壁垒，形成信息流、商流、物流、资金流"四流合一"的业态体系。

当前，物联网金融主要覆盖智慧制造、智慧物流、智慧农业、智慧能源、智慧车联、

智慧基建六大行业,从监控对象、监管设备、业务流程、风控模型四个维度对各环节输入和输出的场景、流程、对象、动作、标准、价值进行分析和记录。

(一)智慧制造:数字化提升效率,数据创新业务

在工业互联网时代,"智慧制造＋金融"模式成为发展供应链金融的关键手段,一方面可帮助银行识别并刻画企业风险,另一方面可帮助企业利用科技手段提高贷款融资的效率,从银行融资业务拓展和企业经营管理两方面缓解运营压力,实现双赢。

在业务方面,物联网技术可有效支持金融服务落地开展。就技术逻辑而言,银行为达到监管目的,可采取诸如安装设备手环、直接采集等方式,从企业端采集设备电流和定位信息、产能、能耗等数据,将数据通过网络传输到物联网平台;通过对平台数据进行整理,金融机构能够实现对设备及行业的开工率等运营指标的分析,并通过将其与财务数据进行交叉验证,为业务风险的评估提供更多维度的底层数据支撑。

在效率方面,"智慧制造＋金融"模式打造企业管理、运营的高效通道。在智慧制造领域,物联网平台通过感知设备的运行情况,一方面可以为企业经营管理提供支持,使得管理人员在远程和线上便可实现企业管理,提高运营效率;另一方面能够实现设备的预防性维修、风险预警、质量监测等功能,推动企业数字化升级。

在物联网平台的支持下,银行和企业均能实现更优化的业务模式。如平安银行基于物联网数据推出的面向中小企业主、无抵押无担保的互联网贷款产品——数字贷(智造),通过给设备安装手环,实时采集设备电流信息、设备定位信息等数据,并将数据通过网络传输到平安银行物联网平台,应用大数据建模技术对平台物联网场景数据进行分析,同时结合金融交易数据进行交叉验证,对客户进行信用评价和行为预测,形成授信审批结果,实现线上申请、线上审批、线上放款;此模式不仅可为实体企业提供金融支持,还可以通过为融资客户提供一站式监控和管理工具,实现设备运行状态数字化、设备在线健康检测、设备工艺优化提升等,为中小制造企业数字化转型提供支持。

该模式还可以进一步拓展,通过引入第三方工业互联网平台型机构,构建金融机构与科技型公司新的合作生态,扩大双方业务范围,为更广泛的中小企业提供"金融＋科技"的双重服务。

(二)智慧车联:创新融资服务,降低保险风险,实现智能管理

在车生态产业,金融机构通过融合物联网、大数据、人工智能等技术,实现多种场景下金融与非金融的标准化、定制化及个性化服务,覆盖乘用车、商用车、经销商、电商平台、网约车平台等多种融资业务场景,并通过对汽车位置、运行轨迹、仓储状态、车证钥匙等进行智能管理,不断深化"金融＋科技"战略、"金融＋生态"战略,基于相关金融产品形成比较完善的汽车金融服务生态体系。

在供应链金融领域,物联网平台可与主机厂、网约车平台、共享汽车平台等生态伙伴达成合作,创新汽车经销商融资、新车/二手车融资租赁、无车承运人平台订单融资等业务,为一手车消费者、二手车风险客户、汽车经销商、商用车运营平台提供数字化技术支持和综合金融服务。

在保险领域,物联网大数据有助于降低保费,提升赔付效率。在车险业务中,通过为每台投保汽车,特别是在商用车上安装物联网传感器,实时采集车辆的位置、运行轨迹、驾驶状态等行为监测数据,可以有效遏制恶意骗保现象。

（三）智慧农业：以动态监控活体，靠数据保障估值，用智能降低成本

以养殖业为例，金融机构借助物联网技术，可解决传统生物资产难以监控、难以估值的痛点，对生物资产进行全周期监控和跟踪，并协助打通上下游产业链，实现对成品、半成品的供应链环节的追溯，升级供应链融资模式。同时，物联网平台采集的相关生产数据及销售数据，可以反哺养殖企业，帮助企业提升信息化管理水平。

通过"物联网＋金融"，银行提供"金融＋科技＋生物资产抵押"的标准化行业金融服务方案，为牧场提供养殖贷。通过物联网技术直接对养殖场景进行信息采集，对奶牛进行活体监控，并确定产奶量、饲养情况和生长状态，实现银行对授信资产的动态风险监控。

基于物联网实时采集数据，奶牛饲养的核心管理环节如饲料喂养、疾病防治、产奶等信息，都能及时进入银行后台，执行各项统计分析，助力银行对牧场进行信用评价以及预警预测。银行通过标准接口将设备中的监控数据实时接入物联网平台，再实现与信贷系统、风控系统、渠道系统以及其他内部管理系统流程和数据的打通，进而实现对牧场生产经营状况的实时监控、智能识别、提前预警，提升银行对授信资产的风控能力。

针对牧场的物联网监控应用，不仅可以赋能银行授信业务的风控，而且可以向牧场输出在线养殖解决方案，帮助牧场提升经营管理质量和效率。

（四）智慧能源：智能终端助力数据收集，互联平台协助能源运营

在新能源行业，金融服务的广度和深度仍有进一步提升的潜力。目前，充电场站、光伏站点等新能源站点的融资能力有限、贷后管理成本高的问题亟待解决。物联网平台的引入可帮助银行与企业建立"金融＋科技"的服务连接。

在实际操作层面，通过终端传感器等设备，将场站的各类监测数据实时传送至银行物联网平台，银行再结合已有的征信数据、财务数据、金融数据，实现信息流、资金流、物流和商流的四流合一，同时进行多维数据的关联组合、交叉佐证，为场站融资申请提供审批及贷后监控预警所需的大数据支持。目前，在该领域的相关应用成效显著。平安银行在光伏场景中利用物联网技术为银行金融业务赋能、助力新能源企业的数字化转型，如图 7-5 所示。

图 7-5　物联网平台技术赋能金融业务及数字化转型

在充电场站项目中，通过掌握充电桩充电状况、性能及位置，工作人员位置、数量，以及场站温度等环境数据，一方面可以支持能源的充分利用，减少能源浪费，提升充电场站经营的智能化；另一方面可以对支持充电场站建设的金融产品进行信用分析和

风险控制服务。

（五）智慧物流：可视化物流，智能化仓储，虚拟化供应链

"物联网＋金融"模式也能助力物流业的数字化转型和融资服务。供应链是一条从生产到流通的物流链、信息链、资金链、增值链的集合。无论是在"流动状态"实物增值过程中，还是在"静止状态"物流过程中，应用物联网平台对企业供应链中生产、运输、装卸、搬运、存储、配送及零售等环节的流程优化和效率提升有显著的作用，同时也能实现安全生产、实时监控、信息共享，以降低银行的金融业务风险。

1. 智慧增值

从原材料到半成品、再到成品的过程，是一种实物自身价值增加的流动过程，同时也是供应链上游和中游的主要环节，是从供给到需求的重要桥梁。然而，在供应链产品周期内实物形态的改变会使银行在授信时面临实物资产难以监测、难以控制、难以处置等风险痛点，包括产品质量不高、经营销售拓展不利以及各项监控手段不能有效落地等风险。

物联网平台融合大数据、人工智能、区块链等技术，实现产品增值过程中的控货、确权、定价、溯源等，这被定义为"智慧增值"。"智慧增值"可以运用以 RFID、AI 摄像头、红外线传感器等技术建立的物流管理系统实现预期监控效果。以 RFID 为例，作为一种无线自动识别技术，RFID 作为条形码等识别技术的升级产品对贴有电子标签的物品进行跟踪以及信息采集。

在"物联网＋物流＋动产抵押"模式中，在监控对象端布设 RFID、AI 摄像头、红外线传感器，结合边缘服务器进行各种感知计算，收集生产、加工、运输、存储等环节的货物状态、转移动态等感知层数据，再经由网络传输主区块链平台，并同步至物联网平台，实现银企信息、平台用户信息的可信共享。应用物联网技术不仅可提高对整条增值链的管理能力，增强其可视性和适应性，而且可减少从物料到成品过程中形态转变带来的损失，全过程公开透明的模式也为金融机构提供了可信的资产监管和风险预警数据。

2. 智慧物流

从供应链角度而言，物流阶段是实物的静态阶段。然而，无论是运输环节还是仓储环节，都有可能因为保存不当、环境因素等种种原因，降低或破坏实物的使用价值。企业无法实时止损，银行面临的贷款风险较大，因此传统货押业务存在较多难点。

物联网平台可以帮助企业和金融机构实现物流过程的可视化智能管理。物联网智能终端利用 RFID、红外感应、激光扫描等传感技术获取商品的各种属性信息，综合运用 WSN 技术、GPS 技术及遥感技术等，构建仓储或运输环境监测系统，再通过多种通信手段传递到智能数据中心加以存储、建档以及用于各种统计分析。通过对数据进行集中统计、分析、管理、利用、共享，物联网平台为物流管理提供决策支持，为金融业务的顺利开展提供风控保证。

例如，银行利用物联网平台对仓库进行审查检验，结合价格指数信息对供应链金融进行风险评估，提供供应链金融服务方案；在供应链金融开展期间，对货物形态、物权进行监管，使得业务涉及的物权质押、物权处置更加可控，进而降低风险。

3. 实际应用

智慧增值和智慧物流通过使用物联网平台及物联网传感设备，对采供双方、电子商

务、物流仓储、金融机构等的资源进行有效的整合，实现信息流、资金流、物流和商流的四流合一。这不仅能减少企业与银行之间的信息不对称情况，更能为中小企业赢得更多的融资机会和科技支持，进而助力经济发展。

在实际运作中，仓储物流业、食品业都已具备相关的物联网金融服务基础。例如，在仓储物流业，金融机构通过将仓库、运输车辆的监控数据接入物联网平台，可以将钢铁、橡胶、铝锭等大宗商品的动产属性转化为不动产属性，从而通过动产质押为大宗商品行业提供融资支持；在食品业中，美国、荷兰与挪威联合研究发现，将虚拟供应链建立在食品可追溯系统的基础上，可利用物联网技术来记录生鲜食品生命周期中的信息，包括监测温度、微生物信息和其他食品质量参数。一些食品公司利用先进的信息通信技术和虚拟化应用程序，使得新鲜鱼货可以在进行虚拟拍卖的渔船上出售，并在到达港口后直接运送给终端客户。在未来，物联网的应用将进一步广泛而深入，将以前所未有的方式改变实物流转环节的运营模式，进而改变传统供应链的商业模式。

（六）智慧基建：感知工地场景，升级数字监控

在基建行业，智慧工地借助物联网技术实现了"人、机、料、法、环、测"综合性信息化监管，对工地场景、设备进行全方位监控，提供工地安全管理、设备智慧运维、物料管理、人员管理等服务，为工地自身建设及工地环境保护赋能。同时，这些实时客观的监控数据，可以及时传送到银行物联网平台，增强银行对项目型或经营性贷款业务的贷后监管能力。

模 块 小 结

1. 移动通信技术经历了五个阶段的发展，不同阶段在传输速率、关键技术、传输质量、业务类型等方面存在较大差别。

2. 5G 技术创新主要来源于无线技术和网络技术两方面。

3. 5G 技术在金融领域的应用将提高金融服务效率、降低金融业务成本，促进金融业发展和变革；辅助其他各新兴技术的落地，优化现有技术应用的过程，实现金融场景的再造，为金融业注入新的活力。

4. 物联网基于互联网、传统电信网等信息载体，让所有能够被独立寻址的普通物理对象实现互联互通。物联网的特征是全面感知、可靠传递、智能处理。物联网的产业架构分为四层：感知层、网络层、平台层和应用层。

5. 物联网相关技术大致可以分为三个层次：传感网络实现"物"的识别；传输网络实现数据的传输与计算；应用网络即输入/输出控制终端。

6. 物联网对金融领域的影响主要表现在：提升风控能力，拓宽业务范围；实现数据打通，增强分析能力；降低业务成本，提升管理效能；赋能信用体系，促进行业发展。

7. 物联网赋能产业与金融相融合可实现底层数据采集、网络层数据回传、数据结构化处理、行业模型构建及产业金融应用输出等全链条的数字化服务，实现产业链、区块链、数字孪生链"三链合一"的业务模式，彻底穿透产业与金融之间的信息壁垒，形成信息流、商流、物流、资金流"四流合一"的业态体系。

━━━━━━━━━━━━━━━━━━ **模 块 测 评** ━━━━━━━━━━━━━━━━━━

一、单选题

1. 下面关于移动通信技术的说法，不正确的是（　　）。

A. 第一代移动通信技术主要采用的是模拟技术和频分多址技术

B. 第二代移动通信技术主要采用的是模拟技术和码分多址技术

C. 第三代移动通信技术主要用于提供包括语音、数据、视频等丰富内容的移动多媒体业务

D. 第四代移动通信技术是集第三代移动通信技术与 WLAN 于一体，主要用于提供快速传输数据与高质量音频、视频和图像等服务。

2. （　　）不属于物联网的特征。

A. 全面感知　　　　B. 可靠传递　　　　C. 智能处理　　　　D. 海量存储

3. （　　）不属于物联网的产业架构。

A. 感知层　　　　　　　　　　B. 网络层

C. 应用层　　　　　　　　　　D. 技术层

4. 物联网相关技术大致可以分为三个层次，（　　）层次不属于物联网相关技术。

A. 传感　　　　　B. 传输　　　　　C. 应用　　　　　D. 通信

二、多选题

1. 5G 的典型应用场景包括（　　）。

A. eMBB　　　　　B. uRLLC　　　　　C. mMTC　　　　　D. TMDA

2. 5G 通信关键技术包括（　　）。

A. 大规模天线阵列　B. 超密集组网　　C. 新型多址技术　　D. 全面感知技术

3. 物联网相关技术大致分为（　　）。

A. 传感网络　　　　B. 传输网络　　　C. 应用网络　　　　D. 平台技术

4. 物联网在供应链中可以实现（　　）和商流的四流合一。

A. 信息流　　　　　B. 资金流　　　　C. 物流　　　　　　D. 人员流

5. （　　）是近距离无线通信技术的重要特征和优势。

A. 低成本　　　　　B. 低功耗　　　　C. 对等通信　　　　D. 高速传输

6. 供应链是一条从生产到流通的物流链、（　　）的集合。

A. 信息链　　　　　B. 资金链　　　　B. 增值链　　　　　D. 价值链

三、判断题

1. 在第一代移动通信系统中，美国全入网通信系统技术（AMPS 制式的移动通信系统）在全球的应用最为广泛，并形成了国际标准。（　　）

2. 第五代移动通信技术不再采用数字蜂窝网络技术。（　　）

3. 3GPP 最初的工作目标是为第三代移动通信系统制定全球统一的技术规范，所以不再参与制定 5G 通信规范。（　　）

4. 多输入多输出（MIMO）技术已经在 4G 系统中得到广泛应用，在 5G 系统中，天线数目的进一步增加仍将是 MIMO 技术继续演进的重要方向。（　　）

5.通过应用物联网技术，金融机构可以更准确地了解企业的生产经营情况，从而减少抵押物。（   ）

四、简答题

1.简述移动通信技术演化历程。

2.5G通信关键技术有哪些？

3.简述5G技术在金融领域的应用。

4.简述物联网技术在金融领域的应用。

=========================== 综 合 实 训 ===========================

实训内容：以小组为单位，调查具有代表性的不同类型的金融企业，了解它们应用5G与物联网技术的场景。

实训目的：认识和了解5G与物联网技术在金融领域的具体应用场景。

实训步骤：

1.收集金融企业应用5G、物联网技术的相关信息。

2.根据所收集的信息选择5G、物联网技术应用头部企业，对头部企业的信息技术应用融合情况进行整体性分析。

3.选择1～2个应用场景或业务具体分析业务模式或场景架构，并绘制业务架构图或场景结构图。

4.以小组形式进行展示交流，分析相关场景或业务的先进性、创新性、实用性。

模块 八

金融科技风险

思维导图

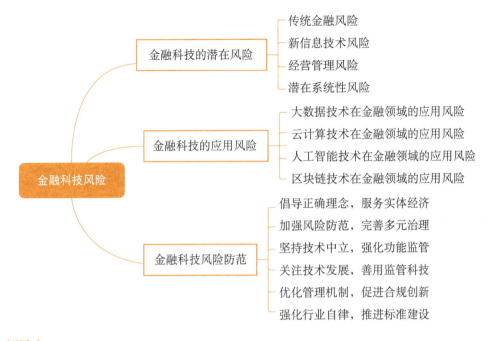

案例导入

比特币价格暴跌，加密货币风险巨大

根据《21世纪经济报道》，继下探至42 000美元/枚后，北京时间2021年5月19日，比特币价格一探再探，毫不费力地滑过40 000美元、38 000美元、36 000美元及32 000美元的"栏杆"，甚至快要失守30 000美元的关口，一路向下，毫无障碍。彼时的东半球也早已苏醒，社交媒体上的一条消息"谁没有抛比特币就转发此文"的转推快破万。

虽然价格"暴涨暴跌"似乎是比特币等加密货币自带的属性，可此番回撤可谓前所未有，比特币家园网的数据显示，近24个小时内，全网超58万名投资者爆仓，爆仓资金达68.9亿美元，一小时爆仓曾高达1.48亿美元。

有分析指出，从长期市场的角度来看，比特币高风险波动属性一定会长期持续下去，并且随着挖矿所能产生的比特币越来越少，实际上这种风险波动属性一定会加强而不会减弱。因为市场上的来源变得越来越少，那么大规模的市场操纵现象将会越来越多，在比特币市场上特别是在缺乏来源的情况下，这种现象一定会愈演愈烈。所以有充分的理由相信比特币在当前实际上有着非常大的市场问题，投资这种资产，风险属性将会是其主要属性。

资料来源：新浪网.

作为一种以区块链技术开发出的金融科技产品，比特币自问世以来就吸引了大量的投资者，在比特币价格暴涨暴跌的过程中，金融科技产品的巨大风险暴露无遗，那么金融科技到底面临哪些风险？相关主体又该如何有效防范？

任务一 金融科技的潜在风险

本任务将从金融科技发展面临的整体风险角度，从传统金融风险、新信息技术风险、经营管理风险和潜在系统性风险四个方面进行介绍。

一、传统金融风险

（一）信用风险

信用风险又称违约风险，是传统金融风险的主要类型。信用风险是指交易参与者未履约而造成经济损失的风险，即借款人未履行还本付息的责任而使授信人的预期收益与实际收益发生偏离的可能性。在金融科技中信用风险的产生主要源于金融科技企业的经营不合规以及信息不对称。

第一，一些金融科技企业由于缺乏正确的经营理念，在开展业务的过程中盲目承诺高收益以吸引投资者，最终导致自身资金周转困难，加之缺乏完善的风险处置机制，不得不选择倒闭。另有一些金融科技企业原本的成立目的就不单纯，一旦完成非法集资或洗钱的目的，便会携款跑路。

第二，信息不对称也是导致信用风险的主要原因。由于金融科技具有虚拟性，交易参与者众多且分布广泛，交易双方不容易直接接触，加之我国征信体系尚不完善，使得交易参与者之间缺乏充分的了解，决策地位并不平等。虽然信息披露和信息共享有助于改善信息不对称现象，然而这两种方式在目前的推进过程中也不甚顺畅。金融科技企业的准入门槛相对较低，在项目融资过程中又缺乏完善的信息披露机制，对交易参与者的运营情况缺少监督，进而使得信用风险滋生。

（二）流动性风险

流动性风险主要是指金融科技企业由于资金短缺而无法执行投资者提款指令的风险。导致流动性风险的主要原因在于资金错配、网络故障、金融科技企业不自律以及投资者不理性的投资行为。

首先，金融科技企业利用借短贷长的期限转换，将客户投入借贷融资项目中的短期资金投入长期项目中，从而产生期限错配问题，一旦客户集中赎回或大量提款，流动性风险便会暴露无遗。

其次，系统瘫痪等网络故障会致使金融科技企业无法及时清偿到期债务，或无法及时应对客户的集中赎回行为，从而导致流动性风险。

最后，由于金融科技相关产品的投资门槛相对较低，对投资者的要求也相对偏低，许多投资者也并不具备丰富的投资知识，对线上信息无法有效甄别和筛选，易产生盲目跟风、扎堆投资和挤兑现象，从而加剧了流动性风险。

（三）市场风险

市场风险是指未来市场价格的不确定性对企业实现既定目标产生不利影响的风险。市场风险主要分为利率风险、汇率风险、股票价格风险和商品价格风险。金融科技企业面临的市场风险主要是利率风险，表现为收益率优势趋于消失。

一方面，金融科技产品的高收益率并不符合经济规律，金融科技企业为吸引客户而推出的高收益模式只能维持较短时间，而非长久之计。与传统金融产品类似，金融科技产品的收益率同样受市场利率影响，在高收益模式难以为继时便会回落到合理的收益区间。

另一方面，利率市场化改革也会给金融科技企业带来一定的冲击。随着利率的放开，银行等传统金融机构可能会通过提高存款利率、降低贷款利率来提高自身竞争优势。一旦金融科技企业丧失了高收益优势，市场份额将急剧降低。由于取消了对利率的限制，货币市场的波动也会变大，而大部分金融科技企业成立不久，缺乏完善的利率风险应对机制和足够的利率风险应对能力，利率波动会对其造成一定的冲击。

（四）操作风险

操作风险是指由人员操作不当、系统和内部程序的不完备或失效，或由外部事件造成损失的风险。金融科技的操作风险主要是指误操作导致的风险。在金融业，误操作事件不在少数，如2013年8月的光大"乌龙指"事件就是工作人员的误操作所致，导致光大证券遭受重大损失。"乌龙指"事件同样会发生在金融科技领域，由于金融科技企业多处于发展初期，缺乏严格、系统性的内部管理制度和员工培训机制，容易出现因员工对业务不甚熟悉、不遵守操作规则而误操作的行为。

此外，系统的设计缺陷和互联网的实时性也加剧了操作风险。由于金融科技尚处于起步时期，很多设备和系统均处于研发和试用阶段，因此可能存在部分系统没有完全考虑操作者的使用习惯而导致违背其真实意愿情形的发生。以往，需到柜台经过人工审核方能完成转账、提款等金融业务，这给金融机构防范操作风险预留了一定的空间，而互联网具有迅速、实时的特点，能够使一项金融业务在短短几分钟甚至几秒钟内完成，这便使得金融科技企业常常来不及应对误操作行为。

（五）法律合规风险

法律合规风险是金融科技企业因违反法律法规，或无法满足法律法规的要求，而给自身、投资者乃至整个社会带来损失。一方面，由于金融科技属于新生事物，监管落后于发展，针对该领域的法律法规不完备使得许多金融科技企业的经营行为没有法律依据。在法律法规不完备的环境下，许多金融科技企业的创新行为由于不能确定是否触及法律底线而迟迟未能开展。另一方面，金融科技领域的法律法规不完备导致投资者权益无法得到保障，一些金融科技企业利用法律漏洞进行违法犯罪行为，出现监管套利现象，给投资者、整个行业乃至社会造成极大的负面影响。

此外，国家现在对互联网金融的监管手段已逐渐明晰，一些互联网金融企业自身经营不合规，为逃避监管而披上金融科技的外衣以继续经营原本的不合规业务，这也会产生严重的法律合规风险。

金融科技作为新生事物，在存在法律合规风险的同时，也不可避免地在监管层面存在较大风险。首先，由于法律法规不完善，监管部门在金融科技企业出现问题时不能及时有效地处置，影响全行业的发展。其次，由于监管主体不明确，相关当局之间分工不清、协调机制欠缺，易产生监管过度和相互推诿的现象。最后，由于监管部门缺乏相应的金融科技专业知识，从而产生监管能力不足的问题。虽然金融监管部门的工作人员对金融运行的规律和风险比较熟悉，但熟悉新技术本身的架构、优势、局限性以及新技术和金融业务的结合点，需要一个学习的过程，这在一定程度上无疑会导致监管滞后。

（六）声誉风险

声誉风险是一个综合性风险，上述信用风险、流动性风险、市场风险、操作风险以及法律合规风险都会对金融科技企业的形象造成影响。内部问题和外部环境都会对金融科技企业的形象造成影响，导致声誉风险。

从金融科技企业内部而言，一方面，由于金融科技企业多为初创企业，内部治理、风险控制等不甚完善，一旦发生黑客攻击导致资金损失事件或企业高层卷款跑路事件，便会极大地影响投资者对金融科技企业的信任度。同时，初创企业也没有过多关注广告营销和产品推广，在投资者心中未形成良好的信任基础。另一方面，金融科技企业的许多产品尚属新兴产品，并没有经受广大投资者的检验，在产品认知和操作方面难免存在不清晰、不合理之处，使得投资者体验不佳，易引发声誉风险。

从金融科技企业外部而言，黑客攻击等事件若经常被媒体报道，势必会削弱投资者对企业的信心。一些竞争对手或不法分子利用互联网虚拟性这一特点，对企业进行抹黑或冒充该企业员工进行欺诈行为，均会给金融科技企业带来声誉风险。

此外，当今社会互联网发达且充斥着海量信息，互联网特有的虚拟性、快速性，让投资者对爆炸式增长的信息应接不暇，无法辨别信息真伪，更有可能产生偏听和误信行为，此时若金融科技企业又对舆情处理不当，则很容易使自身陷入声誉风险之中。

二、新信息技术风险

（一）技术漏洞

金融科技发展时间不长，许多技术并不成熟，存在技术漏洞，可能引发诸多风险，主要包括数据安全风险和网络安全风险。

1. 数据安全风险

技术的不完善可能会导致信息窃取、泄露、篡改、灭失等。常见的数据安全威胁包括信息泄露、破坏信息的完整性、拒绝服务、非法使用、窃听、假冒、旁路控制、授权侵犯、特洛伊木马、后门、抵赖、重放、计算机病毒、人员不慎、物理侵入、窃取、业务欺骗等。金融科技企业的数据是由结构化数据和非结构化数据组成，存储在生产系统和备份中心，用户通过用户名、口令和手机短信验证码等传统的验证方式访问网站，进行数据传输。包括用户名、登录密码、银行账户、身份证号等在内的重要个人信息是目前黑客最垂涎的个人隐私数据，有发达的地下产业链，买卖交易异常火爆。目前，已出现不少用户信息丢失的案例，交易平台并没有在传输、存储、使用、销毁等方面建立个人隐私保护的长效完整机制，加大了信息泄露的风险。数据安全风险主要来源于以下方面。

（1）外部黑客的恶意攻击造成数据的篡改和丢失。技术漏洞吸引大量的黑客盯着金融科技企业，不停地对其进行研究和分析，黑客实行高效的信息分享和协同作战，整体攻击能力日渐提高，攻击手段层出不穷，交流和协作日趋频繁。据统计，黑客攻击金融科技企业网站的最主要目的是窃取数据，可见数据安全问题的严峻。

（2）内部人员误操作、恶意的破坏行为和系统设备故障都会导致数据损坏。实际上这类数据安全风险的形成主要还是因为技术不完善。未来要确保数据安全，就要发展技术，减少漏洞，通过加密传输、存储等手段把数据在第三方监管数据中心进行备份，从而保障用户和企业的权益，促进金融科技行业的稳健发展。

2. 网络安全风险

网络安全风险指在互联网环境中遭到网络攻击、渗透、窃听及计算机中毒等威胁导致的风险。网络安全风险是金融科技风险的重要组成部分。一旦金融科技企业出现了网络安全风险，将会引发系统性风险。网络安全风险主要有如下几类。

（1）网络通信安全风险。用户登录、查询、交易都是通过网络进行操作的，部分金融科技企业并没有建立保护敏感信息的安全机制，如用户身份信息、交易信息等在网络传输过程中的保密机制，或只是采用较弱的密码算法，因此很容易被攻破。一旦用户的账号和密码等敏感信息在网络传输过程中遭到泄露或篡改，将给金融科技企业的信息安全造成严重影响。

（2）网站安全风险。交易平台为用户提供网上支付、网上投资、网上借贷等服务，因此网站可靠与否将影响到用户的资金安全。近年来，随着互联网技术的发展和开放，金融科技企业所面临的 Web 应用安全问题越来越复杂，安全威胁正在飞速增长，如黑客攻击、蠕虫病毒、DDoS 攻击、SQL 注入、XSS 攻击、Web 应用漏洞等，严重困扰着用户，也对企业的信息网络和核心业务造成严重破坏。信息系统在给开展金融科技业务带来高效性和便利性的同时，同样给外部人员和内部人员利用信息系统进行犯罪带来了便利性，而且具有隐蔽性。

（3）客户端安全风险。绝大多数金融安全事件源于客户端安全隐患。由于终端操作系统的脆弱性和用户缺乏安全保护意识，金融科技客户端极易受到恶意代码、网络钓鱼等黑客技术的侵害。此外，大多数客户端程序都基于通用浏览器进行开发，存在不法分子利用通用浏览器漏洞获取用户信息的风险。尽管有的客户端安装有安全控件，但由于防护强度较低等问题，仍有可能无法抵御一些常见攻击。

知识拓展 8-1

The DAO 被攻击事件

The DAO 是一个运行在以太坊区块链上的去中心化自治组织。借助以太坊区块链，用智能合约推进管理，实现组织全面的自治管理。2016 年 5 月，The DAO 通过众筹获得了在市场上价值 1.17 亿美元的以太币，成为世界上众筹额度最高的项目。然而，在 The DAO 尚未完全开展业务时，就暴露出了程序漏洞问题，直接导致 The DAO 丢失了价值近 600 万美元的以太币。这不仅让 The DAO 的估值一落千丈，也对以太坊的市场估值造成了大幅冲击。

在 The DAO 被攻击事件中，攻击者组合了 2 个漏洞攻击，即递归调用 splitDAO 函数的漏洞以及资产分离后避免从 The DAO 资产池中销毁的漏洞。在攻击完第一个漏洞之后，再将 The DAO 资产安全转移回原账户，在只利用两个同样的账户以及同样的 The DAO 资产的情况下，攻击者便进行了 200 多次攻击。由此可见，科技一方面给金融带来很多技术革新，另一方面却会创生出前所未见的风险，对待技术问题，监管者和参与者仍然要抱有谨慎的态度。

（二）适用性问题

目前，许多金融科技企业都在研发自己的设备，但是却没有一个统一的标准，极易引发兼容性问题。金融科技尚属新生事物，并没有对兼容性进行全面的试验，比如某金融软件只能在某一系统中运行，兼容性差会导致闪退、卡顿，设备完全无法使用。兼容性问题会给金融科技消费者带来很多不便，甚至会造成损失，影响金融科技的长远发展。

不仅各软件、硬件之间需要无缝连接，科技也需要与金融完美融合。事实上，科技并非一开始就适用于金融，或者说适用范围较小，甚至金融逻辑和科技逻辑之间存在一定的矛盾，这严重影响金融科技发挥作用。如智能投顾服务可能存在过度拟合问题，机器通过对现有数据进行分析得出的结论可能与金融逻辑大相径庭，给投资者带来损失。如果智能投顾服务的影响范围较大，甚至有可能引发集体性的不理性投资行为，造成社会经济问题。

三、经营管理风险

（一）市场营销风险

金融科技对企业的市场营销具有双重影响。一方面，科技给人们带来诸多便利，增强了企业对客户的吸引力并提高了客户的可得性，如大数据提高了营销的精准性，提升了产品营销效率；另一方面，消费者接受新科技需要一定的时间，不成熟的科技将提高营销难度。金融科技虽然降低了金融投资者的资金门槛，但却提高了金融投资的技术门槛，诸多投资者由于金融科技产品较为复杂而放弃投资。同时，金融科技产品由设计问题导致的用户体验度差也会引发客户流失。

此外，许多金融科技企业存在负面新闻，如信息泄露、资金被盗等问题，导致投资者对其安保水平心存疑虑，因此很大比例的投资者依然会选择传统金融产品，并不愿意轻易尝试新产品。

（二）内部管理风险

金融科技企业的内部管理风险主要体现在产品设计不合理、员工培训不充分和内部风控不健全等方面。其一，金融科技企业中的误操作问题值得深思。由于金融科技产品起步较晚，没有足够的试错时间，部分产品的设计难免存在不合理之处，设计缺陷增加了误操作的可能性。其二，金融科技虽然发展迅速，但是相关人员的培训却没有跟上，很多从业人员对金融科技产品并不了解，与投资者的沟通存在问题，误导投资者的现象屡见不鲜。其三，在金融科技发展如火如荼的当下，对金融科技企业内部风险的管控必不可少。金融科技产品的不断优化调整可以有效减少误操作问题，而相关人员的培训也必须跟上步伐。

（三）资金和专业人才匮乏

技术竞争在未来极有可能成为金融科技企业竞争的主要方面。谁拥有先进技术，谁就获得先机。然而，技术的研发和应用需要大量资金和人才，许多中小企业根本无法负担如此巨额的成本支出，而金融科技领先企业凭借先行者优势在新领域率先站稳脚跟，将严重挤压中小企业的发展空间，容易形成寡头垄断现象，不利于社会发展。

此外，资金和人才发布不均加剧了问题。金融科技人才不仅需要拥有金融方面的知识，还需要丰富的技术经验作为支撑，然而这样的复合型人才并不多，且集中在北上广深及沿海发达地区。同样，资金也存在分布不均的现象。因此，经济发达地区将有更大的发展机遇，欠发达地区的中小金融科技企业则面临巨大压力，不得不倒闭或迁出本地，从而延迟新技术在当地的传播，逐渐加大了区域经济发展的差异。

四、潜在系统性风险

(一) 技术导致人才重新配置

金融科技的迅速发展可能会带来人才需求的结构性变化，在短时间内造成结构性失业。金融科技提高了自动化水平，许多金融流程不再需要由人工完成。事实上，技术取代人工的例子比比皆是，ATM、网上银行、手机银行正在取代银行柜员，智能投顾正在取代理财顾问等。虽然技术节省了金融机构的成本、提高了劳动生产率，但也因此减少了社会对劳动力的需求，特别是那些技术含量不高的金融服务岗位将减少，许多人因此面临重新规划职业生涯的压力。

(二) 技术导致系统性金融风险

金融科技如果没有被合理利用，可能会造成系统性金融风险。以智能投顾为例，如果通过智能投顾得到的理财建议是不合适的，便会引发大规模的非理性投资行为，众多投资者可能将资金投入一个盈利能力较差的项目，而真正优质的项目却得不到资金投入。不仅如此，智能投顾通过程序化的计算公式得出的投资建议往往趋同，若智能投顾的影响范围较大，这便会造成大量一致性的投资行为，同一时间同向的资金流动会给金融机构带来巨大的资金压力，引致流动性风险。这种一致性的投资行为也会放大资产价格顺周期性，引发资产估值错误，进而引发经济泡沫或经济危机。因此，不成熟的金融科技可能不仅无法给投资者创造财富，反而会给投资者带来巨大损失，增加风险的传染性，影响整个经济的正常运行，扰乱社会秩序。

任务二 金融科技的应用风险

本任务将根据有关技术在金融领域的具体应用，从大数据技术在金融领域的应用风险、云计算技术在金融领域的应用风险、人工智能技术在金融领域的应用风险、区块链技术在金融领域的应用风险四个方面进行介绍。

一、大数据技术在金融领域的应用风险

(一) 数据垄断风险

部分企业在展业过程中积累了大量数据，对自身大数据技术的研发、应用产生了正向反馈；大数据技术实力的提升，进一步增强了企业对数据的采集、分析、利用能力。数据量及技术能力之间互相促进的现象，可能导致数据向部分企业集聚，在客观上造成数据垄断的风险，进而对金融业产生不利影响。比如，数据垄断可能使得垄断者获得市场支配地位，形成进入壁垒，不利于行业充分竞争，导致数据获取、使用成本畸高，并最终对大数据技术在金融领域的应用产生不利影响。

(二) 数据安全风险

在设计之初，部分大数据平台主要考虑在可信的内部网络中使用的情况，在用户身份识别、授权访问、密钥管理及安全审计等方面欠缺考虑。虽然在后期应用过程中平台得到

了持续的改进，但其整体安全保障能力依然较弱。此外，应用一些缺乏可信检测认证的开源软件使得平台对软件漏洞和恶意后门的防范能力不足，可能产生数据安全隐患。大数据平台汇集了多样化海量数据，且数据访问大多依托开放式网络环境和分布式系统，任何数据安全保护疏漏均可能导致严重后果。加之金融业具有典型的强监管特征，对数据安全风险也就更敏感。事实上，在数据采集、整理、存储、分析、提取等过程中，都曾出现过安全风险事件，值得各方提高警惕性。

（三）隐私泄露风险

一般来说，单点信息的价值和可用性较低，不会直接暴露客户隐私。但是，在网络环境下，客户产生的各类数据通常具有一定的累积性和关联性。一些金融机构为实现更高的数据使用价值，可能会运用大数据技术对多点信息进行关联分析甚至过度挖掘，导致客户隐私泄露的风险有所提升。同时，在金融领域数据敏感性通常较高，在数据保护尚待加强的情况下，随着大数据技术应用的深入，部分个人敏感信息难免被有意或无意地收集、存储和分析。此外，个人隐私信息交易进一步加剧了隐私泄露的危害，助长了广告推销轰炸、网络诈骗等违法违规行为，甚至可能对金融消费者身心健康和财产安全造成严重的负面影响。

课堂讨论 8－1

在大数据时代，个人隐私泄露日益普遍，请结合你的日常生活感受，谈谈你所经历的个人隐私泄露情况，并分析造成这种现象的原因。

二、云计算技术在金融领域的应用风险

（一）技术安全风险

一是在多租户机制下，云计算资源隔离措施不当或失效，可能导致某些用户入侵其他用户数据和应用的情况，危害金融领域数据的完整性和保密性。二是为方便云服务使用者进行应用集成，一些云计算平台为用户提供了公开的 API 服务，若未能采取有效的防护措施，API 可能成为不法分子入侵云计算平台的入口，带来安全隐患。特别是公有云面向用户提供高度一致的基础软件资源，风险可能传染至更多金融机构，甚至造成系统层面的危害。

（二）权责难以界定风险

部分金融机构依赖第三方提供的云服务，可能导致权责难以界定风险及一定程度的外部性问题。一方面，一些云服务商具有访问、操控云服务使用者部分数据的能力，部分数据的权利归属难以界定，可能引发信息窃取、信息泄露等隐患。而在金融领域数据通常较为敏感，金融机构对数据控制权的削弱既不利于保护投资者权益，也不利于监管部门防控金融风险。另一方面，信息系统的安全性由云服务使用者、云服务商等多方的安全体系共同决定，防护等方面的责任难以划分，可能进一步加剧安全隐患。

（三）服务中断风险

某些云计算技术应用可能存在"集中分布"问题，即虽然在运算任务分配等方面表现为分布式，但云服务商、承载相关功能的物理设备却呈现一定的集中性，且云服务本身通

常集中了大量的数据和应用。当发生人员失职、恶意攻击、系统故障等问题时，可能导致大范围的数据丢失或服务中断。特别是对将核心系统上云的金融机构而言，服务中断可能对其关键业务产生严重的负面影响。

（四）服务滥用风险

同其他技术一样，云计算技术也有可能被不法分子用于违法活动，因而存在服务滥用风险。某些云服务商对登记等流程的管理不严格，使得不法分子能够以较低成本获得较为强大的计算资源的使用权，不法分子可能将其用于网络攻击、暴力密码破解、非法信息传播等活动，导致此类违法活动的危害性提高及防范难度增大。

三、人工智能技术在金融领域的应用风险

（一）技术安全风险

人工智能技术仍处于发展演进过程中，存在算法"不可解释性"、对数据依赖度高等问题，加之算法模型设计缺陷等人为因素，可能导致结果偏离预期、算法歧视、系统异常等风险。此外，若人工智能技术被不当使用甚至恶意使用，可能导致违法行为危害性提高的风险。比如，人工智能技术在语音模拟和人脸模拟方面的应用，可能会增大欺诈行为的防范难度。

（二）隐私泄露风险

一方面，逆向攻击等威胁可能导致人工智能模型内部数据泄露，而金融数据可能涉及大量个人隐私，此类数据的泄露会给客户带来难以估量的损失。比如，生物识别使用的指纹、声纹、面部等数据通常具有唯一性及高度敏感性并且难以修改，这类数据泄露所带来的损害可能难以逆转。另一方面，将人工智能技术应用于数据挖掘，可通过对看似不相干数据的挖掘分析得到与客户隐私相关的信息，降低数据脱敏等隐私保护手段的效果，加大隐私泄露风险。

（三）责任主体难认定风险

人工智能产品和应用不具备责任承担能力及法律主体资格，可能涉及技术提供方、技术使用方以及金融服务使用方等多个利益相关方，往往难以厘清责任归属，算法"不可解释性"则进一步增大了责任划分难度。

（四）放大市场顺周期性风险

随着人工智能技术大规模应用于金融交易，算法的同质性等因素可能导致市场交易行为一致化，加大市场周期性波动幅度。此外，交易程序使得交易频率能够达到毫秒级，当出现极端事件或程序故障时，可能带来巨大损失，甚至对金融稳定造成负面影响。

（五）监管套利风险

人工智能应用的发展速度较快，而监管部门在了解技术情况、制定政策规范等方面一般存在时滞，且监管部门与监管对象之间可能存在信息不对称，进而导致一定的监管套利空间。

四、区块链技术在金融领域的应用风险

（一）安全稳定性问题

一是区块链所能承受的失效或恶意节点数量存在极限值，如在工作量证明机制下会存

在"51％攻击"的风险，在区块链节点数量较少或较集中的情况下（如小规模的联盟链），可能会因参与者的运维能力差异而产生运维事故，导致故障节点数量超出区块链网络所能承受的容错极限。二是区块链智能合约存在不确定性及安全隐患，如果出现错误或恶意代码，同步执行的合约可能在金融生态系统中造成对抗效果和不可预见的行为风险，且一旦出现漏洞或错误，无法像中心化系统那样通过关闭系统进行修复。此类事件已在一些区块链项目（如 The DAO）中出现。此外，新加坡国立大学和伦敦大学研究人员通过对以太坊上约 97 万份智能合约进行评估发现，约 34 万份合约存在程序漏洞。

（二）隐私泄露风险

区块链对网络中的参与者公开透明的特点，使得金融消费者的交易数据、地址、身份等敏感信息缺乏隐私保护，增加隐私泄露风险。同时，用于隐私保护的新密码学技术尚不成熟，如存在组合环签名、零知识证明、同态加密等技术容易导致数据膨胀、性能较低等问题，目前尚难以大规模实际应用。

（三）责任主体难认定风险

在现阶段，区块链智能合约的法律有效性尚未完全得到认可，存在法律上的不确定性风险，并可能导致金融欺诈、黑客盗窃等恶性事件。由于区块链网络由多个参与者共同维护，一旦出现服务中断等故障而引发经济损失，则难以厘清责任归属。对于跨国、跨司法管辖部署的区块链应用，认定法律责任和追责将更加困难。

（四）法律合规风险

基于区块链技术的金融业务可能会带来新的法律合规风险，如智能合约的法律效力、数字资产在区块链上的权利归属等。区块链的分布式、难以篡改、多方共同维护等特点会带来当前中心化监管手段与区块链分布式机制的整合问题，而加密共识会给金融消费者保护和反洗钱带来挑战。

任务三 金融科技风险防范

一、倡导正确理念，服务实体经济

服务实体经济是金融的天职和宗旨，也是金融科技发展的生命力所在。金融科技作为一种由技术驱动的金融创新，其本质仍然是金融。这个基本发展导向是当前各国普遍认同的理念。比如，美国《金融科技框架》明确提出，拓展安全、公平、可负担的融资渠道，更好地满足个人和小微企业的资金需求从而支持经济增长，是金融科技发展的重要政策目标。英国《金融科技产业战略》提出，通过将目标定位为大型银行服务无法覆盖的市场，金融科技企业更加有效地为小微企业提供信贷支持。国际货币基金组织和世界银行也建议各成员将金融科技主题纳入国家普惠金融战略。

发展金融科技的初心是运用信息技术助力金融提质增效，更好地服务实体经济、防控金融风险、深化金融改革。一是坚持需求引领，鼓励从业机构紧扣社会经济发展需要，合理运用信息技术，突破制约金融服务实体经济的瓶颈，增强金融供给对实体经济需求变化的适应性和灵活性。二是坚持普惠民生，引导从业机构在多层次金融市场和服务体系中找准定位、精准发力，充分发挥移动互联网、大数据等技术优势，降低金融服务门槛，加大对长尾客户群的服务力度，努力实现金融服务广覆盖。三是坚持积极稳妥，严厉打击搞脱离自身发展阶段、超出自身风险管控能力的过度创新，以及打着改革创新的旗号搞规避金融监管、触碰法律底线的伪创新。

二、加强风险防范，完善多元治理

随着驱动技术在金融领域的应用不断深入，风险防控作为金融科技行业生命线的地位更加突出。经过跟踪与分析总结，国际社会对金融科技的潜在风险逐渐达成共识。金融稳定理事会经过分析认为，金融科技风险涉及微观金融风险和宏观金融风险两个层面，包括可能会产生期限错配风险、带来不可预知的风险传染源、放大对金融体系的冲击等，还特别指出金融监管部门要关注来自第三方技术服务商的操作风险和网络风险。因比，注重风险防控是各国发展金融科技的共性做法，也是必然趋势。比如，七国集团发布《七国集团金融领域第三方网络风险管理基本要素》，对金融部门第三方网络风险管理给出了指导意见。英国《金融科技产业战略》指出，在金融科技领域政府趋利避害的定位十分重要。美国《金融科技框架》提出，相对于广义的金融业，金融科技所占比重虽较小，但必须识别防范其给金融稳定带来的潜在风险。

> **知识拓展 8 - 2**
>
> ### 金融稳定理事会总结提出金融科技风险与需要关注的十个问题
>
> 2016 年 6 月，金融稳定理事会发布了有关金融科技对金融稳定的影响及各国应当关注的金融科技监管问题的报告。报告界定了金融科技的范围，概述金融科技发展的驱动力，分析金融科技对金融稳定的潜在收益和风险，评估金融科技前景，识别值得关注的金融稳定相关监管问题。
>
> 报告概述了金融科技的驱动力对市场集中度、竞争和构成三个方面的影响。在此基础上，分析金融科技对金融稳定的积极影响。一是金融科技带来许多领域的去中心化和多样化。二是金融服务创新可能带来更高的效率。三是更多更好地使用数据有利于减少金融科技领域的信息不对称。四是有利于提高金融服务的可获得性和便利性。
>
> 报告从微观和宏观两个层面总结了金融科技对金融稳定的消极影响。微观方面包括金融机构的信用风险、流动性风险、杠杆风险、期限错配风险和操作风险等；宏观方面包括传染性、顺周期性、过度波动性和系统重要性等。报告建议各国应当将金融科技纳入现有的风险评估体系和监管框架，并对监管框架进行评估，以减少金融科技的潜在风险并提高监管效能。
>
> 报告还提出了十个需要金融监管部门关注的问题，包括：管理第三方服务商的操作风险、降低网络风险、监测宏观金融风险、跨境法律考量和监管安排、支持大数据分析的治理和披露框架、评估监管范围并及时更新、与私营部门沟通交流金融科技发展情况和经验、进一步开发相关当局间的沟通渠道、储备金融科技新领域的人才、研究数字货币的替代配置。
>
> 防范化解金融科技风险，应建立并完善法律约束、行政监管、行业自律、机构内

控、社会监督"五位一体"的金融科技治理体系。一是严格法律约束，应充分利用和严格执行现有法律法规，按照实质重于形式的原则，将金融科技活动全面纳入法治化轨道。二是强化行政监管，加强金融监管部门及中央和地方监管的统筹协调，实施穿透式监管和一致性监管，推动审慎监管和行为监管协同发力。三是加强行业自律，推进基础设施建设、统计监测、信息披露、信息共享、标准规则、投资者保护等工作，督促引导从业机构合规审慎经营，提高投资者的金融素养和风险防范意识。四是做好机构内控，持续提升风险防范意识，加快培育合规文化，切实改进公司治理和内控管理，抓紧完善全面风险管理安排，使金融科技创新可能带来的各类风险始终处于可管、可控、可承受范围内。五是深化社会监督，提高投诉、举报等渠道的便捷性和可获得性，完善有奖举报等正向激励机制，鼓励法律、会计、评级等中介机构开展专业监督，注重在理财咨询、购买产品等方面分类开展金融知识普及教育。

思政课堂

欧洲最大金融科技公司 Wirecard 财务造假案例警示

Wirecard 成立于 1999 年，总部位于德国慕尼黑，主营业务为全球性电子支付，为企业和消费者处理支付事项，并提供数据分析服务。据公开资料，Wirecard 为德国顶尖科技公司，与 SAP 和 Infineon 齐名，该公司在全球 26 个国家拥有约 6 000 名员工，在 2018 年的营收超过 20 亿欧元，市值一度超过德意志银行，被纳入德国蓝筹股 DAX 指数。

2020 年 6 月 25 日，有"欧洲支付宝"和"欧洲最大金融科技公司"之誉的德国线上支付巨擘 Wirecard 因为 19 亿欧元"离奇失踪"而申请破产保护，为其服务长达十年之久的安永在德国遭遇了匪夷所思的审计失败，机构投资者和银团贷款方损失惨重，血本无归。这起欧洲版的安然事件，在棒喝金融科技热的同时，也给我们留下了许多值得反思的深层次问题。安然事件改写了美国证券市场的制度安排，Wirecard 舞弊案极有可能促使德国乃至欧洲重构金融科技的监管模式，终结政府授权的会计监管体系。深刻反思 Wirecard 舞弊案，吸取其中的惨痛教训，有助于我们未雨绸缪，防范金融科技等新经济企业超常规跨越式发展与监管滞后可能引发的潜藏风险。

Wirecard 舞弊案涉及的造假金额达 19 亿欧元，与其拥有的信贷额度相仿。据外媒报道，Wirecard 约 20 亿欧元贷款的背后有十余家商业银行的身影，大多数银行考虑延长还款期限，以便于评估潜在违约影响。同时，评级机构穆迪将 Wirecard 的信用等级大幅下调，并表示未来可能对它的评级进行进一步下调。

三、坚持技术中立，强化功能监管

金融科技作为一种由技术驱动的金融创新，其金融本质和适用的监管并未发生改变。目前，大多数国家和地区的金融监管部门按照实质重于形式的原则，坚持技术中立原则，强化功能监管，抓住金融科技的金融本质，将各类创新业务按照其金融功能纳入现有监管体系，坚持对金融科技和传统金融的一致性监管。比如，2018 年 3 月，墨西哥国会通过了《金融科技法》，该法案紧扣金融本质，以金融稳定为首要目标，厘定金融科技机构的服务属性、业务边界等。2018 年 3 月，欧盟委员会制订并发布了《金融科技行动计划》，将技术中立原则作为金融科技监管的基础，并提出建立清晰一致的牌照监管制度。2018 年 7 月，美国货币监理署（OCC）宣布将接受从事银行业务的非存款金融科技公司的银行牌照申请，获得牌照的金融科技公司需要满足与同类银行一致的标准。

坚持金融科技监管的技术中立，应遵循一致性原则和穿透性原则，强化对金融科技的功能监管。一是确立一致的监管要求，无论何种类型的机构，只要从事金融业务，提供金融服务，就必须遵循基本一致的市场准入政策、经营行为规范等。二是穿透金融科技业务本质，应根据金融科技业务功能属性，将金融科技纳入现行金融监管框架，进行归口分类监管。三是对风险突出领域加强防控，重点关注是否存在募集公众资金、公开发行证券、从事资产管理和交易等行为，对这些特许经营领域实施较为严格的准入管理。四是结合金融科技网络特性，加强信息披露、金融消费者保护等方面的监管要求。

四、关注技术发展，善用监管科技

金融科技的发展既带来业务、技术、网络、数据多重风险叠加的挑战，也带来金融监管实现数字化、自动化和实时化的机遇。一方面，为应对金融科技发展带来的金融监管挑战，各国金融监管部门应针对技术及其应用进行研判，避免急于推广不成熟的技术，并对技术应用可能产生的风险进行监测与预警，以求早发现、早处置、早化解；另一方面，也应广泛探索与利用技术手段，推动金融监管的数字化、自动化和实时化升级，进一步提升监管机构的监管能力。比如，美国政府责任署（GAO）指出，金融科技的发展可能导致监管例行检查之外的领域出现风险，因此需要金融监管部门持续监控。就对智能投顾的监管而言，新加坡金融管理局（MAS）在 2017 年 6 月发布咨询文件，认为其容易面临算法、网络等引发的技术风险，计划制定监管框架以监控和测试技术算法。自 2016 年起，英格兰银行（BoE）便与各类金融科技企业合作，进行了机器学习、数据分析、区块链和网络安全等技术在金融领域应用的概念验证，探索了多项技术在金融监管中的应用。2018 年 2 月，英国金融行为监管局（FCA）发布《关于利用技术实现更加智能的监管报送的意见征询报告》，计划探索将监管规则翻译成机器语言命令，并对机构数据库进行自动访问，实现实时监测。

面对金融科技带来的机遇和挑战，应遵循金融发展和科技发展的客观规律，做好对新兴技术的前瞻研究，加快发展和有效运用监管科技。一是加强对潜在风险的深度研判，提升对新技术应用的洞察力和敏感度，在金融的长周期中观察和检验金融科技的效益和风险，对新技术可能带来的风险要早研判、早分析、早报告、早处置，避免风险的扩散和蔓延。二是规范新技术的应用，引导机构审慎选择相对成熟可靠、适应业务发展的信息技术，要求机构同步具备与业务复杂度相当的风险管理能力。三是强化对金融科技基础设施的监管，建立和完善技术基础设施监管方案，对基础性和关键性信息系统进行定级备案和等级测试，鼓励行业自律组织建立技术监督管理机制。四是运用科技提升监管效能，利用信息技术改进金融科技监管流程和提升金融科技监管水平，积极探索监管政策和合规要求的代码化，研究推动建立基于云计算、大数据等技术的数字化监管体系。

五、优化管理机制，促进合规创新

为平衡金融科技的发展和风险，各国普遍致力于建立并完善一个兼具适应性、有效性和创新性的金融科技创新管理机制。部分国家已经推出监管沙盒机制，为金融科技创新提供"缩小版"的真实市场和"宽松版"的监管环境，从而在可控范围内为金融科技创新留出容错、试错的空间。比如，英国金融行为监管局（FCA）在 2016 年 5 月推出监管沙盒计划，在有限的客户数量、时间等范围内，允许参与的金融科技企业对新产品或新服务进行测试。监管沙盒推出不久，便受到国际社会的广泛关注。继英国之后，新加坡、澳大利亚、阿布扎比、迪拜等也陆续探索监管沙盒制度，引导金融科技规范有序发展。2018 年 7 月，美国财政部发布《创造经济机会的金融体系：非银金融、金融科技和创新》报告，也建议设立监管沙盒。此外，英国创新金融协会、东盟金融创新网络等行业组织还在积极探索行业沙盒机制。

借鉴监管沙盒等新理念新工具，在做好金融消费者权益保护和维护金融稳定的前提下，研究建立能够试错、容错、查错、纠错的包容性创新管理机制。一是发展真正有价值的金融科技创新，将是否有利于提升服务实体经济的效率和普惠水平、是否有利于提高金融风险管控能力、是否有利于加强金融消费者保护三个有利于作为衡量和评判的基本原则。二是充分评估金融科技创新潜在风险，加强信息披露，开展风险可控范围内的试点验证。三是按照风险和监管匹配的原则，根据法律授权对小额分散、范围有限、复杂程度低、系统重要性小的部分业务领域适度简化监管程序，有条件地适当降低机构的合规成本。四是可考虑探索依托行业自律组织牵头建立行业沙盒，邀请相关企业、消费者、学者和监管部门共同参与，建立更灵活的创新验证机制。

六、强化行业自律，推进标准建设

强化金融科技行业自律，促进监管和自律有机协调配合，是各国在平衡创新与风险、加强监管与市场沟通方面采取的较为普遍的做法。除了中国专门成立了中国互联网金融协会，从其他各国实践中也能看到行业自律作用在不断加强。比如，英国在确定由金融行为监管局（FCA）负责 P2P 网络借贷和股权众筹监管之前，从业机构就分别成立了对应的自律组织网贷协会和众筹协会，2014 年还成立了英国创新金融协会，2016 年 6 月至 2017 年 4 月，该协会受英国金融行为监管局委托组织开展了由行业主导、测试金融科技创新的"行业沙盒"的可行性调研与方案设计。美国的几家大型网贷机构则成立了市场借贷协会（MLA）。新加坡、日本、俄罗斯、卢森堡则相继成立了金融科技协会，加强行业自律和同业交流。

同时，各国对标准在金融科技发展中的基础性、战略性作用日益形成共识。比如，二十国集团发布《二十国集团数字普惠金融高级原则》，鼓励数字金融服务商采用高于通行法律要求的自律标准。欧盟委员会发布《金融科技行动计划》，提出启动欧洲区块链标准化行动，着手起草区块链标准化欧洲白皮书。2016 年 4 月，国际标准化组织（ISO）在金融服务技术委员会（TC68）内成立了一个金融科技技术咨询组，还专门成立了区块链和分布式记账技术委员会。美国发布《金融科技框架》，强调从业机构要增强金融科技领域技术标准的互操作性和协调性，帮助金融消费者减少使用不同产品和服务时的不适应感，同时也有助于业界将最佳实践应用到更广阔的范围。

================================ 模 块 小 结 ================================

1. 金融科技在发展过程中面临的整体风险主要包括传统金融风险、新信息技术风险、经营管理风险和潜在系统性风险四个方面。

2. 根据有关技术在金融领域的具体应用，金融科技的应用风险主要包括大数据技术在金融领域的应用风险、云计算技术在金融领域的应用风险、人工智能技术在金融领域的应用风险、区块链技术在金融领域的应用风险四个方面。

3. 大数据技术在金融领域的应用风险包括数据垄断风险、数据安全风险、隐私泄露风险等。

4. 云计算技术在金融领域的应用风险包括技术安全风险、权责难以界定风险、服务中断风险、服务滥用风险等。

5. 人工智能技术在金融领域的应用风险包括技术安全风险、隐私泄露风险、责任主体难认定风险、放大市场顺周期性风险、监管套利风险等。

6. 区块链技术在金融领域的应用风险包括安全稳定性问题、隐私泄露风险、责任主体难认定风险、法律合规风险等。

7. 金融科技风险的主要防范措施有：第一，倡导正确理念，服务实体经济；第二，加强风险防范，完善多元治理；第三，坚持技术中立，强化功能监管；第四，关注技术发展，善用监管科技；第五，优化管理机制，促进合规创新；第六，强化行业自律，推进标准建设。

================================ 模 块 测 评 ================================

一、单选题

1. （　　）是指交易一方由于某种原因，违反合同事先的约定，导致交易对手遭受损失的可能性。

A. 信用风险　　　　B. 流动性风险　　　　C. 市场风险　　　　D. 操作风险

2. （　　）主要是指金融科技企业由于资金短缺而无法执行投资者提款指令的风险。

A. 信用风险　　　　B. 流动性风险　　　　C. 市场风险　　　　D. 操作风险

3. 人工智能技术仍处于发展演进过程中，存在算法"不可解释性"、对数据依赖度高等问题，加之算法模型设计缺陷等人为因素，可能导致结果偏离预期、算法歧视、系统异常等，这是人工智能的（　　）。

A. 隐私泄露风险　　B. 监管套利风险　　C. 技术安全风险　　D. 操作风险

4. 区块链对网络中的参与者公开透明的特点，使得金融消费者的交易数据、地址、身份等敏感信息缺乏隐私保护，会增加（　　）。

A. 隐私泄露风险

B. 监管套利风险

C. 技术安全风险

D. 责任主体难认定风险

5. 部分金融机构依赖第三方提供的云服务，可能导致（　　）及一定程度的外部性问题。

A. 隐私泄露风险
B. 监管套利风险
C. 技术安全风险
D. 权责难以界定风险

6. 大数据技术实力的提升，进一步增强了部分企业对数据的采集、分析、利用能力，可能导致数据向部分企业集聚，客观上造成（　　）。

A. 数据安全风险　　B. 数据垄断风险　　C. 数据泄露风险　　D. 技术安全风险

7. （　　）是金融的天职和宗旨。

A. 服务实体经济
B. 套利
C. 以钱生钱
D. 索取利息

8. 随着驱动技术在金融领域的应用不断深入，（　　）作为金融科技行业生命线的地位更加突出。

A. 技术进步　　B. 追逐利润　　C. 提高效率　　D. 风险防控

二、多选题

1. 金融科技在发展过程中面临的整体风险主要包括（　　）。

A. 传统金融风险
B. 新信息技术风险
C. 经营管理风险
D. 潜在系统性风险

2. 在金融科技中的信用风险主要源于（　　）。

A. 金融科技企业的经营不合规
B. 信息不对称
C. 货币政策的收紧
D. 产业政策的调整

3. 导致金融科技流动性风险的主要原因在于（　　）。

A. 资金错配
B. 网络故障
C. 金融科技企业不自律
D. 投资者不理性的投资行为

4. 属于区块链技术在金融领域的应用风险的是（　　）。

A. 安全稳定性问题
B. 隐私泄露风险
C. 责任主体难认定风险
D. 法律合规风险

5. 属于大数据技术在金融领域的应用风险的是（　　）。

A. 数据垄断风险
B. 数据安全风险
C. 隐私泄露风险
D. 责任主体难认定风险

6. 防范化解金融科技风险，应建立并完善法律约束、行政监管、（　　）"五位一体"的金融科技治理体系。

A. 行业自律　　B. 政策调控　　C. 机构内控　　D. 社会监督

7. 坚持金融科技监管的技术中立，应遵循（　　），强化对金融科技的功能监管。

A. 强制性原则　　B. 一致性原则　　C. 穿透性原则　　D. 科学性原则

8. 衡量金融科技创新是否真正有价值的基本原则有（　　）。

A. 是否有利于提升服务实体经济的效率和普惠水平
B. 是否有利于提高金融风险管控能力
C. 是否有利于提升金融机构收益
D. 是否有利于加强金融消费者保护

三、判断题

1. 金融科技不仅强化了传统金融的固有风险，还将风险复杂化，但并没有改变风险分布的形态。（　　）

2. 信息披露和信息共享可以从根本上解决信息不对称问题。（　　）

3. 金融科技企业面临的市场风险主要是汇率风险。（　　）

4. 一旦金融科技企业出现网络安全风险，将会引发系统性风险。（　　）

5. 金融科技如果没有被合理利用，只可能造成非系统性金融风险。（　　）

6. 基于区块链技术的金融业务可能会带来新的法律合规风险，如智能合约的法律效力、数字资产在区块链上的权利归属等。（　　）

7. 金融科技作为一种由技术驱动的金融创新，其本质仍然是金融。（　　）

8. 无论何种类型的机构，只要从事金融业务，提供金融服务，就必须遵循基本一致的市场准入政策。（　　）

四、简答题

1. 简述金融科技面临的主要潜在风险。

2. 金融科技的主要应用风险有哪些？

3. 人工智能技术在金融领域的主要应用风险有哪些？

4. 简述金融科技风险的主要防范措施。

5. 简述"五位一体"的金融科技治理体系。

综合实训

实训内容：以小组为单位，对主要的金融科技应用风险案例进行收集、分析和整理，加强对金融科技风险防控重要性的认识和理解。

实训目的：认识和理解金融科技风险防控的重要性。

实训步骤：

1. 通过网络和图书馆等渠道，查找关于大数据技术、云计算技术、人工智能技术、区块链技术应用风险的案例各 1 个。

2. 按照在课堂上讲授的知识，进行小组讨论，分析相关风险所属的金融科技风险类型。

3. 对所收集案例进行比较分析并进行整理，形成分析报告，对金融科技风险进行总结。

模块 九

金融科技监管

- **知识目标**

  1. 了解世界主要国家的金融科技监管经验；

  2. 掌握金融监管与金融科技监管的内涵与原则；

  3. 掌握中国的金融科技监管框架与举措。

- **技能目标**

  能够立足本国国情，结合国际经验，分析和探讨中国金融科技监管现状和未来趋势。

- **素养目标**

  1. 加强学习金融科技监管法律法规的自觉性和主动性；

  2. 以社会主义核心价值观为指导，自觉维护和践行金融科技监管法律法规。

■ 思维导图

■ 案例导入

欧盟委员会坚持以技术中立原则为基础的金融科技监管

2018年3月，欧盟委员会发布《金融科技行动计划》，主要内容包括大规模众筹行业改革、建立欧盟金融科技实验室、制定监管沙盒最佳实践蓝图、推动网络安全工作以及提出欧盟区块链倡议等。总体目标是使欧盟的规则更加面向未来，并与技术的快速发展保持一致。

为促进商业模式创新成长、引入新技术、增强网络安全性及金融系统完整性，《金融科技行动计划》主要关注八大领域：建立清晰一致的牌照监管制度；检讨现有政策的适用性，保障新技术在金融领域的应用；根据欧洲监管部门的指导，提出一份关于监管沙盒的最佳实践蓝图；消除云服务障碍；提出一个跨行业的欧盟区块链倡议；建立欧盟金融科技实验室，提高监管能力和新技术知识水平；利用金融科技支持零售投资产品在单一市场的销售；改善欧盟金融部门应对网络安全风险的方式。

欧盟委员会在坚持技术中立原则的基础上推进金融科技监管，一方面通过监管沙盒等模式推动金融科技的发展，通过科技进步推动欧盟各成员国的经济发展，保持欧盟的长期竞争力；另一方面在维护金融稳定、确保金融安全、保护消费者及投资者利益方面严格立法。

此外，欧盟委员会明确提出建立清晰一致的牌照监管制度，并指出未来要做的工作包括：澄清各项服务适用的欧盟立法框架；评估对建立欧盟立法框架以覆盖创新商业模式的需求；为各成员国监管部门提供指引以确保制度更加一致。

面对金融科技的快速发展以及由此带来的复杂风险结构，在传统金融监管经验成果的基础上，建立数字时代更具适应性和有效性的金融科技监管体系成为国际社会共识。那么，金融科技监管的主要内容有哪些？我国及其他主要国家在金融科技监管方面的主要举措又有哪些？

任务一　金融监管与金融科技监管

一、金融监管

（一）金融监管的基本含义

金融监管是金融监督和金融管理的复合词。金融监管有狭义和广义之分，狭义的金融监管是指金融主管当局依据国家法律法规的授权对金融业（包括金融机构及其在金融市场上的业务活动）实施监督、约束、管制，使其依法稳健运行的行为总称。广义的金融监管除金融主管当局的监管之外，还包括金融机构的内部控制与稽核、行业自律组织的监督以及社会中介组织的监督等。

（二）金融监管目标

一般认为，金融监管的必要性主要基于金融的负外部性、金融系统的信息不对称与信息不完全以及金融机构、金融市场的高脆弱性。金融监管要达成的目标主要有三个：稳定性、效率性和公平性。稳定性目标是指金融监管需要确保金融系统的安全，避免金融风险的急剧扩散与蔓延。效率性目标是指金融监管要确保金融系统的效率，促进金融系统的发展。公平性目标是指在金融监管过程中要强调对金融消费者的保护，确保公平对待金融消费者。

其中，稳定性目标是金融监管的首要目标。就经济和金融的长期发展而言，稳定与效率相比是更加根本性的问题，金融系统是现代经济的中枢，金融机构是经营信用和风险的特殊企业，金融自身的负外部性和内在脆弱性相应地决定了金融监管的目标以维护金融系统的稳定为首要任务。《巴塞尔有效银行监管核心原则》也对此提出了要求：银行监管的首要目标是促进银行和银行系统的安全稳健运行，如果银行监管机构被赋予更广泛的职责，其他目标应当服从这一首要目标，不得与之冲突。随着金融系统的发展和监管实践的深化，效率性目标（促进金融创新发展）和公平性目标（促进金融消费者保护）日益受到重视，这两个目标与稳定性目标相结合，共同构成了金融监管的多元目标体系。

（三）金融监管的基本原则

金融监管原则是指在金融监管机构以及金融机构内部监管部门在金融监管活动中，始终应当遵循的价值追求和最低行为准则。金融监管应坚持以下基本原则：

其一，合法性原则。金融监管必须依据法律法规进行。监管主体、监管权限、监管措施等均由金融监管法律法规规定，监管均须依法进行。

其二，公开公正原则。应最大限度地提高监管透明度。同时，监管当局应公正执法，平等对待所有金融市场参与者，做到实体公正和程序公正。

其三，效率原则。金融监管应当有利于提高金融系统的整体效率，不得破坏金融创新与合理竞争。同时，监管当局应合理配置监管资源以降低成本，减少社会支出。

其四，独立性原则。监管当局及监督人员依法履行监管职责，受法律保护，地方政府、各级政府部门、社会团体和个人不得干涉。

其五，协调性原则。各监管主体之间应职责分明、分工合理、相互配合。这样可以节约监管成本，提高监管效率。

其六，消费者保护原则。其中包括金融消费者协作保护原则、金融消费者倾斜性保护原则、金融消费者信息及隐私保护原则、管理竞争保护金融消费者自由选择权与金融机构破产消费者保护优先原则、有效解决金融消费纠纷原则，以及金融消费者保护和教育并重的原则。

（四）金融监管方式

1. 公告监管

公告监管是指国家对金融业的经营不直接监督，只规定金融企业必须依照规定的格式及内容定期将营业结果呈报主管机关并予以公告。

公告监管的内容包括公告财务报表、最低资本金与保证金规定、偿付能力标准规定。公告监管主要适用于对证券市场的监管，强调的是信息公开、透明。在公告监管下，金融企业经营的好坏由其自身及投资者自行判断。但是由于信息不对称，公众很难评判金融企业经营的好坏，对金融企业的不正当经营往往无能为力，只能借助监管部门的事后查处。因此，公告监管是金融监管中较为宽松的监管方式。

2. 准则监管

准则监管是指国家对金融业的经营制定一定的准则，要求金融企业遵守的一种监管方式。在准则监管下，对金融企业经营的若干重大事项，如最低资本金、资产负债表的审核、资本金的运用、违反法律的处罚等，都有明确的规定。这种监管方式强调金融企业经营形式的合法性，比公告监管更为严格。

3. 实体监管

实体监管是指国家制定完善的金融监管规则，金融监管机构根据法律赋予的权力，对金融市场尤其是金融企业进行全方位、全过程的有效监管。实体监管是国家在立法的基础上通过行政手段对金融企业进行强制性规制，比公告监管和准则监管都更严格。

（五）金融监管的主要对象和内容

金融监管的传统对象是银行类金融机构和保险、证券公司等非银行类金融机构，但随着金融工具的不断创新，金融机构业务的交叉和融合，金融监管的对象范围也随之扩大。如今，一国的金融系统可视为金融监管对象。金融监管由市场准入监管、业务运营监管、风险评价、风险处置等相关要素和环节组成。

1. 市场准入监管

市场准入监管包括三个方面：机构准入、业务准入和高级管理人员准入。机构准入是指依据法定标准，批准金融机构法人及其分支机构的设立。业务准入是指按照审慎性标准，批准金融机构的业务范围和开办新的业务品种。高级管理人员准入是指对高级管理人员任职资格的核准和认可。

2. 业务运营监管

业务运营监管是指对金融机构的业务运营进行监管，主要是通过监管当局的非现场监管和现场检查，以及借助会计（审计）师事务所进行的外部审计，以及时发现、识别、评价和处置金融机构的业务运营风险。非现场监管和现场检查是监管当局日常监管的主要内容。

3. 风险评价

风险评价是监管人员在综合分析非现场监管和现场检查结果及中介机构提供的信息的基础上，对监管对象所存在的风险性质、特征、严重程度及发展趋势做出判断和评价。

4. 风险处置

监管当局要针对金融机构所存在的不同风险及风险严重程度及时采取相应措施加以处置，处置方式包括纠正、救助和市场退出。

二、金融科技监管

(一)金融科技监管的基本含义

金融科技监管是指对金融科技涉及的法律风险、操作风险、流动性风险、信用风险和市场风险等制定并完善法律法规，采取有针对性的监管措施，加强和改善监管，保护金融科技消费者、投资者的利益，维护市场秩序，促进金融稳定与金融科技的可持续发展。

如今，金融科技的快速发展成为第四次工业革命背景下金融业进入信息化、数字化、智能化阶段的重要特征之一。各界已普遍认识到，金融科技的本质和核心仍然是金融，金融科技活动没有超出资金融通、信用创造、风险管理的基本范畴，没有违背风险收益相匹配的客观规律，也没有改变金融风险的隐蔽性、传染性和负外部性等特征。面对金融科技的快速发展以及由此带来的复杂风险结构，在传统金融监管经验成果的基础上，建立数字时代更具适应性和有效性的金融科技监管体系成为国际社会共识。

知识拓展 9-1

二十国集团金融科技发展指数比较

相关研究从金融科技市场主体、金融科技业务发展、金融科技应用水平、数字金融基础设施和金融科技监管体系五个领域对二十国集团 19 个成员的金融科技发展水平进行了比较，见表 9-1。

表 9-1　二十国集团金融科技发展指数的国别比较

序号	国家	金融科技发展指数	金融科技市场主体分项指数	金融科技业务发展分项指数	金融科技应用水平分项指数	数字金融基础设施分项指数	金融科技监管体系分项指数
1	美国	92.74	99.35	84.12	89.12	97.53	93.58
2	中国	88.71	86.45	94.48	99.28	80.37	82.94
3	英国	77.22	72.56	65.53	60.15	92.29	95.58
4	澳大利亚	74.74	63.58	61.75	61.21	97.90	89.23
5	加拿大	73.99	63.23	60.55	61.43	94.25	90.49
6	韩国	73.60	61.04	61.42	63.96	89.50	92.08
7	日本	73.20	62.56	63.57	60.75	84.98	94.13
8	俄罗斯	71.72	60.70	64.20	60.05	88.66	84.99
9	印度	71.08	68.02	65.12	60.17	76.67	85.43
10	墨西哥	70.39	60.24	60.30	60.01	82.58	88.83
11	德国	70.26	63.27	62.96	60.03	89.12	75.92
12	南非	68.70	60.11	60.54	60.68	72.48	89.70

续表

序号	国家	金融科技发展指数	金融科技市场主体分项指数	金融科技业务发展分项指数	金融科技应用水平分项指数	数字金融基础设施分项指数	金融科技监管体系分项指数
13	沙特阿拉伯	68.27	60.00	60.24	60.68	77.40	83.01
14	巴西	67.84	62.60	60.99	60.68	74.37	80.55
15	法国	67.01	65.02	61.28	60.01	75.53	73.20
16	意大利	66.96	61.50	60.98	60.05	80.00	72.25
17	印度尼西亚	66.79	60.80	61.18	60.01	67.88	84.07
18	土耳其	66.31	60.19	60.28	60.01	80.98	70.09
19	阿根廷	64.57	60.30	60.05	60.68	75.06	66.77

从总体情况来看，二十国集团中不同国家的金融科技发展水平存在较大差异，呈现出"两超多强，梯度分布"的格局，只有美国和中国的金融科技发展指数得分超过80，英国、澳大利亚、加拿大、韩国、日本等国的金融科技发展指数得分超过73。

从中国的情况来看，金融科技总体发展较为领先，金融科技发展指数得分仅次于美国，中国在金融科技应用水平、金融科技业务发展维度上的得分相对较高，在数字金融基础设施、金融科技监管体系维度上的得分有待进一步提升。

（二）金融科技监管的基本原则

除金融监管应遵循的一般原则外，金融科技监管还应当坚持开放性、一致性、穿透性、审慎性、前瞻性等适应金融科技发展特点的监管规则。

一是开放性原则。开放性原则也称容错式原则，是一个允许试错、包容犯错和控制风险平衡的原则。金融科技是一个高度动态发展的领域，而法律法规的修订更新可能不及时，监管无法涵盖金融科技的所有方面，同时为了鼓励健康的金融创新，也应当给金融科技发展留有适当的弹性空间。因此，金融科技监管应当坚持开放性原则，在立法思考、监管对策上应当坚持法不禁止即可为、列负面清单的做法。

坚持开放性原则要处理好创新与监管的关系，既不扼杀创新又要防控风险。对于如何平衡监管与创新的关系，可以考虑借鉴监管沙盒、监管科技等新理念和新工具，建立一套能够试错、容错、查错、纠错的包容性创新管理体系，使从业机构在风险可控和范围可控的前提下探索开展应用试点、产品测验、技术验证，从而给真正有社会经济价值的创新留有适当的容错观察期。

为了保证开放性，要防止重要核心资源和金融基础设施的垄断，认识到数据是核心金融资源；具有社会系统不可替代性的金融基础设施，要由国家来经营，有公共的发展目标而非私人的经营目标。

监管需要与时俱进、适应发展。金融科技涵盖很多业务类型，需要对不同业务类型的风险做具体判断，并采取有针对性的监管措施。对于互联网支付、互联网基金销售等已经有比较成熟的监管模式的业务类型，应不断完善现有监管框架，对网络借贷、股权众筹等新兴业态，要在明确底线的基础上，为行业发展预留一定的空间。

二是一致性原则。对不同类型金融服务的监管要遵循一致性原则。只要从事相同的金融业务，无论是金融科技企业还是传统金融机构，都应一视同仁，依法依规实施相同的监管。同时要放宽市场准入，比如要给符合条件的金融科技企业发放金融业务许可证，这不仅有利于杜绝监管套利，还能形成一个良好的竞争生态。

三是穿透性原则。穿透性原则是指要透过金融科技产品的表面看清业务实质，将资金来源、中间环节与最终投向连接起来，按照"实质重于形式"的原则甄别业务性质，根据业务功能和法律属性明确监管规则。对跨市场、交叉性的金融科技业务，实施一致性穿透性监管。这就要求不能因为监管分工而对金融风险事件视而不见，而是应该对整个行业进行多方协调统一监管。

要充分考虑金融科技风险的复杂性、多样性和交叉性，从宏观到微观的各个层次，对各类传统风险和新生风险进行预测，有针对性地设定行业准入及投资者管理等措施。应严格区分专门提供科技服务的金融科技企业与涉足金融服务的金融科技企业。对所有从事金融服务的企业，无论是否具有金融机构名称，都要对其按照风险实质来监管，例如，对具有社会化集资性质的业务要有更为严格的管理，存在流动性转化和期限错配的业务就要接受流动性规则的管理。

四是审慎性原则。为防范金融科技特别是狭义金融科技的资产负债错配风险和流动性风险，应对金融科技平台的资产配置行为进行审慎监管，针对重点企业，监管部门应当对企业资产负债管理和压力测试情况进行审慎评估，并视情况采取监管措施。应从系统重要性维度，把握保护创新和风险管理的平衡，可以适当给予小机构更大的创新空间并保有适当的监管容忍度，但一旦达到一定规模，就应当接受更为严格的监管。鉴于金融科技的风险特征，应该推行审慎监管。推行宏观和微观的审慎监管有助于金融科技行业的长期、平稳、健康发展。

五是前瞻性原则。监管立法既要反映现阶段的特点和实际需要，又应当具有前瞻性，既要为金融科技的持续发展留有余地，又要便于金融监管向新的业务领域和监管对象延伸和拓展。

随着金融科技的发展，在金融机构逐渐变成数字化机构的同时，监管也要朝着科技化的方向发展。金融监管部门应当转变为数据化的管理机构，进入交易层面了解数据信息，作为大数据中心实施数据化监管。此外，除了行业协会，引入第三方机构（信用评级机构、会计师事务所、律师事务所等）参与监督也很重要。

（三）金融科技监管的主要内容

2019年，国际清算银行提出了金融科技的三元监管框架，认为金融科技监管主要包括：一是传统意义上的金融监管，核心目标是促进金融稳定和保护金融消费者；二是竞争监管，特别是针对大科技公司的金融科技业务；三是数据监管。综合目前各国的金融科技监管实践情况和学术界相关探讨研究，金融科技监管主要涉及以下内容。

1. 业务监管

业务监管主要是指针对金融科技领域新的业务模式实施的监管。技术的深度应用带来了金融功能实现形式和金融中介的新变化，按照"凡是金融活动都须持牌经营、凡是金融业务都须纳入监管"的原则，金融监管部门应结合有关新业务的功能属性和法律关系实施全覆盖的监管。

金融科技业务监管对象主要包括数字支付、个体网络借贷、股权众筹、智能投顾、数字银行、网络保险、虚拟资产等。此外，由于金融业分工日益精细化，金融营销、反欺诈、风险管理、债务催收等部分金融业务，第三方服务商参与其中，对于这些金融机构与第三方服务商合作开展的流程节点型业务，一般作为主要业务监管对象的延伸，同样纳入业务监管范围，首要合规责任依然由金融机构承担。

2. 技术监管

技术监管主要是指针对金融科技领域新的技术应用实施的监管。在金融科技发展与监管实践中，部分技术应用并未产生新的金融功能实现方式和新的金融中介类型，而是聚焦于优化流程、扩大覆盖面、提高效率、降低成本、增强供需匹配，带来金融效能方面的提升。实施技术监管，主要是考虑到技术应用可能带来操作风险、安全风险和伦理问题，对金融监管的稳定性、效率性和公平性目标有所损害。

随着网络化、数字化、智能化时代的到来，技术创新迭代周期大幅缩短，应用于金融领域的广度、深度和速度不断提升。因此，技术监管的对象主要包括人工智能、区块链、云计算、应用程序编程接口等新技术在金融领域的应用。同时由于在网络安全、信息系统等传统领域产生了一些新的风险变化，金融监管部门也对原有的监管要求进行了适应性调整。金融监管部门对技术的传统监管主要是从操作风险的角度开展的，更多地关注由不完善或有问题的内部程序、员工和信息系统以及外部事件造成损失的风险。但金融科技的新技术属性使传统操作风险监管框架已不能完全覆盖，因此有必要针对人工智能、区块链、云计算、应用程序编程接口等新技术应用带来的操作风险、安全风险、第三方依赖问题、集中度风险、应用伦理问题，在传统操作风险监管要求的基础上，明确标准符合性认证、技术外包管理、技术应用伦理规范等方面的监管要求。

案例分析 9-1

智能投顾的金融监管实践

智能投顾的创新服务模式起源于美国，并逐渐成熟。Statista 数据显示，2017年，全球智能投顾管理的资产高达 2 264 亿美元，年增长率高达 70%；到 2022 年，管理的资产规模达到 1.2 万亿美元。

从各国金融监管实践来看，在很多国家，投资顾问的功能属性和法律关系在智能投顾业务模式中并未发生根本性改变。投资顾问是典型的金融特许经营业务，因此，在多数国家，开展智能投顾业务需获得投资咨询牌照。根据 2020 年国际清算银行对 31 个成员的调研，大多数被调研的金融监管部门并没有针对智能投顾设立专门的监管制度，而是将其纳入传统的投资咨询业务监管框架，原则上遵循相同的监管要求。

问题：根据案例资料，收集关于智能投顾监管的资料，分析总结智能投顾监管的要点。

分析提示：智能投顾监管的要点主要有市场准入、信息披露、算法管理、风险测评、投资者教育。

3. 竞争监管

竞争监管主要是指为实现金融科技领域公平竞争、维护金融科技市场秩序而实施的监管。竞争监管并不是传统金融监管重点关注的领域。近年来，随着大科技公司通过申获金融牌照、开展金融合作、提供技术服务和基础设施服务等多种方式直接或间接涉足金融业，给原有的金融业竞争格局带来了新的变化，使得竞争监管成为金融科技监管的一个新焦点。

根据国际清算银行的监管框架，竞争监管主要体现在三个方面：一是根据功能监管理念，金融科技公司与传统金融机构在从事同类业务时，应该受到同样的监管，否则会扭曲两者之间的公平竞争关系，甚至引发监管套利。二是私人机构提供具备金融基础设施属性的平台服务时，应遵循竞争中性原则，不能扭曲或介入其他领域的竞争，扰乱金融市场正常秩序。比如，如果由一个电商平台控制的个人征信机构明示或者暗示消费者只有在电商平台上消费才能提高自己的信用等级，那么这种个人征信就不是为公共利益服务，而是沦为设租工具。三是大科技公司拥有平台、技术、用户和数据等方面的优势，在提供金融服务时可能有垄断和不公平竞争问题，主要包括通过一站式服务、业务伙伴网络和信用评级体系对用户产生锁定效应，利用支配性市场地位抑制甚至打压潜在竞争对手，实施产品捆绑销售和交叉补贴，依托数据垄断获得信息租金。

4. 数据监管

数据监管主要是指针对金融科技领域数据安全和隐私保护而实施的监管。在数字经济时代，数据作为关键生产要素和战略性基础资源的地位更加突出。金融领域海量数据的采集、处理和应用显著提升了从业机构在营销获客、风险控制、运营管理等业务流程的效能。"无数据，不金融"已成为金融科技发展的重要特征，而且人工智能、区块链、云计算、大数据等新技术应用与数据都有紧密的联系，如表 9-2 所示。具体来说，一是人工智能通过赋予机器自主学习和运用知识的能力，可基于数据分析结果自主做出决策，辅助乃至替代人工决策，从而实现金融业务的高度自动化。二是区块链通过分布式存储、具有时序性的链式数据结构和智能合约的设计，可实现防篡改、可追溯、可编程等功能，有助于提升金融业务数据可信度，能实现金融交易的自动执行。三是云计算技术通过物理资源池化和分布式集群，为金融业提供可按需获取的数据运算、存储、传输等所需的资源，能实现业务的弹性扩展与负载均衡。四是大数据技术通过非结构化数据的处理和新算法技术的应用，对数量巨大、来源分散、格式多样的数据进行关联分析，能综合刻画数据背后的关联关系，并可进一步用于预测金融业务的趋势和结果。

表 9-2　主要数字技术在数据全生命周期不同阶段的作用

阶段	云计算	大数据	人工智能	区块链
数据采集/传输	提升采集数据的规模和速度	—	—	—
数据安全/存储	提升存储数据的规模	—	—	提升数据准确度和可信度
数据加工	提升清洗整理数据的规模和速度	提升清洗整理数据的规模和速度	—	—
数据分析	提升分析数据的规模和速度	提升分析数据的规模、速度和准确度	提升分析数据的规模和速度	—
数据呈现/决策	提升数据决策的速度	—	提升数据决策的速度和准确度	提升数据决策的速度和准确度

同时也要看到，由于从业机构的数据保护意识、内部管理和网络攻击防范能力存在不足，增加了数据泄露的风险。此外，由于复制数据的低成本和低门槛，以及数据二次利用和传递的隐蔽性，从业机构过度采集数据、非法交易数据、"一次授权，重复用数据"等问题在金融科技发展实践中时有发生，给金融业声誉和消费者信心带来了很大的冲击。鉴于此，加强数据监管已成为国际社会的普遍共识。

5. 创新监管

创新监管主要是指为实现促进创新与防范风险之间的平衡而对金融科技创新实施的监管。金融是特许经营行业，对这个行业的规制与监管一直都是比较严格的。同时，创新是金融发展的第一动力，是提升金融服务实体经济能力、防范金融风险的必要手段。强化监管和促进创新并不是矛盾对立的，而是辩证统一的。因此，在金融科技发展过程中，要掌握金融创新与金融监管的适度平衡，实现"创新—监管—再创新—再监管"的动态博弈和良性循环，而不能简单采取一刀切的监管模式，陷入"一放就乱，一管就死"的监管困境。

创新监管注重通过监管沙盒、创新加速器、创新中心、无异议监管函等工具，使从业机构能够在风险可控和范围可控的前提下探索开展应用试点、产品测试、技术验证，让金融科技创新"走得动、行得通、做得正"，同时也让金融监管部门"看得到、穿得透、管得住"。

创新监管不同于业务监管、技术监管、竞争监管和数据监管。前者主要作用于金融科技创新前期，为相关创新应用、产品和服务规模化进入市场前提供一定的缓冲地带（如临时授权、监管豁免、有限牌照、监管沟通等），实现创新与监管博弈的适当前置，属于传统金融监管流程的再造。后四者主要作用于金融科技的常态化监管阶段，监管规则和标准已相对明确。但同时创新监管与常态化监管又有紧密联系，通过创新监管的测试验证、沟通指导等程序，从业机构能够深入了解监管意图和牌照要求，金融监管部门能够更加快速、清晰地掌握从业机构的行为动机和创新过程。基于一定时期内充分的监管沟通和动态博弈，金融监管部门得以设置或调整相应的业务规则、技术标准和牌照要求，为改进常态化监管提供思路和工具。

6. 监管科技

监管科技是指以现代科技手段为依托，以金融监管数据为基础要素，致力于有效优化监管流程、持续提升监管效能、高效达成监管目标。近年来，随着金融与科技的融合更加紧密、互动态势更加明显，金融账户和数据的关联性、交互性不断增强，跨行业、跨市场、跨地区的金融产品日益丰富，各类金融资产的转换更加便捷高效，金融活动的实时性和不间断性越发明显。这些变化对监管数据实时性、监管资源匹配性、监管手段有效性提出了更高的要求。通过发展监管科技，综合运用各类现代科技手段，实现监管规则数字化翻译、数据实时化采集、风险智能化分析、结果自动化处置等功能，提升风险信息采集分析的实时性、准确性、全面性和可追溯性，对侧重于机构监管、分业分段监管、事前准入监管的传统监管模式和流程进行适应性优化调整，有助于进一步提升金融科技监管的现代化、综合化水平。

任务二　世界主要国家的金融科技监管经验

金融科技近年来逐渐成为社会热点，得到了各国政府、传统金融巨头和科技创新企业的重视。传统金融业发达的国家和以创新为主导的国家持续重视金融科技的发展并通过政策进行引导和支持，希望在金融科技领域走在世界前列。

一、美国的金融科技监管经验

美国对金融科技的监管和政策制定秉持支持创新、避免过度创新的中庸原则。美国金融科技行业的政策特点可以概括为以下三点。

（一）不同部门共同合作

从监管主体看，金融科技的监管责任不仅仅集中在金融监管部门，而是由多个政府部门合作共同制定相关措施，其中，货币监理署（OCC）是主要参与机构，其他部门包括商务部、美国小企业管理局、国务院、财政部、美国国际开发署。金融监管机构对市场的发展和创新及时做出反应并主动引导，提出"负责任的创新"的概念，即基于有效的风险管理与契合公司整体发展战略的创新才是"负责任创新"，避免过度创新。OCC的主动监管引导主要体现在举办各类活动、信息请求、白皮书、技术援助与研究、非正式宣传与对话以及提出创造性的审查体系等方面。OCC主动召开会议，邀请金融创新方面的市场参与者和OCC机构人员进行沟通，并在官网上公布相关资料，通过此类活动，监管者与从业者建立起沟通交流的长效机制，以此增加对行业的了解，确定政府在金融科技发展中发挥导向性作用并达到政策目标。

（二）积极开展科技类试点

美国对金融业出现的新兴科技进行积极的布局。国会建立了区块链核心会议制度，特拉华州宣布了两项区块链倡议，将州档案记录转移到开放的分布式账本中，并让注册企业在区块链上追踪股权和股东权益。科技类创新和试点还体现在美国对监管科技（RegTech）的认可和试用上。美国立法规定海外金融机构（在美国经营）涉及美国居民账户的，均需要进行备案，否则被视为非法经营。

（三）强调金融包容性

金融包容性体现在法律法规的制定上，美国在对金融科技的支持措施中比较典型的有JOBS Act，即《创业企业融资法案》。该法案旨在为股权众筹融资平台制定相应法律框架，以支持中小企业和初创企业的融资需求，拓宽它们的融资渠道，形成安全可持续的资本渠道。该法案的亮点在于对合格投资人的界定和参与投资股权众筹融资平台的金额设定，并对不同的筹资额度和不同的企业分别进行了规定和管理。对于融资额度较大的企业，进行合格投资人门槛设定；对于向公众公开进行融资的项目，限定年度筹资额不高于100万美元，降低系统性风险。

包容性更体现在监管当局对普惠性和安全性的双重强调。2017年1月13日，美国国家经济委员会发布《金融科技框架》监管白皮书，进一步完善金融科技监管政策框架并建立更为合理与适用的原则。其中，包括强调普惠金融的安全性，对技术上的偏差进行有效规避，努力实现互操作性和统一技术标准。早在 2014 年，财政部就已设立金融赋权创新基金，以支持发展和评估新的扩大金融服务的渠道。

二、英国的金融科技监管经验

2008 年金融危机之后，英国的监管主体由金融服务监管局（FSA）转为审慎监管局（PRA）和金融行为监管局（FCA），二者分别负责审慎监管和行为监管。2013 年 4 月，FCA 根据《2000 年金融服务与市场法》，开始对金融科技创新进行监管，通过平衡创新与风险的关系达到适度监管的目的。监管当局对创新的支持使得欧洲近半的金融科技企业诞生于英国，吸引了更多的金融科技人才汇聚伦敦，包括全球第一家 P2P 网络借贷公司 Zopa 和全球第一家众筹平台 Crowdcube，伦敦成为名副其实的金融科技中心。

英国的金融科技监管呈现出以下三个特点：其一，监管部门快速、有效地应对市场反应；其二，为符合条件的金融科技企业提供创新环境，推出"监管沙盒"；其三，鼓励金融机构利用创新科技手段降低监管成本，引入监管科技。

（一）深入市场，反应迅速

FCA 监管的重要特点就是对市场的反应速度快。在 P2P 网络借贷和众筹业务出现不久，FCA 就制定了通过互联网众筹及通过其他媒介发行不易变现证券的监管办法，将 P2P 和 P2C 网络借贷业务归为"借贷类众筹"，建立了最低审慎资本标准、客户资金保护规则、信息报告制度、合同解除权、平台倒闭后借贷管理安排与争端解决机制等七项基本监管规则；将股权众筹定义为投资型众筹，在投资者身份认证、投资额度限制、投资咨询业务等多方面提出了监管要求；对于网络银行、第三方支付等业务，直接将其纳入 FSA 于 2009 年颁布的《银行、支付和电子货币制度》监管范围内，保证了所有经济行为的合法性。

（二）提供创新环境，推出"监管沙盒"

面对不断变化的金融科技市场，为提升对金融科技行业的理解、有效执行监管政策并降低合规成本，FCA 推出"监管沙盒"制度。"监管沙盒"提供一个"缩小版"的真实市场和"宽松版"的监管环境，在保障消费者权益的前提下，允许金融科技初创企业对创新的产品、服务、商业模式和交付机制进行大胆操作，一般时间为 3~6 个月。进入"监管沙盒"的金融科技企业需要具备特定的条件：（1）具备创新的产品或服务，能够突破当前金融业的发展瓶颈或能够支持金融业的发展；（2）产品或服务显著异于传统的金融业务；（3）能够为消费者和社会创造直接价值；（4）具备明确的发展目标和发展规划；（5）具备社会责任感，具有强烈的合规性和自律性。对于具备条件的金融科技企业，FCA 通过测试等流程决定是否接受其进入"监管沙盒"，具体流程如图 9-1 所示。

FCA 会向处于沙盒内的企业提供多种帮助，包括对持牌金融机构的金融创新行为进行合规性评估，为企业提供合规性指导，在其权限范围内行使一定的法律豁免权；为非持牌机构提供"短暂授权"，允许非持牌机构在沙盒期间测试持牌机构业务，了解消费者对产品或服务的需求，为申请正式金融牌照做准备。但需要注意的是，沙盒内的企业如果给消费者造成损失，要对消费者进行赔偿，并证明具备该赔偿能力。即使 FCA 不采取执法行动，也不免除企业对消费者的责任。

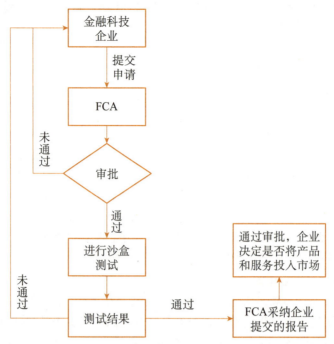

图 9-1　英国将金融科技企业纳入"监管沙盒"的流程

（三）拓宽监管思路，引入监管科技

FCA 对金融科技监管的另一大创新在于其鼓励金融机构利用创新性科技手段降低监管成本，进而产生了监管科技的概念。虽然不是 FCA 主动开发应用，但市场上的大量企业为了满足法律合规性要求、抢先制定行业监管标准等积极参与，主要集中在以下领域：（1）鼓励、培育和资助金融科技企业利用新技术加速达到监管标准，降低合规难度；（2）采用实时、系统嵌入式的金融监管工具，增强了对市场的监测能力，提高金融服务企业的效率；（3）金融科技企业利用大数据技术、软件工具等降低监管成本，节省传统会计、审计等费用；（4）提高了数据可视化程度，降低了监管难度，更有利于 FCA 为企业提供有效的监管咨询服务。

三、新加坡的金融科技监管经验

自 2015 年下半年开始，由于世界贸易持续疲软，新加坡调整了战略发展方向，将建设"智慧国家"作为政府的重点发展任务，全面支持市场创新，为经济增长注入新的活力。在此背景下，新加坡结合自身的金融业基础，不遗余力地推动金融科技企业、行业和生态圈的发展，目标是成为世界智能科技大国和智能金融中心。

（一）总体监管框架

为推进金融科技发展，新加坡金融管理局（MAS）于 2015 年 8 月设立金融科技创新团队（FTIG），将其分为支付与技术方案、技术基础设施、技术创新实验室三个办公室，并投入 2.25 亿新元推动"金融领域科技与创新计划"（Financial Sector Technology & Innovation Scheme），鼓励全球金融企业在新加坡设立创新和研发中心，支持金融科技项目的开发和应用。但设立 FTIG 对金融科技发展的支持力度有限，于是在 2016 年 5 月由新加坡创新机构（SG-Innovate）和 MAS 联合设立金融科技办公室（FinTech Office）来管理金融科技业务并为创新企业提供一站式服务，其中 SG-Innovate 是新加坡国立研究基金会（NRF）下属机构，主要任务是协助新创企业和科研机构将科研成果商品化，具体涵盖智能能源、数据制造、金融科技、数据医药以及物联网等领域。新设立的金融科技办公室的主要工作包括：审查、申请津贴和研究经费，执行政府对金融科技的补助计划，为金融科技企业提供监管一站式审批援助；完善产业基础设施建设，解决人才培养和人力需求的矛盾，提升企业组织核心竞争力；管理新加坡金融科技品牌及推广战略，执行金融科技的推广活动，致力于打造全球金融科技中心。

（二）推出监管制度

为了实现引导和促进金融科技行业持续健康发展的目的，新加坡在 2016 年 6 月提出了"监管沙盒"制度，为企业创新提供一个良好的制度环境。"监管沙盒"是一个"试验区"，放松对产品和服务的法律监管和约束，允许传统金融机构和初创企业在这个既定的"安全区域"内试验新产品、新服务、新模式等创新，甚至可以根据"试验结果"修改和提出新的监管制度。这种"监管沙盒"制度是非常值得肯定的金融监管政策。一方面，创新的实时性要求较高，而监管因为没有先例可循而审批周期长，很容易错过科技创新的发展时机。"监管沙盒"有效地解决了这个矛盾，让创新在指定区域和范围内即时开展，提高了创新开发能力。另一方面，技术创新有很高的失败风险，可能影响创业者和消费者的利益，如果控制不好甚至会酿成系统性风险，破坏金融系统稳定。"监管沙盒"能够将风险保持在可控范围内，降低了创新的风险。"监管沙盒"的主要内容包括以下几个方面：

其一，沙盒的评估标准。在"监管沙盒"中进行注册登记的金融科技企业，在完成业务报备的情况下，可开展与现行金融制度和法律法规相冲突的金融科技业务。企业需具备实施和推广金融科技解决方案的能力，具有切实的技术创新性且能够解决当前重大问题或为消费者和行业带来益处，并实时向 MAS 汇报测试进程和测试结果，具有可接受的退出和过渡策略来终止创新业务。类似旧技术、尚未测试的技术、可另外试验而没必要进入"监管沙盒"、没有推广意图等四类项目无法进入"监管沙盒"中。

其二，沙盒的退出机制。进入"监管沙盒"是有时间限制的，一旦达到规定的测试时间，MAS 所规定的任何监管规则将同步到期，企业将退出沙盒。如果企业因为特殊原因需要延期，可以在监管结束前向 MAS 提出申请并说明理由。另外，企业如果在"监管沙盒"期间的测试结果非常令人满意，在退出沙盒后将继续享有在更大范围内部署相关技术的解决方案的权利。

其三，沙盒申请流程。企业向 MAS 提交申请及技术说明等文件，经过审核后，MAS 将在 21 个工作日内回复。MAS 对合适的项目进行评估和测试，根据评估结果来决定企业是否可进入"监管沙盒"。

四、以色列的金融科技监管经验

2008 年，以色列的人均投资资本已达到同期美国的 2.5 倍、欧洲的 30 倍，在金融创新方面拥有扎实的市场基础。以色列政府以开放包容的态度对待科技暨金融科技方面的创新，在政策方面给予扶持。以色列政府及时修订和执行与金融创新企业融资相关的政策，促使创新创业企业留在国内。以色列强化创新企业并建立"测试基地"，鼓励金融机构开设创新部门和涉足金融加速器领域。以色列对金融科技的监管主要体现在：（1）通过修订相关法律法规降低市场准入门槛；（2）政府主动参与金融科技行业建设。

以色列在修订法律法规方面体现为 2016 年初修订《证券法》和《联合投资信托法》。《联合投资信托法》规定，募集规模较小的高科技公司可以享受投资章程豁免权；同时还规定，每个投资人的投资额度上升至 1 万以色列新锡克尔以上，高科技基金可以在特拉维夫证券交易所交易，提高市场流动性与活跃度，并降低部分项目的披露要求，适当放宽市场准入。以色列政府还主动参与金融科技行业建设，让传统国家主权投资公司入股金融科技初创企业，如以色列国民银行入股投资基金公司 Elevator。

五、瑞士的金融科技监管经验

瑞士 12% 的 GDP 由金融服务板块贡献，金融科技作为金融的未来发展方向之一，成为瑞士政府重点扶持的对象，以保证瑞士在金融领域的核心竞争力。瑞士政府对金融科技的支持体现以下几个方面：

（一）制定监管框架

瑞士联邦议会在 2016 年初建立创新型金融科技提供商的监管框架。2016 年底，瑞士联邦议会针对金融领域数字化进程的快速发展与不确定性，讨论放松监管框架，为金融科技企业减少市场准入障碍并在整体上增进该行业的法律确定性。

（二）给予政策支持

首先，瑞士加大创投市场和金融科技行业的税收优惠政策，与其他国家进行合作，吸引优秀国际金融科技公司驻扎瑞士。具体做法为权力下放，地方政府拥有更多的自主权，减少对金融机构的干预，并主动会谈世界各地优秀公司。瑞士在对金融的支持上一直以税收减免和完善的保密措施闻名世界，较低的税率吸引了世界范围内的对冲基金和金融机构。现在，州政府对数字加密货币的支持试点范围更加广泛，允许当地居民运用数字加密货币支付政府服务。

根据原有的规定，创新项目只有筹到 100 万瑞士法郎及以上的公共资金才能开始发展其商业模式。2017 年，瑞士当局修改法律法规，规定创新项目 100 万瑞士法郎的公共资金筹集不应被列为商业行为，因而无须授权。这一方面取消了创新项目融资至少达到 100 万瑞士法郎的公共资金的限制，降低了投资准入门槛；另一方面也有助于创新项目在获得高额投资之前开展商业活动。

此外，瑞士通过修改法律法规降低了市场准入门槛。2016 年 3 月，瑞士金融市场监督管理局（FINMA）宣布允许金融创新领域的创业公司（即使没有牌照）在相应地区进行经营。瑞士联邦委员会在 2017 年颁布新规，增加支持金融科技发展的条例，其中银行条例规定众筹项目为结算目的而接收的资金适用于在 60 天内结算，相比之前规定的 7 天，期限大幅延长，使得交易更容易安排，从而助力众筹平台业务的发展，平台上的初创企业更易获得众筹融资。

任务三　中国的金融科技监管框架与举措

近年来，在经济发展、金融深化、科技进步、居民财富增长等多元因素的综合作用下，中国的金融科技实现了快速发展，中国在移动支付、数字信贷、线上保险等主要业态处于全球领先地位，但也出现了部分业态异化跑偏、从业机构良莠不齐、行业风险持续积累等问题。中国的金融监管部门以促进金融科技规范健康可持续发展、提升金融科技服务实体经济能力为主线，统筹推进风险专项整治与长效监管机制建设，一个符合中国国情、与国际接轨、适应数字时代要求的金融科技监管体系已初步形成。

当前中国的金融科技监管体制，在"金融管理主要是中央事权，地方金融监管为有效补充"的总体框架下，注重中央与地方金融监管的分工协作。比如，在开展金融科技创新监管试点时，各试点地区在中国人民银行的指导下，建立由中央金融管理部门的地方分支机构（派出机构）和地方金融监管部门联合组成的工作组具体负责推进辖内试点工作；在网络小额贷款等部分业务领域，形成了由中央金融管理部门负责制定经营规则和监管规则，由地方政府负责监管和风险处置的双层监管机制。此外，中国金融科技监管体系还十分注重行政监管与行业自律的有机协调配合，在开展互联网金融风险专项整治、推进金融科技创新监管试点、制定各领域业务监管规则、加强移动金融 App 等技术应用规范的过程中，积极发挥中国互联网金融协会、中国支付清算协会等行业自律组织的配合支撑作用。

一、业务监管

以 2010 年 6 月中国人民银行发布的《非金融机构支付服务管理办法》为重要标志，中国金融管理部门开启了面向金融科技新业务的监管制度建设。2015 年 7 月，中国人民银行等十部门发布《关于促进互联网金融健康发展的指导意见》，按照"依法监管、适度监管、分类监管、协同监管、创新监管"的原则，明确互联网金融各业态监管分工和基本经营规则。2016 年 4 月，国务院部署开展全国互联网金融风险专项整治，对非银行支付、个体网络借贷、股权众筹、互联网保险、互联网资产管理、互联网金融广告等领域的违法违规行为和风险隐患开展专项整治，如表 9-3 所示。经过多年的努力，互联网金融行业的风险水平大幅下降，非银行支付、网络小额贷款、互联网保险等领域的业务规则和监管机制持续建立完善，个体网络借贷、股权众筹、互联网资产管理、加密资产等领域的市场乱象得到根本遏制，互联网金融行业的规范发展态势和长效监管机制逐步形成。

表 9-3　互联网金融风险专项整治的主要领域和行业现状

主要整治领域	发现的主要问题	行业现状
非银行支付	无证经营支付业务，与无证机构合作，存在挪用、占用备付金的行为，通过客户备付金分散存放变相开展跨行清算业务	规范运行
个体网络借贷	违规经营，存在自融、变相提供担保归集资金、违规放贷等问题，"跑路"时有发生	退出转型
股权众筹	自融或变相自融，信息披露与实际不符，未严格执行合格投资者制度，企业名称使用"股权众筹"对公众形成误导	无时间表
互联网保险	非法经营互联网保险，经营不规范，跨界交叉传递风险	规范运行
互联网资产管理	未取得相关业务资质变相从事金融业务，未严格执行投资者适当性标准，资金投向不明，各类地方交易场所通过互联网开展业务活动，业务定位和发展模式有所"跑偏"	退出转型

续表

主要整治领域	发现的主要问题	行业现状
互联网金融广告	对未来效果、收益或相关情况做出保证性承诺，明示或者暗示保本、无风险或保收益	持续监测
虚拟货币与ICO	虚拟货币炒作，以ICO名义从事融资活动却未取得任何许可，涉嫌诈骗、非法证券发行、非法集资等行为	持续打击

课堂讨论 9-1

校园贷是有关部门大力整顿的对象，请以小组为单位，讨论校园贷带来的危害。

二、技术监管

面对人工智能、区块链、云计算等技术在金融领域的应用日益广泛及其带来的网络、数据、技术等新风险，中国金融管理部门加快了技术监管及其基本监管规则体系建设。2017年5月，中国人民银行成立金融科技委员会，旨在加强金融科技发展战略规划与政策指引，健全金融科技监管基本规则和标准，强化金融科技创新活动的审慎监管，引导新技术在金融领域的正确使用。中国银保监会统计信息与风险监测部承担银行业和保险业机构的信息科技风险监管工作，并在创新业务监管部设立金融科技处，具体承担银行业和保险业金融科技等新业态的监管策略研究等相关工作。中国证监会成立了科技监管局，主要负责组织实施证券期货行业科技监管规则和信息化建设标准，开展证券信息技术系统服务机构的备案管理工作。

目前，在技术监管方面主要采取的手段包括：一是推动标准检测认证，针对新技术应用发布相应金融科技标准，明确技术安全及其应用管理要求，并通过标准检测认证促进标准落地实施；二是明确标准符合性自律备案要求，指导行业协会开展金融App、金融云等领域的标准符合性自律备案；三是外包和第三方服务监管，强化技术外包监管要求，开展证券信息技术系统服务机构的备案管理。

三、竞争监管

随着平台经济、数字经济的快速发展，如何从竞争监管的角度，加强对大科技公司金融活动的审慎监管、强化反垄断和防止资本无序扩张、维护公平竞争市场环境，是金融监管部门面临的现实挑战。目前，对网络平台企业金融活动的竞争监管仍在研究探索之中。

早在2016年4月，中国人民银行等部门启动的互联网金融风险专项整治工作就关注到了互联网金融领域的不正当竞争问题，提出要加大整治不正当竞争行为的工作力度，对互联网金融从业机构为抢占市场份额向客户提供显失合理的超高回报率以及变相补贴等不正当竞争行为予以清理规范；明确互联网金融从业机构不得以显性或隐性方式，通过自有资金补贴、交叉补贴或使用其他客户资金向客户提供高回报金融产品；高度关注互联网金融产品承诺或实际收益显著高于项目回报率或行业水平相关情况。

2021年1月20日—2月19日，中国人民银行就《非银行支付机构条例》征求意见，强调了非银行支付机构公平竞争要求，明确了市场支配地位预警和认定规则，提出非银行支付机构未遵循安全、高效、诚信和公平竞争原则，严重影响支付服务市场健康发展的，中国人民银行可以向国务院反垄断执法机构建议采取停止滥用市场支配地位行为、停止实施集中、按照支付业务类型拆分非银行支付机构等措施，如表9-4所示。

表9-4　支付行业市场支配地位情形认定与相应政策措施

采取的措施	情形认定
中国人民银行可以商请国务院反垄断执法机构采取约谈等措施进行预警	（1）一个非银行支付机构在非银行支付服务市场的市场份额达到三分之一；（2）两个非银行支付机构在非银行支付服务市场的市场份额合计达到二分之一；（3）三个非银行支付机构在非银行支付服务市场的市场份额合计达到五分之三
中国人民银行可以商请国务院反垄断执法机构审查非银行支付机构是否具有市场支配地位	（1）一个非银行支付机构在全国电子支付市场的市场份额达到二分之一；（2）两个非银行支付机构在全国电子支付市场的市场份额合计达到三分之二；（3）三个非银行支付机构在全国电子支付市场的市场份额合计达到四分之三

2021年4月，中国人民银行、中国银保监会、中国证监会、国家外汇管理局等部门联合约谈部分从事金融业务的网络平台企业，针对网络平台企业从事金融业务过程中普遍存在的无牌或超许可范围从事金融业务、公司治理机制不健全、监管套利、不公平竞争、损害消费者合法权益等突出问题提出整改要求。其中，部分整改要求涉及竞争监管领域。比如，断开支付工具和其他金融产品的不当连接，严控非银行支付账户向对公领域扩张，提高交易透明度，纠正不正当竞争行为；打破信息垄断，严格通过持牌征信机构依法合规开展个人征信业务；落实投资入股银行、保险机构"两参一控"要求；加强监督并规范与第三方机构的金融业务合作。

四、数据监管

近年来，网络强国和数字中国建设成效显著，根据IDC的预测，到2025年，中国产生的数据总量将增至48.6ZB，占全球总量的27.8%，跃居世界首位。丰富的数据资源特别是金融数据资源为金融科技可持续发展提供了充足的动力，但同时也伴随着一些问题和风险隐患。其中比较突出的是，在金融科技领域个人信息非法收集、滥用、泄露等现象时有发生，引起了广泛的社会关注。近年来，金融监管部门在加强个人金融信息保护和数据安全方面做了大量工作，取得了积极成效。

一是完善制度规范。目前，我国已初步形成涵盖法律、行政法规、部门规章、规范性文件等在内的多层次、广覆盖的个人金融信息法律规范体系。《商业银行法》《证券法》《保险法》等金融法律确立了专门领域个人金融信息保护的基本原则。《征信业管理条例》等行政法规对账户管理、征信服务等领域的个人金融信息保护提出了规范性要求。《中国人民银行金融消费者权益保护实施办法》等部门规章以及《关于银行业金融机构做好个人金融信息保护工作的通知》等规范性文件在个人金融信息类别范围、工作原则、业务规则等方面，对从业机构开展个人金融信息保护工作提出了细化具体的要求。此外，《个人金融信息（数据）保护试行办法》作为专门针对个人金融信息保护的部门规章也在研究制定过程中。

二是加强标准配置。2017年12月，国家标准化管理委员会发布的国家标准《信息安

全技术 个人信息安全规范》将银行账户、财产信息、征信信息等个人金融信息列为个人敏感信息，提出了明示同意、信息加密等要求。2020年2月，中国人民银行发布金融业标准《个人金融信息保护技术规范》，从安全技术和安全管理的角度规定了个人金融信息在生命周期各环节的安全防护要求。此外，近年来发布的云计算技术金融应用、移动金融客户端应用软件、商业银行应用程序编程接口等相关金融标准均对个人金融信息保护提出了明确要求。

三是加强监管执法。近年来，金融监管部门通过监督管理、投诉处理、风险排查、专项治理、宣传教育等多种方式，不断加大个人金融信息保护工作力度。比如，中国银保监会持续深化银行业、保险业市场乱象整治工作，对有关从业机构未采取有效措施保护客户信息安全、违规泄露和滥用客户信息等行为予以严厉整治。2020年4月，中国人民银行办公厅发布了《关于开展金融科技应用风险专项摸排工作的通知》，中国人民银行分三个阶段启动金融科技应用风险专项摸排工作，将个人金融信息保护作为摸排重点之一。此外，金融监管部门在监管执法过程中，注重综合运用约谈高管、限期整改、行业通报、监管评级挂钩、行政处罚等各类措施，不断提升个人金融信息保护工作针对性和监管有效性。

四是探索替代性数据应用监管。随着数字经济的快速发展，一些替代性数据被采集、分析和用于判断企业和个人的信用状况，征信已突破传统借贷信息共享的范围。2021年9月，中国人民银行发布《征信业务管理办法》，将信用信息界定为"依法采集，为金融等活动提供服务，用于识别判断企业和个人信用状况的基本信息、借贷信息、其他相关信息，以及基于前述信息形成的分析评价信息"，并明确信用信息采集、整理、保存、加工及提供信息安全等全流程监管要求。该办法将征信替代性数据应用纳入监管，强调从事征信业务需取得合法资质，着力将原先游离于监管之外的新兴征信活动纳入法治监管的轨道。

五、创新监管

面对数字时代下金融服务更多元、业务边界更模糊、风险形势更严峻的现实情况，传统金融监管模式在一定程度上失灵，如何既能支持从业机构主动创新，又能及时发现并规避创新缺陷与风险隐患，是金融监管部门面临的重大挑战。为此，中国人民银行于2019年12月推出金融科技创新监管工具（业界称之为中国版监管沙盒），支持在北京率先开展金融科技创新监管试点，中国证监会于2021年3月在北京启动资本市场金融科技创新试点。鉴于中国人民银行金融科技创新监管工具已实施一段时间，入盒项目量多面广，下面主要介绍分析中国人民银行金融科技创新监管工具。

（一）设计理念方面

这主要包括：破解"一管就死、一放就乱"困局，提高监管适用性；摒弃"一刀切"简单模式，增强监管包容性；引入"多元联动"公众监督机制，提升监管有效性；设置创新应用"刚性门槛"，强调监管审慎性。

（二）测试对象方面

主要面向金融科技创新应用，即在符合现有法律法规、部门规章、规范性文件等要求的前提下，在尚不具备管理细则的领域，利用新技术设计面向金融客户的产品或服务。金融科技创新应用分为金融服务和科技产品。

（三）运行机制方面

加强事前审慎把关、事中动态监控、事后综合评价，打造"允许出错、及时纠错、快速改错"的创新氛围和测试空间，通过标准化手段增强创新生命力，提升创新影响力，降低创新转换成本。

（四）标准支撑方面

为提升金融科技创新监管工具的制度化、规范化水平，2020 年 10 月以来，中国人民银行陆续出台《金融科技创新应用测试规范》《金融科技创新安全通用规范》《金融科技创新风险监控规范》，对金融科技创新监管工具涉及的应用测试、安全评估、风险监控等关键环节进行规范。

（五）参与者方面

根据中国人民银行 2021 年 4 月对纳入金融科技创新监管工具的 86 个入盒项目的分析，组织类型占比从高到低依次是银行（40 家，37.4%）、科技企业（39 家，36.4%）、支付机构（8 家，7.5%）、征信机构（6 家，5.6%）、其他金融机构（4 家，3.7%）、监管部门及相关下属机构（4 家，3.7%）、研究机构（2 家，1.9%）以及保险机构、会计师事务所、物流企业、产业园开发企业各 1 家。

（六）应用场景方面

这可分为聚焦特定业务类型、聚焦特定业务环节以及综合金融服务三大类别。在聚焦特定业务类型的创新应用中，数量最多的是融资服务类（35 项），包括中小微企业融资 18 项、供应链金融 14 项、涉农融资 3 项；在聚焦特定业务环节的创新应用中，数量最多的是风险防控类（10 项）。此外，未指定具体业务类型的综合金融服务共计 12 项，包括 5G 银行、智慧银行、开放 API、虚拟营业厅、智慧网点等。

（七）技术探索方面

人工智能、大数据应用探索最多，且数据安全已引发广泛的关注。据不完全统计，全部创新应用共涉及 30 余项技术，其中应用数量排前两项的是人工智能（60 项）、大数据（59 项），远高于其他技术。其他应用较多的技术还包括数据安全相关技术（31 项）、区块链（27 项）、数字认证（14 项）、物联网（10 项）、云计算（9 项）、API（8 项）、5G（7 项）。此外，复杂网络、移动互联网、卫星遥感、自动驾驶、地理信息系统（GIS）等也有所应用。

思政课堂

贯彻十九大精神，引导金融科技发展回归本质

中国人民银行网站 2021 年 3 月 23 日消息，中国人民银行金融科技委员会日前召开会议。会议强调，建立健全金融科技伦理监管框架和制度规范，加强科技伦理风险预警、跟踪研判和敏捷治理，引导从业机构落实伦理治理主体责任，用"负责任"的科技创新打造"有温度"的金融服务，切实维护消费者合法权益、服务实体经济。

会议认为，2021 年中国人民银行全面贯彻党的十九大和十九届历次全会精神，引导金融业立足新发展阶段、贯彻新发展理念，推动金融科技三年发展规划圆满收官，显著提升守正创新能力和惠民利企水平。会议强调，2022 年要贯彻"十四五"规划纲要，多措

并举推动《金融科技发展规划（2022—2025年）》落地实施，高质量推进金融数字化转型。一是扎实做好新阶段规划政策的宣传解读、落地实施、跟踪监测和示范引导，开展金融数字化转型提升工程，构建金融数字化能力成熟度评估体系和优秀实践案例库，强化国际合作与交流互鉴，推动金融数字化转型从多点突破迈入深化发展新阶段。二是建立健全金融科技伦理监管框架和制度规范，加强科技伦理风险预警、跟踪研判和敏捷治理，引导从业机构落实伦理治理主体责任，用"负责任"的科技创新打造"有温度"的金融服务，切实维护消费者合法权益、服务实体经济。三是深化运用金融科技创新监管工具，强化商业银行金融服务数字渠道管理，研究建立智能算法信息披露、风险评估等规则机制，持续提升监管统一性、专业性和穿透性。四是深入实施金融科技赋能乡村振兴示范工程、金融数据综合应用试点，合理应用数字技术健全数字普惠金融服务体系，着力弥合群体间、机构间、城乡间数字鸿沟。五是强化数字化监管能力建设，健全金融科技风险库、漏洞库和案例库，运用监管科技手段着力提升政策前瞻性、针对性和有效性。

资料来源：中国人民银行官网．

模 块 小 结

1. 金融监管是金融监督和金融管理的复合词。金融监管有狭义和广义之分，狭义的金融监管是指金融主管当局依据国家法律法规的授权对金融业实施监督、约束、管制，使其依法稳健运行的行为总称。广义的金融监管除金融主管当局的监管之外，还包括金融机构的内部控制与稽核、行业自律组织的监督以及社会中介组织的监督等。

2. 金融科技监管是指对金融科技涉及的法律风险、操作风险、流动性风险、信用风险和市场风险等制定并完善法律法规，采取有针对性的监管措施，加强和改善监管，保护金融科技消费者、投资者的利益，维护市场秩序，促进金融稳定与金融科技的可持续发展。

3. 除金融监管应遵循的一般原则外，金融科技监管还应当坚持开放性、一致性、穿透性、审慎性、前瞻性等适应金融科技发展特点的监管规则。

4. 金融科技监管主要涉及以下内容：业务监管、技术监管、竞争监管、数据监管、创新监管、监管科技。

5. 当前中国的金融科技监管体制，在"金融管理主要是中央事权，地方金融监管为有效补充"的总体框架下，注重中央与地方金融监管的分工协作。

模 块 测 评

一、单选题

1.《巴塞尔有效银行监管核心原则》提出，银行监管的首要目标是（　　）。

A. 促进银行和银行系统的安全稳健运行

B. 提高银行系统效率

C. 提升银行系统竞争力

D. 保证银行系统流动性

2. 金融科技的快速发展成为（　　）次工业革命背景下金融业进入信息化、数字化、智能化阶段的重要特征之一。

A. 第一　　　　　　B. 第二　　　　　　C. 第三　　　　　　D. 第四

3. 公告监管主要适用于对（　　）的监管，强调信息公开、透明。

A. 外汇市场　　　　B. 证券市场　　　　C. 货币市场　　　　D. 商品市场

4. "无（　　），不金融"已成为金融科技发展的重要特征。

A. 智能　　　　　　B. 知识　　　　　　C. 数据　　　　　　D. 网络

5. 针对金融科技领域新的业务模式实施的监管属于（　　）。

A. 技术监管　　　　B. 业务监管　　　　C. 竞争监管　　　　D. 数据监管

6. 针对金融科技领域新的技术应用实施的监管属于（　　）。

A. 技术监管　　　　B. 业务监管　　　　C. 创新监管　　　　D. 数据监管

7. 为实现促进创新与防范风险之间的平衡而对金融科技创新实施的监管属于（　　）。

A. 技术监管　　　　B. 业务监管　　　　C. 创新监管　　　　D. 数据监管

8. （　　）原则是指要透过金融科技产品的表面看清业务实质，将资金来源、中间环节与最终投向连接起来。

A. 一致性　　　　　B. 开放性　　　　　C. 共享性　　　　　D. 穿透性

二、多选题

1. 一般认为，金融监管的必要性主要基于（　　）。

A. 金融机构、金融市场的高脆弱性

B. 金融系统的信息不对称

C. 金融的负外部性

D. 金融的正外部性

2. 金融监管要达成的目标主要有三个，分别是（　　）。

A. 稳定性　　　　　B. 流动性　　　　　C. 效率性　　　　　D. 公平性

3. 公告监管的内容包括（　　）。

A. 最低资本金规定　　　　　　　　B. 公告财务报表

C. 保证金规定　　　　　　　　　　D. 偿付能力标准规定

4. 金融监管由市场准入监管、业务运营监管、（　　）等相关要素和环节组成。

A. 风险评价　　　　B. 风险处置　　　　C. 现场监督　　　　D. 市场退出

5. 2019年国际清算银行提出了金融科技的三元监管框架，认为金融科技监管主要包括（　　）。

A. 行政监管　　　　B. 传统金融监管　　　C. 竞争监管　　　　D. 数据监管

6. 目前，金融科技创新监管主要使用的工具包括（　　）。

A. 监管沙盒　　　　B. 创新加速器　　　C. 创新中心　　　　D. 无异议监管函

7. 下列属于金融科技业务监管对象的有（　　）。

A. 数字支付　　　　B. 股权众筹　　　　C. 数字银行　　　　D. 证券发行

8. 目前，中国的金融科技监管部门主要有（   ）。

A. 中国人民银行　　　　　　　　　B. 中国银保监会

C. 中国银行业协会　　　　　　　　D. 中国证监会

三、判断题

1. 广义的金融监管除金融主管当局的监管之外，还包括金融机构的内部控制与稽核、行业自律组织的监督以及社会中介组织的监督等。（   ）

2. 公平性目标是金融监管的首要目标。（   ）

3. 市场准入监管包括三个方面：机构准入、业务准入和从业人员准入。（   ）

4. 金融科技的本质和核心已经脱离了金融范畴。（   ）

5. 金融科技监管的开放性原则要求处理好创新与监管的关系，既不扼杀创新又要防控风险。（   ）

6. 在数字经济时代，数据作为关键生产要素和战略性基础资源的地位更加突出。（   ）

7. 根据功能监管理念，金融科技公司与传统金融机构在从事同类业务时，应该进行有区别的监管。（   ）

8. 虽然大科技公司拥有平台、技术、用户和数据等方面的优势，但在提供金融服务时不会有垄断和不公平竞争问题。（   ）

四、简答题

1. 什么是金融监管？

2. 什么是金融科技监管？其遵循的主要原则有哪些？

3. 简述金融科技监管的主要内容。

4. 简述金融科技业务监管的主要对象。

5. 简述当前中国金融科技监管的基本框架。

综合实训

实训目的：比较世界主要国家金融科技监管体制的差异。

实训内容：以小组为单位，对世界主要国家的金融科技监管体制相关资料进行收集、分析和整理，并比较差异。

实训步骤：

1. 通过网络和图书馆等渠道，分别查找美国、英国、新加坡等国的金融科技监管资料。

2. 按照在课堂上讲授的知识，进行小组讨论，分析所收集的不同国家的金融科技监管资料。

3. 对所收集资料进行比较分析并进行整理，形成分析报告，对主要国家金融科技监管体制的差异进行比较总结。

[1] 中国互联网金融协会金融科技发展与研究专委会，瞭望智库．全球视野下中国金融科技应用与发展．北京：中国金融出版社，2020．

[2] 谢平，邹传伟．Fintech：解码金融与科技的融合．北京：中国金融出版社，2017．

[3] 中国金融四十人论坛课题组．2019·中国智能金融发展报告．青岛，2019．

[4] 肖翔．金融科技监管：理论框架与政策实践．北京：中国金融出版社，2021．

[5] 刘勇，等．金融科技十讲．北京：中国人民大学出版社，2020．

[6] 何宝宏，黄伟．云计算与信息安全通识．北京：机械工业出版社，2020．

[7] 邓雪莉．互联网金融．大连：东北财经大学出版社，2020．

[8] 魏来．征信理论与技术．北京：中国人民大学出版社，2020．

[9] 周雷，顾瑞鹏，邢雪，等．大数据征信前沿研究综述与展望．征信，2022，40（1）．

[10] 中国信息通信研究院．云计算发展白皮书（2018）．（2018－08－13）［2022－12－01］．http：//www．caict．ac/cn/qwfb/bps/201808/P020180818540725575770．pdf．

[11] 王永杰．金融科技在银行客户营销与管理中的应用研究．金融纵横，2018（7）．

[12] 蔚赵春，凌鸿．商业银行大数据应用的理论、实践与影响．上海金融，2013（9）．

[13] 林楠．基于区块链技术的供应链金融模式创新研究．金融科技，2019（4）．

[14] 刘思千．金融大数据服务平台建设探析．商讯，2021（35）．

[15] 何宝宏．5G与物联网通识．北京：机械工业出版社，2020．

[16] 吴信东，嵇圣砠．MapReduce与Spark用于大数据分析之比较．软件学报，2018，29（6）．

[17] 吴刚，黄坚泓，周颖波．商业银行反洗钱数据分析系统建设．金融科技时代，2021，29（11）．

[18] 管同伟．金融科技概论．北京：中国金融出版社，2021．

[19] 刘斌，赵云德．金融科技：人工智能与机器学习卷．北京：机械工业出版社，2019．

［20］中国信息通信研究院云计算与大数据研究所，人工智能关键技术和应用测评工业和信息化部重点实验室．金融人工智能研究报告（2022年）．北京，2022.

［21］中国互联网金融协会区块链研究工作组．中国区块链金融应用和发展．北京：中国金融出版社，2021.

［22］刘洋．区块链金融：技术变革重塑金融未来．北京：北京大学出版社，2019.

［23］杜宁，等．监管科技：人工智能与区块链应用之大道．北京：中国金融出版社，2018.

［24］帅青红，等．金融科技．北京：高等教育出版社，2020.

［25］王良明．云计算通俗讲义．3版．北京：电子工业出版社，2019.

［26］陈波，戴懽．金融科技概论．北京：机械工业出版社，2020.

［27］王伟玲．实施"东数西算"工程 夯实数字经济发展底座．中国财经报，2022-04-14.

［28］蒋勇，文延，嘉文．白话区块链．北京：机械工业出版社，2017.

［29］刘洋，唐任伍．金融供给侧结构性改革视域下的区块链金融模式综述与合规创新探析．金融发展研究，2019（7）.

［30］李礼辉，肖翔，刘绪光，等．区块链技术在金融领域应用调查研究．清华金融评论，2019（11）.